Kohlhammer

Leitfaden zum Eigenbetriebsrecht

Praxishandbuch für Baden-Württemberg

von

Ulrich Kiedaisch
Ltd. Stadtverwaltungsdirektor a. D.
Stadtkämmerer a. D. der Stadt Ludwigsburg

Verlag W. Kohlhammer

1. Auflage 2022

Alle Rechte vorbehalten
© W. Kohlhammer GmbH, Stuttgart
Gesamtherstellung: W. Kohlhammer GmbH, Stuttgart

Print:
ISBN 978-3-17-043000-6

E-Book-Formate:
pdf: ISBN 978-3-17-043001-3
epub: ISBN 978-3-17-043002-0

Dieses Werk einschließlich aller seiner Teile ist urheberrechtlich geschützt. Jede Verwendung außerhalb der engen Grenzen des Urheberrechts ist ohne Zustimmung des Verlags unzulässig und strafbar. Das gilt insb. für Vervielfältigungen, Übersetzungen, Mikroverfilmungen und für die Einspeicherung und Verarbeitung in elektronischen Systemen.
Für den Inhalt abgedruckter und verlinkter Websites ist ausschließlich der jeweilige Betreiber verantwortlich. Die W. Kohlhammer GmbH hat keinen Einfluss auf die verknüpften Seiten und übernimmt hierfür keinerlei Haftung.

Inhaltsverzeichnis

Abkürzungsverzeichnis.		X
1	Einleitung	1
2	Gründung eines Eigenbetriebs	3
3	Rechtsform und Rechtsgrundlagen	4
	3.1 Rechtsformen der wirtschaftlichen Betätigung von Kommunen	4
	3.2 Rechtsform des Eigenbetriebs.	4
	3.3 Zulässigkeitsvoraussetzungen	5
	3.3.1 Wirtschaftliche Unternehmen	5
	3.3.2 Nichtwirtschaftliche Unternehmen	6
	3.3.3 Rechtfertigung der selbstständigen Wirtschaftsführung...	6
	3.3.4 Kleiner Exkurs zum Gesamtabschluss.	6
	3.3.5 Zusammenfassende Darstellung	7
4	Entscheidung über die Rechtsform	8
	4.1 Vorbemerkung	8
	4.2 Abwägungskriterien	8
	4.3 Entscheidungsgründe	9
	4.3.1 Organisatorische Selbstständigkeit	9
	4.3.2 Organe des Eigenbetriebs	10
	4.3.2.1 Betriebsleitung (§§ 4–6 EigBG)	10
	4.3.2.2 Betriebsausschuss (§§ 7 und 8 EigBG)	11
	4.3.2.3 Gemeinderat (§ 9 EigBG)	12
	4.3.2.4 Stellung des Bürgermeisters (§ 10 EigBG)	12
	4.3.2.5 Regelung zur Wahrung der Einheitlichkeit in der Verwaltung.	13
	4.3.2.6 Mitarbeiter/innen des Eigenbetriebs (§ 11 EigBG)	13
	4.3.2.7 Ablauforganisation	14
	4.3.2.8 Zusammenfassung.	14
	4.3.3 Wirtschaftliche Selbstständigkeit	14
	4.3.3.1 Sondervermögen der Gemeinde	14
	4.3.3.2 Eigenes Rechnungswesen	14
	4.3.3.3 Verweis auf die Anwendung von Regelungen in der Gemeindeordnung.	15
	4.3.3.4 Eigenkapitalausstattung	15
	4.3.3.5 Sonderkasse	16
	4.3.3.6 Kreditfinanzierung	17
	4.3.4 Auswirkung der Ausgliederung auf den Kernhaushalt...	18
	4.3.5 Auswirkungen der Ausgliederung auf die Kommunale Bilanz.	20

Inhaltsverzeichnis

		4.3.6 Zusammenfassung	20
		4.3.7 Grundsatzbeschluss des Gemeinderats	21
5	**Wirtschaftsführung und Rechnungswesen**		22
	5.1	Eigenbetriebsverordnung-HGB oder Eigenbetriebsverordnung-Doppik?	22
		5.1.1 Anwendung der EigBVO-HGB	23
		5.1.2 Anwendung der EigBVO-Doppik	23
	5.2	Kontenplan	24
6	**Betriebssatzung**		25
	6.1	Vorbemerkung	25
	6.2	Regelungsinhalte	25
	6.3	Beschlussfassung	26
	6.4	Öffentliche Bekanntmachung, Inkrafttreten und Anzeigepflicht bei der Rechtsaufsichtsbehörde	26
	6.5	Exkurs: Müssen Eigenbetriebe ins Handelsregister eingetragen werden?	26
7	**Wirtschaftsplan**		27
	7.1	Aufstellung	27
	7.2	Bestandteile des Wirtschaftsplans	27
	7.3	Aufstellung des Wirtschaftsplans	28
		7.3.1 Zuständigkeit	28
		7.3.2 Zeitpunkt	28
	7.4	Planungs- und Veranschlagungsgrundsätze	28
		7.4.1 Verweis auf die GemHVO	28
		7.4.2 Übergangsregelung für die ersten beiden Planjahre	29
	7.5	Erfolgsplan	29
		7.5.1 Erfolgsplan nach der EigBVO-HGB	29
		7.5.2 Erfolgsplan nach der EigBVO-Doppik	31
		7.5.2.1 Spartenplanung/Querverbund	31
		7.5.2.2 Verlustausgleich bzw. Gewinnabführung	32
		7.5.2.3 Übertragung von Planansätzen im Erfolgsplan	34
		7.5.3 Tiefergliederung und Finanzplan	34
	7.6	Leistungsverrechnung zwischen Eigenbetrieb und Gemeinde	34
	7.7	Liquiditätsplan	35
		7.7.1 Muster Liquiditätsplan der EigBVO-HGB	36
		7.7.2 Exkurs: Ermittlung der Ein- und Auszahlungen aus laufender Geschäftstätigkeit nach der direkten Methode (EigBVO-HGB)	37
		7.7.3 Weitere Muster zum Liquiditätsplan EigBVO-HGB	41
		7.7.4 Muster Liquiditätsplan nach der EigBVO-Doppik	43
		7.7.5 Unterschiede zwischen den beiden Liquiditätsplänen	46
		7.7.6 Weitere Muster zum Liquiditätsplan EigBVO-Doppik	46

Inhaltsverzeichnis

	7.7.6.1 Verpflichtungsermächtigungen und Schuldenübersicht	47
7.8	Unterjährige Vorauszahlungen der Gemeinde auf den voraussichtlichen Verlust bzw. des Eigenbetriebs auf den voraussichtlichen Gewinn	48
7.9	Abbildung von Kassenkrediten	48
7.10	Innere Darlehen	49
7.11	Ausgleichspflicht bei der Liquiditätsplanung	50
7.12	Investitionsprogramm	50
7.13	Übertragbarkeit und Deckungsfähigkeit	51
7.14	Stellenübersicht	52
7.15	Mittelfristige Finanzplanung	53
7.16	Festsetzungsbeschluss	53
7.17	Vorlagepflicht des Wirtschaftsplans	55

8 Eröffnungsbilanz ... 56
  8.1 Gliederung der Bilanz ... 56
    8.1.1 Bilanz nach der EigBVO-HGB ... 56
      8.1.1.1 Aktivseite ... 57
      8.1.1.2 Passivseite ... 59
    8.1.2 Bilanz nach der EigBVO-Doppik ... 62
      8.1.2.1 Aktivseite ... 62
      8.1.2.2 Passivseite ... 64
  8.2 Korrektur der Eröffnungsbilanz ... 66
  8.3 Zusammenfassung ... 66

9 Ausgliederungsvorgang ... 67
  9.1 Muss das Vermögen neu bewertet werden? ... 67
  9.2 Erstellung der Eröffnungsbilanz ... 67
    9.2.1 Ausgliederung und Eröffnungsbilanz eines nichtwirtschaftlichen Unternehmens ... 67
    9.2.2 Ausgliederung und Eröffnungsbilanz eines wirtschaftlichen Unternehmens ... 69
    9.2.3 Ausgliederungsbuchungen ... 70
    9.2.4 Übertragung von Schulden auf den Eigenbetrieb ... 70
      9.2.4.1 Übertragung von Schulden des Kernhaushalts auf den Eigenbetrieb ... 70
      9.2.4.2 Trägerdarlehen ... 71

10 Vollzug des Wirtschaftsplans ... 72
  10.1 Grundlage der Wirtschaftsführung ... 72
  10.2 Überwachung des Wirtschaftsplans ... 72
  10.3 Abweichungen zum Wirtschaftsplan ... 72
  10.4 Änderung des Wirtschaftsplans ... 72
  10.5 Planabweichungen ohne Nachtragswirtschaftsplan ... 73

Inhaltsverzeichnis

	10.6 Weitere Regelungen zum Vollzug des Wirtschaftsplans	73
11	**Jahresabschluss**	74
	11.1 Zeitpunkt und Zuständigkeit	74
	11.2 Erfolgsrechnung	74
	11.2.1 Erfolgsrechnung nach der EigBVO-HGB	74
	11.2.2 Erfolgsrechnung nach der EigBVO-Doppik	75
	11.2.3 Abschlussarbeiten im Erfolgsplan	75
	11.2.3.1 Abgrenzungsbuchungen	75
	11.2.3.2 Ermittlung der Abschreibungen	75
	11.2.3.3 Ermittlung der aufzulösenden Ertragszuschüsse	75
	11.2.3.4 Aktivierung von Eigenleistungen	75
	11.2.3.5 Bildung von Rückstellungen	76
	11.2.3.6 Jahresüberschuss/Jahresfehlbetrag	76
	11.3 Liquiditätsrechnung	76
	11.3.1 Liquiditätsrechnung nach der EigBVO-HGB	76
	11.3.2 Liquiditätsrechnung nach der EigBVO-Doppik	77
	11.3.3 Darstellung der Kassenkredite in der Liquiditätsrechnung	77
	11.4 Anhang nach der EigBVO-HGB	77
	11.4.1 Anhang nach der EigBVO-Doppik	78
	11.4.2 Lagebericht	80
	11.4.3 Kennzahlen	81
	11.5 Feststellung des Jahresabschlusses und Behandlung des Jahresergebnisses (§ 13 EigBVO)	81
	11.5.1 Behandlung des Jahresergebnisses	82
	11.5.2 Verwendung des Jahresüberschusses/Behandlung des Jahresfehlbetrags	82
	11.5.2.1 Behandlung Übernahme Jahresverlust	83
	11.5.2.2 Behandlung einer Ergebnisabführung	83
	11.6 Bilanz	83
	11.6.1 Pflicht zur Bilanzerstellung	83
	11.6.2 Exkurs: Steuerbilanz	83
12	**Jahresabschlussprüfung**	85
	12.1 Zweck der Prüfung	85
	12.2 Zeitpunkt	85
	12.3 Örtliche Prüfung	85
	12.4 Überörtliche Prüfung	86
	12.5 Jahresabschlussprüfung durch Wirtschaftsprüfer	86
	12.6 Erweiterung des Prüfungsauftrags bei der örtlichen Prüfung	86
13	**Exkurs: Anwendung des Eigenbetriebsrechts bei Zweckverbänden und Beteiligungsunternehmen**	88
	13.1 Zweckverbände und Eigenbetriebsrecht	88

Inhaltsverzeichnis

	13.2 Anwendung des Eigenbetriebsrechts bei kommunalen Beteiligungsunternehmen.	88
	13.3 Beteiligungsmanagement.	89
14	**Nachwort**.	90
15	**Anlagen**.	91
	15.1 Literaturverzeichnis.	91
	15.2 Anzuwendende Regelungen der Gemeindeordnung und der Gemeindehaushaltsverordnung.	92
	15.3 Eigenbetriebsgesetz für Baden-Württemberg.	98
	15.4 Eigenbetriebsverordnung-HGB.	105
	15.5 Eigenbetriebsverordnung-Doppik.	132
	15.6 Synopse der beiden Eigenbetriebsverordnungen.	160
	15.7 Beispiel einer Betriebssatzung.	166
	15.8 Verordnung zur Wahrung der Einheitlichkeit in der Verwaltung.	172

Abkürzungsverzeichnis

Abs.	Absatz
a. F.	alte Fassung
AG	Aktiengesellschaft
AktG	Aktiengesetz
BgA	Betrieb gewerblicher Art
BilRUG	Bilanzrichtlinien-Umsetzungsgesetz
DRS	Deutscher Rechnungslegungsstandard
EigBG	Eigenbetriebsgesetz
EigBVO-Doppik	Verordnung des Innenministeriums über die Wirtschaftsführung und das Rechnungswesen für die Eigenbetriebe auf Grundlage der Kommunalen Doppik
EigBVO-HGB	Verordnung des Innenministeriums über die Wirtschaftsführung und das Rechnungswesen für die Eigenbetriebe auf Grundlage des Handelsgesetzbuchs
EnWG	Energiewirtschaftsgesetz
EStG	Einkommensteuergesetz
GemHVO	Gemeindehaushaltsverordnung
GemKVO	Gemeindekassenverordnung
GemO	Gemeindeordnung
GemPrO	Gemeindeprüfungsordnung
GewStG	Gewerbesteuergesetz
GG	Grundgesetz
GmbH	Gesellschaft mit beschränkter Haftung
GmbHG	GmbH-Gesetz
GPA	Gemeindeprüfungsanstalt
GWG	Gesetz gegen Wettbewerbsbeschränkungen
HGB	Handelsgesetzbuch
HGrG	Haushaltsgrundsätzegesetz
i. d. R.	in der Regel
IDW	Institut der Wirtschaftsprüfer in Deutschland
insbes.	insbesondere
InSO	Insolvenzordnung
i. S.	im Sinne
i. V. m.	in Verbindung mit
KAG	Kommunales Abgabengesetz
KStR	Körperschaftsteuer-Richtlinien
LPVG	Landespersonalvertretungsgesetz
NKHR	Neues Kommunales Haushaltsrecht
RdNr.	Randnummer

Abkürzungsverzeichnis

S.	Seite
sog.	sogenannt(e)
SoPo	Sonderposten
TVöD	Tarifvertrag für den öffentlichen Dienst
UStG	Umsatzsteuergesetz
VgV	Vergabeverordnung
VOB	Vergabe- und Vertragsordnung für Bauleistungen
VwV	Verwaltungsvorschrift

1 Einleitung

Die Rechtsform des Eigenbetriebs ist eine häufig unterschätzte Rechtsform. Zwar gibt es in Baden-Württemberg lt. Auskunft des Statistischen Landesamts[1] Stand 19.4.2022 insgesamt 1.164 Eigenbetriebe und 303 Zweckverbände, die nach dem Eigenbetriebsrecht geführt werden. Die Möglichkeiten, die das Eigenbetriebsgesetz und die Eigenbetriebsverordnungen bieten, um den Eigenbetrieb als ein **effizientes Instrument zur Aufgabenerfüllung** zu nutzen, werden in der Praxis leider vielfach nicht genutzt.

In der kommunalrechtlichen Literatur findet sich zum Thema Eigenbetriebsrecht in Baden-Württemberg nur wenig. Im Standardwerk „**Kommunales Wirtschaftsrecht in Baden-Württemberg**"[2] wird das Recht der Eigenbetriebe von Hansdieter Schmid zwar umfänglich erläutert und seit 2018 liegt auch ein **Kommentar zum EigBG und der EigBVO** (jeweils a. F.) von Wolfgang Hafner zum Rechtsstand vor der Novellierung im Jahr 2020 vor[3], ein an den praktischen Problemstellungen orientierter, systematischer Leitfaden zum Eigenbetriebsrecht für die Praxis fehlt jedoch bisher.

Dieser Leitfaden ist **kein klassischer Kommentar** zum Eigenbetriebsgesetz und den Eigenbetriebsverordnungen. Er versucht, beginnend mit den grundsätzlichen Überlegungen und der Vorgehensweise zur Gründung eines Eigenbetriebs, gefolgt von Ausführungen zum Wirtschaftsplanvollzug, zum Jahresabschluss und zur Jahresabschlussprüfung, die einzelnen Phasen des „**Wirtschaftskreislaufs**" im Eigenbetrieb zu beschreiben. Und er will auch dafür werben, Eigenbetriebe zu gründen bzw. bestehende Eigenbetriebe zu optimieren.

Der Leitfaden berücksichtigt die **Neuregelungen** im Eigenbetriebsgesetz seit Juni 2020 und die neuen Eigenbetriebsverordnungen (EigBVO-HGB und EigBVO-Doppik) vom Oktober 2020.

Die Notwendigkeit, das Eigenbetriebsrecht nach den letzten Novellierungen 1992 und 1995 insbes. beim Thema „Wirtschaftsführung und Rechnungswesen" **grundlegend zu überarbeiten**, wurde spätestens mit dem Bilanzrechtsmodernisierungsgesetz (BilMoG) von 2009 und dem Bilanzrichtlinie-Umsetzungsgesetz (BilRUG) von 2015 deutlich, mit welchem sich u. a. die Gliederung der Gewinn- und Verlustrechnung (§ 275 HGB) geändert hat. Die verbindlichen Muster der Eigenbetriebsverordnung (insbes. die Anlagen 1 und 4) entsprachen nicht mehr dem aktuellen Stand des Handelsgesetzbuches.

Des Weiteren hat die mit der Reform des Haushaltsrechts im Jahr 2009 eingeführte **Wahlmöglichkeit**, das Rechnungswesen im Eigenbetrieb auch nach den Regeln der Kommunalen Doppik führen zu können, in der Praxis zu erheblichen Anwendungsproblemen geführt, was auch die GPA in ihrem Geschäftsbericht

---

[1] Auskunft per E-Mail am 19. April 2022
[2] Hansdieter Schmid, in: Ade/Böhmer/Brettschneider/Herre/Lang/Notheis/Schmid/Steck „Kommunales Wirtschaftsrecht in Baden-Württemberg" 8. Auflage 2011, RdNr. 867 ff., Boorberg; Neuauflage in Vorbereitung
[3] Wolfgang Hafner „Gesetz über die Eigenbetriebe der Gemeinden in Baden-Württemberg (EigBG)", Carl-Link-Kommunalverlag 2018

2014[4] zurecht bemängelt hat. Ziel der **Neuregelung** war also, in Anlehnung an die Kommunale Doppik, deren Anwendung für die Kernhaushalte der Gemeinden ab dem Haushaltsjahr 2020 verbindlich ist, die Vorschriften für die Wirtschaftsführung und das Rechnungswesen der Eigenbetriebe weiterzuentwickeln, die Steuerung zu verbessern und die Verständlichkeit zu erhöhen. Insoweit wurden Elemente der Kommunalen Doppik, zum Teil entsprechend modifiziert, in das Eigenbetriebsrecht übernommen. Ferner wurden **Regelungslücken und Unklarheiten** beseitigt und einzelne Vorschriften zur Wirtschaftsführung und zum Rechnungswesen unter Berücksichtigung der praktischen Bedürfnisse **aktualisiert und konkretisiert**.

Die beigefügten **Anlagen** (Abschnitt 15) enthalten alle für die Eigenbetriebe relevanten Gesetzes- und Verordnungstexte sowie jeweils ein Beispiel für eine Betriebssatzung und eine Regelung zur Wahrung der Einheitlichkeit in der Verwaltung. Somit steht mit diesem Leitfaden ein (hoffentlich) praxistaugliches Kompendium zum Eigenbetriebsrecht zur Verfügung.

Ludwigsburg, Mai 2022
Ulrich Kiedaisch

---

[4] Geschäfts- und Kommunalfinanzbericht 2014, Seite 47 https://www.gpabw.de/fileadmin/user_upload/pdf/Geschaefts_und_Kommunalfinanzberichte/gpa_kfb_2014.pdf, zuletzt abgerufen am 4.4.2022

2 Gründung eines Eigenbetriebs

Das zentrale finanzwirtschaftliche Steuerungsinstrument ist der **Haushaltsplan**. In ihm werden grundsätzlich **alle Aufgaben der Gemeinde** in ihren finanziellen Auswirkungen abgebildet. Allerdings lässt die Gemeindeordnung auch zu, dass bestimmte Aufgaben auch **außerhalb des Haushalts** in einer anderen **öffentlich-rechtlichen** oder **privat-rechtlichen** Rechtsform erfüllt werden können. Die entsprechenden Regelungen finden sich in den §§ 102 ff. GemO.
Die **Rechtsform des Eigenbetriebs** wird unter **3 ff.** ausführlicher beschrieben.
Der Eigenbetrieb ist die „mildeste" Form der Ausgliederung einer öffentlichen Aufgabe aus dem Kernhaushalt und der Organisation der Gemeindeverwaltung. Die **Gesamtverantwortung** bleibt beim **Gemeinderat**.
Der Gründung eines Eigenbetriebs geht i. d. R. ein **mehrstufiger Prozess** voraus: Am Anfang steht
- die Abwägung, ob eine Aufgabe in der Rechtsform des Eigenbetriebs durchgeführt werden soll (siehe hier Ausführungen unter 4.1 ff.).

Anschließend erfolgt
- der Grundsatzbeschluss des Gemeinderats zur Eigenbetriebsgründung (siehe 4.2.4), sowie
- die Entscheidung, welches Rechnungslegungssystem zur Anwendung kommt (siehe unter 5.).

Voraussetzung für die Gründung des Eigenbetriebs ist des Weiteren
- die Erstellung einer Betriebssatzung (siehe unter 6.).

Nach der Entscheidung durch den Gemeinderat, einen Eigenbetrieb zu gründen, erfolgt zuerst
- die Aufstellung eines Wirtschaftsplans (siehe unter 7.) für das erste Wirtschaftsjahr

und anschließend, sobald der Jahresabschluss des Kernhaushalts für das der Gründung vorausgehende Haushaltsjahr vorliegt,
- die Aufstellung einer Eröffnungsbilanz (siehe unter 8.).

Die einzelnen Prozessschritte werden im Folgenden detailliert dargestellt.

3 Rechtsform und Rechtsgrundlagen

3.1 Rechtsformen der wirtschaftlichen Betätigung von Kommunen

Das Recht der kommunalen Selbstverwaltung (Art. 28 Abs. 2 GG) beinhaltet u. a. auch das Recht, die zur Aufgabenerfüllung jeweils bestmögliche Organisations- und Rechtsform zu wählen. Hierzu stehen den Kommunen grundsätzlich sowohl öffentlich-rechtliche Rechtsformen als auch privat-rechtliche Rechtsformen zur Verfügung.

Rechtsformen	
Öffentlich-rechtliche Organisationsformen	**Privatrechtliche Organisationsformen**
Regiebetrieb Eigenbetrieb Zweckverband Kommunalanstalt	Eingetragener Verein Genossenschaft Stiftung des privaten Rechts GmbH und AG

Die Zulässigkeitsvoraussetzungen für eine wirtschaftliche Betätigung sind in § 102 GemO geregelt. Die §§ 102a bis 102d GemO regeln die Rechtsform der Kommunalanstalt. Die §§ 103 ff. GemO regeln die Voraussetzungen für die Nutzung einer privaten Rechtsform. Im Vordergrund einer wirtschaftlichen Betätigung steht immer der **öffentliche Zweck**, ein **angemessener Einfluss**, sowie die **Begrenzung der Haftung**.

3.2 Rechtsform des Eigenbetriebs

Die Rechtsform des Eigenbetriebs ist eine **öffentliche Rechtsform**. Eigenbetriebe sind **rechtlich unselbstständige** kommunale **Sondervermögen** nach § 96 Abs. 1 Nr. 3 GemO. Rechtsgrundlage ist das Eigenbetriebsgesetz – EigBG – hier abgedruckt im Anhang. Dieses regelt die Verfassung, die Verwaltung und die Wirtschaftsführung der Eigenbetriebe. Ergänzt wird das EigBG durch die Eigenbetriebsverordnungen – EigBVO – deren es in Baden-Württemberg seit der Novellierung des Eigenbetriebsrechts zwei gibt, die EigBVO-HGB und die EigBVO-Doppik. In den Eigenbetriebsverordnungen werden die Wirtschaftsführung und das Rechnungswesen im Detail geregelt, beide sind ebenfalls im Anhang abgedruckt.

> **Zusammengefasst**: Eigenbetriebe sind die von der Kommune nach dem Eigenbetriebsrecht geführten wirtschaftlichen und nichtwirtschaftlichen Unternehmen ohne eigene Rechtspersönlichkeit.[5]

---

5 Ade/Böhmer/Brettschneider/Herre/Lang/Notheis/Schmid/Steck, Rdnr. 867 ff.

3.3 Zulässigkeitsvoraussetzungen

Nach § 1 EigBG können die Gemeinden Unternehmen, Einrichtungen und Hilfsbetriebe i. S. des § 102 Abs. 1 und Abs. 4 Satz 1 Nr. 1 bis 3 GemO als Eigenbetriebe führen, wenn deren Art und Umfang eine selbstständige Wirtschaftsführung rechtfertigen.

3.3.1 Wirtschaftliche Unternehmen

Zu diesem Thema wird auf die umfänglichen Ausführungen in den Kommentaren zur Gemeindeordnung verwiesen[6] (siehe auch Literaturverzeichnis). Hier nur kurz zusammengefasst:
Der Begriff des **wirtschaftlichen Unternehmens** ist in der GemO nicht definiert. Die allgemein verbreitete Interpretation, wirtschaftliche Unternehmen seien solche, die grundsätzlich auch von einem Privatunternehmen mit der Absicht der Gewinnerzielung betrieben werden könne, greift aber zu kurz, da bei öffentlich betriebenen wirtschaftlichen Unternehmen die Gewinnerzielungsabsicht sekundär ist.
Allgemeine Merkmale einer wirtschaftlichen Betätigung sind:
- die Produktion von Gütern und Dienstleistungen,
- die Bereitstellung/Lieferung für Dritte am Markt,
- die Teilnahme am geschäftlichen Verkehr,
- ein bestehendes Wettbewerbsumfeld.

Klassische öffentliche wirtschaftliche Unternehmen finden wir insbes. in den Bereichen:
- Versorgung (Strom, Gas, Fernwärme, Breitband),
- Verkehr (ÖPNV, Parkierungseinrichtungen),
- Kurbetriebe,
- Veranstaltungen (Kultur, Messen und Kongresse),
- Wohnungsbau.

Dass sich die wirtschaftliche Betätigung von Kommunen und auch der Begriff der **Daseinsvorsorge** in einem stetigen Wandel befinden, zeigt sich z. B. darin, dass Kommunen sich zunehmend auch im Bereich der Telekommunikation (insbes. Breitbandausbau) betätigen, da der private Markt sich dort häufig nur auf die Gebiete beschränkt, die sich betriebswirtschaftlich rechnen bzw. hohe Renditen erbringen („Rosinenpicken"). Der öffentliche Zweck, der immer Voraussetzung für eine wirtschaftliche Betätigung ist (§ 102 Abs. 1 GemO), liegt hier aber z. B. darin, allen Einwohner*innen den Anschluss an ein leistungsfähiges Internet zu ermöglichen. Allgemein formuliert: In den Fällen, in welchen bestimmte Güter und Dienstleistungen am Markt durch die zur Verfügung stehende Menge, durch den Preis oder andere Beschränkungen begrenzt sind („Marktversagen"), kann ein **öffentliches Bedürfnis** entstehen, diese dann durch die öffentliche Hand anzubieten.

---

6 Kunze/Bronner/Katz „Gemeindeordnung für Baden-Württemberg", Kohlhammer-Verlag oder Aker/Hafner/Notheis „Gemeindeordnung Baden-Württemberg – Gemeindehaushaltsverordnung", Boorberg-Verlag

3.3.2 Nichtwirtschaftliche Unternehmen

In § 102 Abs. 4 GemO wird eine **Negativabgrenzung** zum Begriff des wirtschaftlichen Unternehmens vorgenommen („Wirtschaftliche Unternehmen sind nicht …"). Demnach werden folgende Betätigungen als nichtwirtschaftliche Unternehmen bezeichnet, auch wenn sie häufig die oben erwähnten Merkmale einer wirtschaftlichen Betätigung erfüllen (z. B. die Produktion von Gütern und Dienstleistungen):
- **Einrichtungen**, zu denen die Gemeinde **gesetzlich** verpflichtet ist (z. B. Abwasser- und Abfallentsorgung, Wasserversorgung, Bestattungswesen, Kindertageseinrichtungen),
- **Einrichtungen** des Unterrichts-, Erziehungs- und Bildungswesens, der Kunstpflege, der körperlichen Ertüchtigung, der Gesundheits- und Wohlfahrtspflege sowie öffentliche Einrichtungen ähnlicher Art (z. B. Volkshochschulen, Musikschulen, Bäder, Sportplätze/-hallen, Konzerthallen, Alten- und Pflegeeinrichtungen, Krankenhäuser etc.),
- **Hilfsbetriebe**, die ausschließlich zur Deckung des Eigenbedarfs der Gemeinde dienen (z. B. Bauhof, Gärtnereien, Gebäudemanagement).

Ob sich die Rechtsform des Eigenbetriebs für solche nichtwirtschaftlichen Unternehmen, die überwiegend als Regiebetriebe im Kernhaushalt geführt werden, eignet, ist jeweils individuell zu bewerten (siehe Ausführungen bei 4.2 und 4.3).

3.3.3 Rechtfertigung der selbstständigen Wirtschaftsführung

Zu den **Zulässigkeitsvoraussetzungen** des § 1 EigBG gehört auch, dass ein Eigenbetrieb nur dann gegründet werden darf, „wenn deren Art und Umfang eine selbstständige Wirtschaftsführung rechtfertigen." Diese Voraussetzung ist im Einzelfall sorgfältig zu prüfen. Insbesondere seit der Umstellung des kommunalen Rechnungswesens auf die **Kommunale Doppik** mit der Abbildung von den noch im Kernhaushalt geführten wirtschaftlichen und nichtwirtschaftlichen Unternehmen in der Form eines **Teilergebnishaushalts** mit eigenem Budget (§ 4 GemHVO), ist eine eigenständige und transparente Darstellung aller Erträge und Aufwendungen sowie der dazugehörigen Investitionen in einem **Teilfinanzhaushalt** möglich.

Indikatoren für die Rechtfertigung einer selbstständigen Wirtschaftsführung sind
- Beschäftigtenzahl,
- Anlagevermögen,
- Umfang der zu erbringenden Leistungen,
- Umsatz.

Es ist abzuwägen, ob die **Vorteile** einer Ausgründung die hierbei entstehenden **zusätzlichen Kosten** (eigene Buchhaltung, eigener Wirtschaftsplan und Jahresabschluss, Prüfung etc.) aufwiegen.

3.3.4 Kleiner Exkurs zum Gesamtabschluss

Eventuell kann ein weiterer Mehraufwand auch dadurch entstehen, dass mit der Ausgliederung der Schwellenwert von 35 % der zusammengefassten Bilanzsummen für die Erstellung eines **Gesamtabschlusses** übertroffen wird (§ 56 Abs. 2 GemHVO).

Beispiel: Eine Gemeinde ist an einer GmbH (Kurbetrieb) und einem Zweckverband (Hochwasserschutz) mit jeweils über 50 % beteiligt. Die Bilanzsummen dieser beiden Beteiligungen machen 30 % der Bilanzsumme der Gemeinde aus. Somit besteht keine Pflicht zur Aufstellung eines Gesamtabschlusses.

Die Gemeinde möchte nun einen Eigenbetrieb „Gemeindewerke" gründen und hier die verschiedenen Anlagen der Energieerzeugung und Wasserversorgung auslagern. Durch die Auslagerung sinkt die Bilanzsumme der Gemeinde, gleichzeitig steigt die Bilanzsumme der zu konsolidierenden Beteiligungen. Dies könnte nun dazu führen, dass die Bilanzsummen von Eigenbetrieb, GmbH und ZV über 35 % der Bilanzsumme der Gemeinde liegen und somit eine Verpflichtung zu Aufstellung eines Gesamtabschlusses bestünde.

Die Erstellung eines Gesamtabschlusses verursacht zwar einen Mehraufwand, dies sollte i. d. R. nicht ausschlaggebend dafür sein, eine sinnvolle Eigenbetriebsgründung zu vermeiden.

3.3.5 Zusammenfassende Darstellung[7]

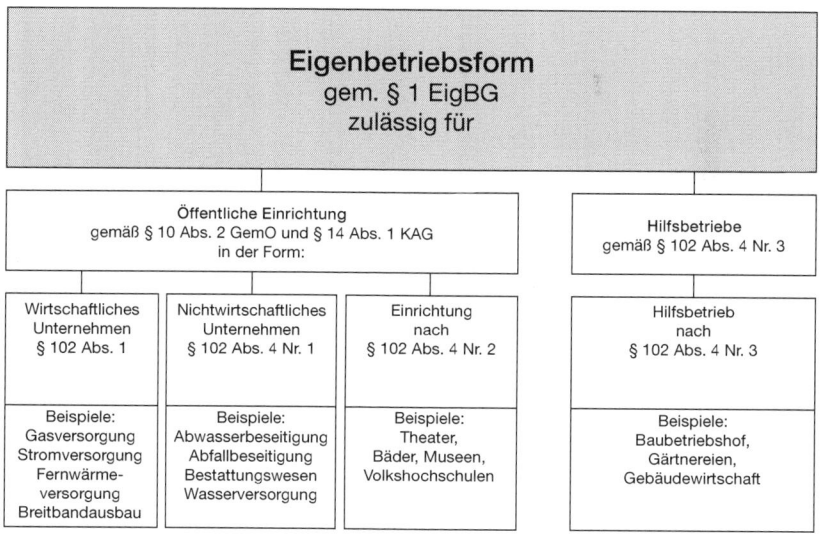

---

[7] In Anlehnung an Kommentar zu § 111 GemO von Peter Giebler, Kunze/Bronner/Katz, Gemeindeordnung Baden-Württemberg, Kohlhammer

4 Entscheidung über die Rechtsform

4.1 Vorbemerkung

Der Entscheidung, eine bisher im Kernhaushalt und in der Verwaltungsorganisation integrierte öffentliche Aufgabe in einer anderen Rechtsform wahrzunehmen, sollte ein strukturierter **Abwägungsprozess** vorausgehen, um die **Vor- und Nachteile** sowie die Konsequenzen der Entscheidung sorgfältig abzuwägen. Die Entscheidung, ob ein Eigenbetrieb gegründet wird, trifft der **Gemeinderat** (§ 39 Abs. 2 Nr. 12 GemO).
Mögliche Gründe für eine Ausgliederung können kommunalpolitische, organisatorische, steuerliche oder wirtschaftliche Überlegungen sein.
Im Einzelnen kann es darum gehen, z. B.
- die Entscheidungs- und Verwaltungsprozesse zu straffen sowie die Aufgabenerfüllung zu verbessern,
- die Personalbeschaffung (Gewinnung hoch qualifizierter Mitarbeiter und Führungskräfte) flexibler zu machen bzw. zu vereinfachen,
- Kosten zu reduzieren und damit möglichst auch Gebühren zu senken,
- eine andere Finanzierung und Kapitalbeschaffung zu ermöglichen,
- den kommunalen Haushalt zu entlasten.

4.2 Abwägungskriterien

Nachfolgend sind einige Kriterien in der Abgrenzung zur Organisation des Regiebetriebs im Kernhaushalt dargestellt:

Abwägungskriterien bei den Überlegungen zur Gründung eines Eigenbetriebs		
Kriterien	**Regiebetrieb** **– im Gemeindehaushalt**	**Eigenbetrieb**
Entscheidungsstrukturen	– Willensbildung durch Gemeindeorgane – Gemeinderat als Hauptorgan	– Willensbildung durch Betriebsleitung und Betriebsausschuss und Gemeinderat
Steuerungs- und Einflussmöglichkeiten	– sehr groß, Regelungen in der Hauptsatzung	– sehr groß, bei Gestaltungsspielräumen in der Betriebssatzung (z. B. Entscheidungsdelegation auf Betriebsleitung und Betriebsausschuss)
Wirtschaftliche Betrachtung	– Wirtschaftliche Anstrengung „verpufft" im Gesamthaushalt, Gesamtdeckungsprinzip	– Größere Motivation, da selbstständiger abgegrenzter Bereich; stärkere Ergebnisverantwortung
Gebühren-/ Entgeltfestsetzung	– Gemeinderat	– Regelung in Betriebssatzung, bei Satzungen (Gebühren) Gemeinderat § 39 Abs. 2 Nr. 3 GemO

Abwägungskriterien bei den Überlegungen zur Gründung eines Eigenbetriebs		
Kriterien	Regiebetrieb – im Gemeindehaushalt	Eigenbetrieb
Personalwirtschaft	– Dienstherreneigenschaft hat die Gemeinde als Gebietskörperschaft	– Wie im Regiebetrieb, da Eigenbetrieb rechtlich unselbstständig ist
Kreditwirtschaft	– Genehmigungspflicht für die Kreditermächtigung durch die Rechtsaufsicht – Gemeinde als Sicherheit, hohe Bonität mit Kommunalkreditkonditionen – Keine Insolvenzfähigkeit (§ 12 Abs. 1 Nr. 2 InsO)	– Wie bei Regiebetrieb, allerdings Erleichterungen bei Kreditaufnahmen, sofern der Kapitaldienst (Zins und Tilgung) im Eigenbetrieb erwirtschaftet werden kann (Gebührenhaushalt)
Beteiligung der Rechtsaufsicht	– Vorlage- und ggf. Genehmigungspflicht für den Haushaltsplan	– Anzeigepflicht für die Betriebssatzung – Vorlage- und ggf. Genehmigungspflicht für den Wirtschaftsplan
Vergabewesen	– VOB, nach § 98 GWB und § 31 GemHVO i. V. m. VgV	
Beteiligung Dritter	– Keine Beteiligung möglich	– Keine Beteiligung durch Dritte möglich – Alternative: Zweckverband, Kommunalanstalt oder GmbH (§§ 102 ff. GemO)
Steuerrecht	– als Betrieb gewerblicher Art ggf. ertragssteuerpflichtig – Umsatzsteuer nach § 2b UstG – Keine Steuerpflicht bei hoheitlichen Aufgaben	

4.3 Entscheidungsgründe

In der **Beschlussvorlage** zur grundsätzlichen Entscheidung, eine öffentliche Aufgabe in der Rechtsform des Eigenbetriebs zu führen, sollten die wichtigsten Aspekte dieser Rechtsform sowie die Vor- und Nachteile dargestellt werden[8]. Es geht darum, insbes. die **organisatorischen und betriebswirtschaftlichen Vorteile**, die Stärkung der **Aufgaben- und Finanzverantwortung** in den Vordergrund zu stellen.

4.3.1 Organisatorische Selbstständigkeit

Die Eigenbetriebe haben im Rahmen der Gesamtverwaltung eine **Sonderstellung**. Das Eigenbetriebsrecht ermöglicht es – je nach Ausgestaltung in der Betriebssatzung – die Zuständigkeiten der Organe so zu regeln, dass eine im Vergleich zur Kernverwaltung **wirtschaftlichere und effizientere Betriebsführung** ermöglicht wird.

---

[8] Siehe auch Kommentar Hafner RdNr. 6–10 zu § 1 EigBG

4.3.2 Organe des Eigenbetriebs

Neben den kommunalen Organen der GemO (Gemeinderat und Bürgermeister), lässt das EigBG mit dem Betriebsausschuss und der Betriebsleitung **weitere (fakultative) Organe** zu, die allerdings nur dann zum Tragen kommen, wenn sie durch Regelung in der Betriebssatzung installiert werden (siehe auch unter 4.3.2.2 und 4.3.2.3).

4.3.2.1 Betriebsleitung (§§ 4–6 EigBG)

Nach § 4 Abs. 1 EigBG kann eine Betriebsleitung bestellt werden, d. h. die Einrichtung einer Betriebsleitung ist **freiwillig** und dies muss ggf. in der **Betriebssatzung** geregelt werden. Sofern keine Betriebsleitung bestellt wird, übernimmt der **Bürgermeister** diese Funktion (§ 10 Abs. 3 EigBG).
Die Betriebssatzung kann bestimmen, dass die Betriebsleitung eine andere Bezeichnung führt. Mittlerweile wird in der Praxis häufig der Begriff „**Geschäftsführung**" verwandt, da dieser geläufiger ist. Je nach Größe des Eigenbetriebs kann die Betriebsleitung auch aus mehreren Personen bestehen. Häufig findet man in der Praxis die Doppelstellung von **kaufmännischer und technischer Betriebsleitung** (z. B. bei Abfall- und Abwasserbetrieben oder Stadtwerken).
Wird eine Betriebsleitung bestellt, so ist diese durch den Gemeinderat zu wählen (§ 24 Abs. 2 i. V. m. § 39 Abs. 2 Nr. 1 GemO). Werden **mehrere Personen** zur Betriebsleitung bestellt, so sind in einer **Geschäftsordnung** die Aufgabenbereiche und Zuständigkeiten zu regeln. Der Gemeinderat kann einen Betriebsleiter zum **ersten Betriebsleiter** bestimmen, dessen Stimme bei Meinungsverschiedenheiten dann ausschlaggebend ist.
Die Betriebsleitung hat gegenüber der klassischen Amtsleitung eine **herausgehobene Funktion**. Durch die **Organstellung** und der Regelung in § 5 Abs. 1 EigBG („Die Betriebsleitung leitet den Eigenbetrieb, soweit in diesem Gesetz oder aufgrund dieses Gesetzes nichts anderes bestimmt ist. Ihr obliegt insbes. **die laufende Betriebsführung**. Im Rahmen ihrer Zuständigkeit ist sie für die **wirtschaftliche Führung des Eigenbetriebs** verantwortlich.") hat sie eine für die Aufgaben des Eigenbetriebs **bürgermeisterähnliche Funktion**. Dies wird auch dadurch deutlich, dass die Zuständigkeit des Bürgermeisters durch § 10 Abs. 1 EigBG eingeschränkt wird (siehe auch 3.2.1.4).
Wichtig ist – wie bei allen Führungspositionen –, dass die Position der Betriebsleitung gut besetzt wird. In kleineren und mittleren Kommunen wird man i. d. R. keine zusätzlichen Stellen schaffen, sondern diese Position mit Führungspersönlichkeiten der Gemeinde (Kämmerer/Kämmerin, Bauamtsleitung etc.) besetzen. Die Betriebsleiter können auch in ein Beamtenverhältnis auf Zeit berufen werden; die Amtszeit beträgt acht Jahre (§ 4 Abs. 2 Satz 2 EigBG).
Die **Aufgaben der Betriebsleitung** sind in § 5 EigBG geregelt und umfassen insbes.:
- Leitung des Eigenbetriebs (§ 5 Abs. 1 Satz 1 EigBG),
- Laufende Betriebsführung (§ 5 Abs. 1 Satz 2 EigBG),
- Wirtschaftliche Führung des Eigenbetriebs (§ 5 Abs. 1 Satz 3 EigBG),
- Vorbereitung und Vollzug von Beschlüssen des Gemeinderats oder des Betriebsausschusses (§ 5 Abs. 2 EigBG),
- Personalangelegenheiten (§ 11 Abs. 2 und 3 EigBG),

- Informationspflicht gegenüber Bürgermeister und Fachbediensteten für das Finanzwesen (§ 5 Abs. 3 EigBG).

Der Begriff der „**laufenden Betriebsführung**" ist ein unbestimmter Rechtsbegriff. Grundsätzlich umfasst die laufende Betriebsführung alle Geschäfte, die für die Gemeinde **weder von grundsätzlicher Bedeutung** sind, **noch erhebliche finanzielle Auswirkungen** auf den Wirtschaftsplan haben und die mehr oder weniger **regelmäßig wiederkehren**. Die laufende Betriebsführung umfasst insbes. alle Aufgaben, die nicht dem Betriebsausschuss oder dem Gemeinderat zugeordnet sind und nicht an die Betriebsleitung delegiert werden können. Der Gemeinderat kann durch die Betriebssatzung auch die nach § 8 Abs. 2 Nr. 1–3 EigBG dem Betriebsausschuss vorbehaltenen Aufgaben auf die Betriebsleitung übertragen (§ 8 Abs. 3 Nr. 2 EigBG). Die genauen Aufgaben sowie die Wertgrenzen in der Abgrenzung zum Betriebsausschuss und Gemeinderat sind ebenfalls in der Betriebssatzung zu regeln.

Darüber hinaus vertritt die Betriebsleitung den Eigenbetrieb nach außen (§ 6 Abs. 1 EigBG), auch dies unterstreicht die herausgehobene Position.

Die Betriebsleitung nimmt an den Sitzungen des Gemeinderats und des Betriebsausschusses **mit beratender Stimme** teil (§ 5 Abs. 2 EigBG). Auf Verlangen des Betriebsausschusses ist sie verpflichtet, zu den Beratungspunkten Stellung zu nehmen und Auskünfte zu erteilen (§ 7 Abs. 3 EigBG).

> **Praxistipp:**
> Wenn ein Eigenbetrieb gegründet wird, sollte auch eine Betriebsleitung bestellt werden. Die oben erwähnten organisatorischen Vorteile liegen auch darin, Verantwortung zu delegieren. Die Zuständigkeiten der Betriebsleitung können in der Betriebssatzung abweichend von den Zuständigkeiten des Bürgermeisters in der Hauptsatzung geregelt werden, d. h. die Wertgrenzen für die Zuständigkeit der Betriebsleitung (im Aufgabenbereich des Eigenbetriebs!) können höher sein als die des Bürgermeisters.

4.3.2.2 Betriebsausschuss (§§ 7 und 8 EigBG)

Auch der Betriebsausschuss ist ein **fakultatives, freiwilliges Organ** des Eigenbetriebs, deren Einrichtung ebenfalls in der Betriebssatzung zu regeln ist. Grundsätzlich kann ein Betriebsausschuss auch nur als beratender Ausschuss gebildet werden, wenn ein Betriebsausschuss aber eingerichtet wird, sollte er als **beschließender Ausschuss** gebildet werden. Nur dann kann er die Arbeit des Gemeinderats entlasten und zur Beschleunigung von Entscheidungsprozessen beitragen. Der Gemeinderat bestellt die Mitglieder und seine Stellvertreter aus seiner Mitte. Den **Vorsitz** führt der Bürgermeister, der seinen Stellvertreter oder einen Beigeordneten damit beauftragen kann (§ 40 Abs. 3 GemO).

Die Aufgaben sind geregelt in § 8 Abs. 2 EigBG. Nach § 8 Abs. 3 können die dort bestimmten Aufgaben auf die Betriebsleitung übertragen oder der Entscheidung durch den Gemeinderat vorbehalten werden.

> **Wichtig:** Sofern ein Betriebsausschuss gebildet ist, sind sämtliche Angelegenheiten, die der Entscheidung des Gemeinderats vorbehalten sind, im Betriebsausschuss **vorzuberaten** (§ 8 Abs. 1 EigBG).

> **Praxistipp:**
> Wie bei der Betriebsleitung empfiehlt es sich, einen Betriebsausschuss einzurichten und die **Zuständigkeiten des Betriebsausschusses** in der Betriebssatzung großzügig zu regeln. Abgesehen von den in § 39 Abs. 2 GemO und § 9 Abs. 1 EigBG zwingend dem Gemeinderat zugeordneten und somit nicht auf den Betriebsausschuss übertragbaren Aufgaben, sollte der Betriebsausschuss das zentrale Organ des Eigenbetriebs sein.

4.3.2.3 Gemeinderat (§ 9 EigBG)

Natürlich ist der Gemeinderat auch für die Eigenbetriebe der Gemeinde das **Hauptorgan**, da der Eigenbetrieb eben rechtlich unselbstständig und somit Teil der Gemeinde ist. Auch beim Eigenbetrieb gilt **§ 39 Abs. 2 GemO**. Dort sind alle Angelegenheiten aufgeführt, die **ausschließlich der Entscheidung des Gemeinderats** vorbehalten sind und nicht auf beschließende Ausschüsse übertragen werden können. Die Aufgaben des Gemeinderats sind grundsätzlich in § 9 Abs. 1 EigBG geregelt. Die Wertgrenzen für Entscheidungen werden in der Betriebssatzung festgelegt.

Ist für den Eigenbetrieb kein beschließender Betriebsausschuss gebildet, entscheidet der **Gemeinderat** auch in den nach diesem Gesetz dem beschließenden Betriebsausschuss obliegenden Angelegenheiten, soweit diese nicht durch Betriebssatzung auf andere beschließende Ausschüsse übertragen werden (§ 9 Abs. 2 EigBG).

4.3.2.4 Stellung des Bürgermeisters (§ 10 EigBG)

§ 10 EigBG regelt die **Zuständigkeit des Bürgermeisters** in Angelegenheiten des Eigenbetriebs. Durch die oben erwähnte starke Stellung der Betriebsleitung hat der Bürgermeister, sofern eine Betriebsleitung bestellt ist, nur ein **eingeschränktes Weisungsrecht**. Als Gesamtverantwortlicher für die Gemeinde und **Dienstvorgesetzter** der beim Eigenbetrieb Beschäftigten muss er zwar regelmäßig über alle wichtigen Vorgänge im Eigenbetrieb informiert werden (siehe auch Informationspflicht der Betriebsleitung), kann aber Weisungen nur erteilen
- zur Wahrung der Einheitlichkeit der Gemeindeverwaltung,
- zur Sicherung der Aufgabenerfüllung und
- zur Beseitigung von Missständen.

Weitere Aufgaben des Bürgermeisters sind:
- Sitzungsleitung des Betriebsausschusses (§ 3 EigBG i. V. m. § 40 Abs. 3 GemO). Delegation auf Stellvertreter oder einen Beigeordneten ist möglich.
- Eilentscheidungsrecht (§ 3 EigBG i. V. m. § 43 Abs. 4 GemO).
- Aufgaben, die dem Bürgermeister durch Betriebssatzung übertragen werden (§ 8 Abs. 2 Nr. 1–3 EigBG).

Des Weiteren hat der Bürgermeister auch in Angelegenheiten des Eigenbetriebs das **Eilentscheidungsrecht** in Angelegenheiten, deren Erledigung nicht bis zu einer frist- und formlos einberufenen Sitzung des zuständigen Organs (Betriebsausschuss oder Gemeinderat) aufgeschoben werden kann (§ 43 Abs. 4 GemO i. V. m. § 3 Abs. 1 EigBG).

Der Bürgermeister übernimmt die Funktion der Betriebsleitung, wenn in der Betriebssatzung keine eigene Betriebsleitung vorgesehen ist.

4.3.2.5 Regelung zur Wahrung der Einheitlichkeit in der Verwaltung

Viele Kommunen haben zur **Wahrung der Einheitlichkeit der Verwaltung** interne Regelungen erlassen, die all die Sachverhalte konkretisieren, die der Einheitlichkeit der Verwaltung dienen (siehe **Anlage 15.8**). In einer solchen Regelung wird die Zusammenarbeit des organisatorisch und wirtschaftlich ausgegliederten Eigenbetriebs mit der Verwaltung der Kommune konkretisiert. Dies betrifft insbes. die Themen:

- Anwendung der für die Kommune geschlossenen Verträge (z. B. Rahmenverträge, Telekommunikation, IT etc.),
- Zusammenarbeit dem Haupt- und Personalamt (z. B. Personalverwaltung, Stellenbewertung, Stellenplan, Organisation),
- Zusammenarbeit mit der Kämmerei (z. B. Mitwirkung bei der Erstellung des Wirtschaftsplans und des Jahresabschlusses, Berichtswesen, Kassengeschäfte, Buchhaltung, steuerliche Angelegenheiten),
- Zusammenarbeit mit der Rechnungsprüfung (Prüfung des Jahresabschlusses),
- Zusammenarbeit mit anderen Einheiten der Kommunalverwaltung (z. B. Bauhof etc.).

Wie unter **4.3.2.7** dargestellt, ist es wichtig, dass die Aufgaben des Eigenbetriebs, die dieser selbstständig wahrnimmt, von den Aufgaben, die weiterhin zentral in der Verwaltung der Kommune wahrgenommen werden, exakt abzugrenzen, so dass keine Doppelungen stattfinden und eine effiziente Aufgabenwahrnehmung sichergestellt wird.

4.3.2.6 Mitarbeiter/innen des Eigenbetriebs (§ 11 EigBG)

Die im Eigenbetrieb beschäftigten Mitarbeiter/innen sind auch Mitarbeiter/innen der Gemeinde, da der Eigenbetrieb keine eigene Rechtspersönlichkeit besitzt. Bei der Gründung eines Eigenbetriebs entsteht deshalb auch **kein Betriebsübergang** nach § 613a BGB.
Die Zuständigkeit für die Ernennung und Entlassung der beim Eigenbetrieb beschäftigten Beamten richtet sich nach den Vorschriften der Gemeindeordnung (insbes. § 24 Abs. 2 GemO).
Die **Mitbestimmung** richtet sich nach den Vorschriften des **Landespersonalvertretungsgesetzes** (LPVG). Beschäftigt der Eigenbetrieb mehr als 50 Beschäftigte, so ist er eine eigenständige Dienststelle i. S. des LPVG und kann einen eigenen Personalrat bilden (§ 5 Abs. 2 LPVG). In der Praxis wird die Bildung mehrerer Personalräte häufig dadurch vermieden, indem nach § 5 Abs. 4 LPVG mehrere Dienststellen einer Gemeinde zu einer Dienststelle zusammengefasst werden. Dies ist möglich, sofern die Mehrheit aller wahlberechtigten Beschäftigten in einer geheimen Wahl dem zustimmen.
Die Entscheidung über die **Einstellung und Entlassung von Beschäftigten** wird in der Betriebssatzung geregelt. Bei Zuständigkeit des Betriebsausschusses ist das **Einvernehmen der Betriebsleitung** erforderlich. Soweit darüber der Gemeinderat entscheidet, bleibt § 24 Abs. 2 Satz 1 und 2 GemO unberührt (Einvernehmen mit Bürgermeister).
Häufig nehmen Beschäftigte nicht nur Aufgaben für den Eigenbetrieb wahr, sondern haben auch noch andere Funktionen innerhalb der Gemeindeverwal-

tung („**Mischarbeitsplätze**"). In diesen Fällen ist zu entscheiden, ob der/die Beschäftigte in der Stellenübersicht des Eigenbetriebs oder dem Stellenplan des Kernhaushalts geführt wird (siehe auch Ausführungen zur Stellenübersicht unter 7.14).

4.3.2.7 Ablauforganisation

Im Eigenbetrieb sind die **Ablaufprozesse** neu zu definieren. Welche Aufgaben werden weiterhin von der Gemeinde übernommen (z. B. Kasse, Buchhaltung, Stellenbewertungen, Personalverwaltung einschl. -abrechnung etc.) und welche Aufgaben übernimmt der Eigenbetrieb (z. B. Auftragsvergabe, Leistungs-/Warenprüfung, Rechnungsprüfung etc.). Dies beinhaltet zugleich die Chance, Prozesse neu und auf Effizienz orientiert zu denken.

4.3.2.8 Zusammenfassung

Der Eigenbetrieb hat eine begrenzte, gleichwohl gestaltbare **Autonomie unter politischer Steuerung** durch den **Bürgermeister** und den **Gemeinderat**. Das EigBG ermöglicht es, mit den Regelungen in den §§ 4 bis 11 dem Eigenbetrieb eine **hohe organisatorische Selbstständigkeit** zu geben. Wenn ein Eigenbetrieb gegründet wird, sollte von diesen Möglichkeiten auch Gebrauch gemacht werden[9]. Insbesondere die Bestellung einer Betriebsleitung mit eigener Verantwortung und entsprechenden Befugnissen sollte eigentlich Pflicht sein (so bis 31.12.1991 geregelt). Sofern ein Eigenbetrieb ohne eigene Organe gegründet wird, bleiben allenfalls die Vorteile einer selbstständigen Wirtschaftsführung, dies führt aber zu keiner wesentlichen Verbesserung im Vergleich zum Regiebetrieb im Kernhaushalt. Wenn es der Kommune zudem gelingt, für die Betriebsleitung eine qualifizierte Persönlichkeit zu finden, **kann ein Eigenbetrieb jederzeit mit einer effektiv geführten GmbH konkurrieren!**[10]

4.3.3 Wirtschaftliche Selbstständigkeit

4.3.3.1 Sondervermögen der Gemeinde

Nach § 96 Abs. 1 Nr. 3 GemO ist der Eigenbetrieb Sondervermögen der Gemeinde. Dies bedeutet, das Vermögen des Eigenbetriebs gehört zum Vermögen der Gemeinde, wird aber gesondert nachgewiesen (siehe auch § 12 Abs. 1 EigBG). Das Vermögen des Eigenbetriebs wird vom Vermögen der Gemeinde abgegrenzt und in einer eigenen Bilanz abgebildet.

4.3.3.2 Eigenes Rechnungswesen

Die Abgrenzung des Sondervermögens vom Vermögen des Kernhaushalts spiegelt sich auch darin, dass Eigenbetriebe ein **eigenständiges Rechnungswesen** haben, welches insbes. in den Eigenbetriebsverordnungen geregelt ist (siehe unter Abschnitt 5.).

---

9 Siehe auch Hansdieter Schmid, in: „Kommunales Wirtschaftsrecht in Baden-Württemberg" RdNr. 893
10 Hansdieter Schmid „Das Recht der kommunalen Eigenbetriebe" Kommunale-Kassen-Zeitschrift 01/2010

4.3.3.3 Verweis auf die Anwendung von Regelungen in der Gemeindeordnung

In § 12 Abs. 3 EigBG wird auf Vorschriften aus dem Dritten Teil, 1. Abschnitt, Haushaltswirtschaft der GemO verwiesen. Diese Vorschriften gelten auch für die Eigenbetriebe und sind bei der Wirtschaftsführung zu berücksichtigen. Dies sind:

§ 77 Abs. 1 und 2	Allgemeine Haushaltsgrundsätze
§ 78	Grundsätze der Erzielung von Erträgen und Einzahlungen
§ 81 Abs. 2	Vorlagepflicht des Wirtschaftsplans
§ 83	Vorläufige Haushaltsführung – neu!
§ 86	Verpflichtungsermächtigungen
§ 87	Kreditaufnahmen
§ 88	Sicherheiten und Gewährleistungen
§ 89	Kassenkredite
§ 91	Erwerb und Verwaltung von Vermögen
§ 92	Veräußerung von Vermögen

Der Verweis auf die Vorschriften des Gemeindewirtschaftsrecht zeigt die enge Anbindung an die Gemeinde, die auch in § 12 Abs. 1 EigBG durch die geforderte Berücksichtigung der **Belange der gesamten Gemeindewirtschaft** zum Ausdruck kommt.

Hinzuweisen ist insbes. auf die **Vorlagepflicht** des Wirtschaftsplans (§ 81 Abs. 2), den neu aufgenommenen Verweis auf die Regelungen zur **vorläufigen Haushaltsführung** (§ 83), der immer dann zum Tragen kommt, wenn zu Beginn des Wirtschaftsjahres noch kein vom Gemeinderat beschlossener und der Rechtsaufsicht bestätigter (genehmigter) Wirtschaftsplan vorliegt. Des Weiteren die Regelungen zu den **Verpflichtungsermächtigungen** (§ 86), den **Kreditaufnahmen** (§ 87) und den **Kassenkrediten** (§ 89), die ggf. von der Rechtsaufsicht zu genehmigen sind.

Die oben dargestellten Paragrafen der GemO sind in der **Anlage 15.2** abgebildet.

4.3.3.4 Eigenkapitalausstattung

a) Wirtschaftliche Unternehmen

Nach § 12 Abs. 2 EigBG ist die Gemeinde verpflichtet, den Eigenbetrieb mit den **zur Aufgabenerledigung notwendigen Finanz- und Sachmitteln** auszustatten und für die Dauer seines Bestehens **funktionsfähig** zu erhalten. Dabei sollen Eigenkapital und Fremdkapital in einem angemessenen Verhältnis zueinander stehen. Was ein „angemessenes" Verhältnis von Eigen- zu Fremdkapital ist, wird nicht weiter definiert.
In der betriebswirtschaftlichen Literatur finden sich insbes. folgende Hinweise zum Verhältnis von Eigen- und Fremdkapital:
- **Goldene Bilanzregel.** Diese besagt, dass langfristiges Vermögen auch langfristig finanziert werden soll. Allerdings wird auch langfristiges Fremdkapital zur langfristigen Finanzierung gerechnet, weshalb sich hieraus keine Eigenkapitalquote ableiten lässt.

- **EK-Quoten vergleichbarer Unternehmen** (Prüfungshinweis des Instituts der Wirtschaftsprüfer, IDW[11])
- Allgemeiner betriebswirtschaftlicher Kennwert: Verhältnis von EK zu FK = 1:2.
- **Steuerrechtlich** (R 8.2 KStR 2015, Abs. 2 Satz 3): Ein Betrieb gewerblicher Art (BgA) ist grundsätzlich mit einem angemessenen Eigenkapital ausgestattet, wenn das Eigenkapital mindestens 30 % des Aktivvermögens beträgt. Zinsen für Darlehen der Gemeinde werden in diesen Fällen nur dann als Betriebsaufwand (und damit steuermindernd) anerkannt, wenn die EK-Quote 30 % beträgt.

b) Nichtwirtschaftliche Unternehmen

Auch für die nichtwirtschaftlichen Unternehmen gilt, dass der Eigenbetrieb mit den zur Aufgabenerledigung notwendigen Finanz- und Sachmitteln auszustatten und für die Dauer seines Bestehens funktionsfähig zu erhalten ist. Allerdings kann auf die Ausstattung mit Eigenkapital **verzichtet** werden (§ 12 Abs. 2 Satz 2 EigBG). Dies hat insbes. bei den vollkostendeckenden Gebührenhaushalten (Abwasser- und Abfallentsorgung, Wasserversorgung) die Konsequenz, dass die bei der Gebührenkalkulation ansatzfähigen kalkulatorischen Zinsen für das Anlagevermögen (§ 14 Abs. 3 KAG) im Ergebnis nicht als Gewinn ausgewiesen werden, da das Anlagevermögen dann (abzüglich der passivierten Ertragszuschüsse) zu 100 % mit Fremdkapital finanziert wird.

Beispiele zur Eigenkapitalausstattung siehe auch unter **8 und 9.2**.

4.3.3.5 Sonderkasse

Nach § 98 GemO sind für Eigenbetriebe Sonderkassen einzurichten. Diese sollen mit der Gemeindekasse verbunden werden (sog. „**Einheitskasse**"). Diese Sollvorschrift lässt den nötigen Spielraum, um eine den jeweiligen Umständen angepasste zweckmäßige und wirtschaftliche Lösung zu treffen. Die GPA hat für die Organisation der Sonderkasse folgende Möglichkeiten aufgezeigt[12]:

- **Eigenständige Sonderkasse** – Die Sonderkasse des Eigenbetriebs nimmt die Kassengeschäfte organisatorisch getrennt von der Gemeindekasse wahr. Es sind hierzu getrennte Girokonten bei der Hausbank eingerichtet.
- **Verbundene Sonderkasse** – Die Gemeindekasse erledigt die Aufgaben der Sonderkasse des Eigenbetriebs als **fremdes Kassengeschäft** i. S. von § 2 GemKVO, wobei für die Gemeinde und den Eigenbetrieb jeweils **getrennte Girokonten** eingerichtet sind.
- **Sonderfall** – verbundene Sonderkasse ohne eigenes Konto für den Eigenbetrieb.

Für die Durchführung der Kassengeschäfte gelten die Vorschriften der Gemeindekassenverordnung entsprechend (§ 2 Abs. 2 GemKVO).

Praxistipp:

Bei der verbundenen Sonderkasse sollte in der Dienstanweisung für das Kassenwesen (§ 44 Abs. 1 GemO i. V. m. § 28 Abs. 1 GemKVO) geregelt werden,

---

11 IDW Prüfungshinweis PH 9.720.1
12 GPA-Mitteilung 3/2013

> dass die Kasse auch die Aufgabe der Kassenführung für die Eigenbetriebe als fremdes Kassengeschäft übernimmt und die Regelungen der Dienstanweisung entsprechend auch für das fremde Kassengeschäft gelten.

Häufig werden in der Praxis die Sonderkassen der Eigenbetriebe mit der Gemeindekasse gemeinsam in einem **Liquiditätsverbund** („**Cash-Pooling**") geführt. Dies hat zur Folge, dass die Salden der einzelnen selbstständigen Kassen täglich ausgeglichen werden und ein einheitliches Schulden- und Geldanlagenmanagement (i. d. R. in der Kämmerei) ermöglicht wird.

> **Wichtig:** Wird ein negativer Saldo einer Sonderkasse des Eigenbetriebs im Rahmen des Liquiditätsverbunds durch die Gemeindekasse ausgeglichen, entsteht formal ein **Kassenkredit**. Hier ist ggf. die im Festsetzungsbeschluss festgelegte Höchstgrenze der Kassenkredite zu beachten!

4.3.3.6 Kreditfinanzierung

Ein häufiger Grund für die Gründung eines Eigenbetriebs ist, dass eine **Kreditfinanzierung von Investitionen** insbes. bei vollkostendeckenden Einrichtungen (Abfall, Abwasser, Wasser) oder bei wirtschaftlichen Unternehmen mit Gewinnerzielungsabsicht (Gemeindewerke) im Eigenbetrieb hinsichtlich der notwendigen Genehmigungsfähigkeit leichter darstellbar ist.

Durch das **Gesamtdeckungsprinzip** im Kernhaushalt (§ 18 GemHVO) lassen sich Kreditaufnahmen dort nicht einzelnen Investitionsmaßnahmen zuordnen. Zins und Tilgung sind Auszahlungen bzw. Auszahlungen, die durch die Erträge/Einzahlungen der Gemeinde (u. a. auch Steuern) gedeckt werden müssen. Kreditaufnahmen sind genehmigungspflichtig (§ 87 Abs. 2 GemO) und werden von den **Rechtsaufsichtsbehörden** unter dem Aspekt der **dauernden Leistungsfähigkeit** streng geprüft und können auch versagt werden, wenn das Ziel einer geordneten Haushaltswirtschaft gefährdet ist.

Kreditaufnahmen im Eigenbetrieb dienen jedoch ausschließlich der Finanzierung von Investitionen des Eigenbetriebs, müssen also auch von diesen refinanziert werden. Bei vollkostendeckenden Einrichtungen werden die **Zinsaufwendungen** für Fremdkapital im Erfolgsplan finanziert und gehören zu den gebührenfähigen Aufwendungen. Durch Investitionen entstehen Abschreibungen, die ebenfalls im Erfolgsplan durch Gebühren/Entgelte finanziert werden. Diese durch Gebühren/Entgelte finanzierten Abschreibungen können dann zur **Tilgung** der Kredite eingesetzt werden. Wichtig ist hier, dass die **durchschnittliche Abschreibungsdauer** nicht höher ist als die **durchschnittliche Tilgungsdauer**. Dies kann insbes. bei langfristigen Investitionen zu Liquiditätsproblemen führen, wie im folgenden Beispiel vereinfacht dargestellt ist[13]:

---

[13] Beispiel entnommen aus dem Artikel „Kreditfinanzierung von Eigenbetrieben", Prof. Peter Giebler, Der Gemeindehaushalt 4/2003

Kapitel 4 Entscheidung über die Rechtsform

		€	Nutzungsdauer Jahre	Afa in %	Abschreibung in €
1.	Kanalleitungen				
	Anschaffungs- und Herstellungskosten	1.500.000	50	2	30.000
			Laufzeit	Tilgungsquote	Tilgung
2.	Kreditaufnahme	1.500.000	25	4	60.000
3.	Liquiditätslücke				–30.000

Da die Abschreibungsdauer länger ist als die Tilgungsdauer, entsteht bei diesem Beispiel über 25 Jahre eine jährliche Finanzierungslücke von jeweils 30.000 Euro.

Problemlösung:
- Reduzierung der Tilgungsquote auf 2 %. Hier entsteht dann das Risiko der Anschlussfinanzierung (Zinsentwicklung) nach 25 Jahren, aber die „Goldenen Bilanzregel" wäre eingehalten.
- Kreditfinanzierung der Liquiditätslücke („nachlaufende Investitionsfinanzierung")[14]. Die jährliche Liquiditätslücke wird durch Kreditaufnahmen finanziert. Im Beispielsfall würden dann im Laufe von 25 Jahren weitere 750.000 Euro an Krediten aufgenommen, die ab dem 26. Jahr wieder aus den erwirtschafteten Abschreibungen finanziert werden könnten.
- Kapitaleinlage oder Darlehen der Gemeinde. Zum Ausgleich der Finanzierungslücke kann die Gemeinde ggf. auch ein Darlehn gewähren oder eine Kapitaleinlage leisten.

Bei der Erstellung der **Eröffnungsbilanz** ist auch zu entscheiden, ob ggf. **Schulden des Kernhaushalts** ganz oder teilweise auf den Eigenbetrieb übertragen werden (siehe auch unter 9.2.4). Dies ist legitim und keine „Bilanzkosmetik", da ja auch Anlagevermögen auf den Eigenbetrieb übertragen wird, welches in früheren Jahren im Kernhaushalt mit Krediten finanziert wurde. Der **Schuldenstand der Gemeinde** verändert sich dadurch natürlich nicht, da die Schulden der Eigenbetriebe bei der Darstellung der Gesamtverschuldung immer mitberücksichtigt werden.

4.3.4 Auswirkung der Ausgliederung auf den Kernhaushalt

Mit der Ausgliederung eines Regiebetriebs verändert sich auch der Kernhaushalt. Die bisher im Kernhaushalt veranschlagten Erträge und Aufwendungen im Ergebnishaushalt sowie Einzahlungen und Auszahlungen im Finanzhaushalt fallen weg. Bei vollkostendeckenden Einrichtungen wie z. B. der Abwasserentsorgung kann dies auch zu einer Verschlechterung des Haushalts führen, da die im Regiebetrieb durch Gebühren erwirtschafteten Abschreibungen wegfallen (Zahlungsmittelüberschuss aus laufender Verwaltungstätigkeit).

---
14 Vgl. Ade, in: „Kommunales Wirtschaftsrecht in Baden-Württemberg", RdNr. 743

Der **Zahlungsmittelüberschuss aus laufender Verwaltungstätigkeit** im Teilhaushalt 53.80 ist i. d. R. positiv. Sofern dieser positive Zahlungsmittelüberschuss im Teilfinanzhaushalt der Abwasserentsorgung nicht benötigt wird, dienen diese Mittel auch zur Finanzierung anderer Auszahlungen. Die Auswirkungen lassen sich vereinfacht im Teilfinanzhaushalt nachvollziehen[15]:

Nr.	Sachkto./ Gliederungscode	Teilfinanzhaushalt Einzahlungs- und Auszahlungsarten	Ergebnis 2018	Ansatz 2019	Ansatz 2020	VE	Plan 2021	Plan 2022 Plan 2023
1	1	+ Summe Einzahlungen aus lfd. Verwaltungstätigkeit (o. ao. Ertr. a. Verm.veräuß)			272.000		272.000	272.100 272.100
2	2	– Summe Auszahlungen aus lfd. Verwaltungstätigkeit			–205.200		–214.700	–216.500 –223.600
3	3	= **Zahlungsmittelüberschuss/-bedarf der Ergebnisrechnung (Saldo Nr. 1 und 2)**			66.800		57.300	55.600 48.500

Hier beträgt der positive Liquiditätsüberschuss aus der laufenden Verwaltungstätigkeit 66.800 Euro. Der **Zahlungsmittelüberschuss aus laufender Verwaltungstätigkeit** im Teilhaushalt 53.80 ist i. d. R. immer positiv. Sofern dieser positive Zahlungsmittelüberschuss im Teilfinanzhaushalt der Abwasserentsorgung nicht benötigt wird, dienen diese Mittel auch zur Finanzierung anderer Auszahlungen.

4	4	+ Einzahlungen aus Investitionszuwendungen						
5	5	+ Einzahlungen aus Investitionsbeitr. und ähnl. Entgelten für Invest.tätigkeiten			207.000		73.000	112.000
6	6	+ Einzahlungen aus der Veräußerung von Sachvermögen						
7	7	+ Einzahlungen aus der Veräußerung von Finanzvermögen						
8	8	+ Einzahlungen für sonstige Investitionstätigkeiten						
9	9	= **Einzahlungen aus Investitionstätigkeit (Summe Nr. 4 bis 8)**			207.000		73.000	112.000
10	10	– Auszahlungen für den Erwerb von Grundstücken und Gebäuden						
11	11	– Auszahlungen für Baumaßnahmen			–679.000	–600.000	–800.000	–400.000

---

[15] Auszug aus dem Haushaltsplan 2020 der Gemeinde Nellingen

Kapitel 4

Entscheidung über die Rechtsform

12	12	– Auszahlungen für den Erwerb von beweglichem Sachvermögen			–14.100		–2.000	–2.000 –2.000
13	13	– Auszahlungen für den Erwerb von Finanzvermögen						
14	14	– Auszahlungen für Investitionsförderungsmaßnahmen						
15	15	– Auszahlungen für den Erwerb von immateriellen Vermögensgegenständen						
16	16	= Auszahlungen aus Investitionstätigkeit (Saldo Nr. 10 bis 15)			–693.100	–600.000	–802.000	–402.000 –2.000
17	17	= Veranschl. Finanzierungsmittelübers./-bedarf aus Invest. (Saldo Nr. 9 und 16)			–486.100	–600.000	–729.000	–290.000 –2.000
18	18	= Veranschl. Finanzierungsmittelüberschuss/-bedarf (Saldo Nr. 3 und 17)			–419.300	–600.000	–671.700	–234.400 46.500

Da im Beispielsfall trotz der Einzahlungen aus Investitionszuschüssen nach den Auszahlungen für Baumaßnahmen ein negativer Saldo entsteht, wird der Haushalt bei einer Ausgliederung entlastet. Hinzu kommt, dass durch das bei Gründung des Eigenbetriebs entstehende Trägerdarlehen (siehe unter 9.2.1) noch zusätzliche Zinserträge entstehen.

In Zeile 18 ist das Gesamtergebnis des Teilhaushalts ablesbar. Im Beispielsfall wird der Haushalt durch die Ausgliederung entlastet.

Vereinfacht gesagt führt eine Ausgliederung immer dann zu einer **Haushaltsentlastung**, wenn die kurz-, mittel- und langfristig notwendigen Investitionen höher sind als die im Ergebnishaushalt erwirtschafteten Abschreibungen, d. h. ein Finanzierungsmittelbedarf entsteht. Dieser Finanzierungsmittelbedarf kann in einem Eigenbetrieb dann über entsprechende Kreditaufnahmen finanziert werden (siehe oben 4.3.3.6).

4.3.5 Auswirkungen der Ausgliederung auf die Kommunale Bilanz

Mit der Ausgründung werden auch Bilanzpositionen auf den Eigenbetrieb übertragen. Die Bilanz des Kernhaushalts wird sowohl auf der Aktiv- als auch der Passivseite reduziert (Bilanzverkürzung). Siehe auch **Abschnitt 9**.

4.3.6 Zusammenfassung

Auch die weitgehende wirtschaftliche Selbstständigkeit kann eine Eigenbetriebsgründung rechtfertigen. Mit einem eigenen Wirtschaftsplan und einer eigenen

Bilanz werden die wirtschaftlichen Verhältnisse transparent abgebildet. Die Verantwortung der Betriebsleitung für eine wirtschaftliche Betriebsführung ist damit höher als die einer Amtsleitung für die Teilhaushalte innerhalb des Kernhaushalts.

4.3.7 Grundsatzbeschluss des Gemeinderats

Die Gründung eines Eigenbetriebs hat einen Vorlauf und sollte von Anfang an eng mit dem Gemeinderat abgestimmt werden. Insofern empfiehlt es sich im Frühjahr/Frühsommer vor dem Jahr der Gründung, den Gemeinderat über die Überlegungen zu informieren und einen Grundsatzbeschluss herbeizuführen. Die Abwägungs- und Entscheidungsgründe für eine Eigenbetriebsgründung sowie die Zielsetzung und die Erwartungshaltung sollten aufbereitet und mit dem Grundsatzbeschluss dokumentiert werden.
Der Beschlussantrag könnte (am Beispiel der Abwasserentsorgung) wie folgt lauten:

> 1. Die Abwasserentsorgung der Gemeinde X wird ab dem Jahr 20xx in der Rechtsform des Eigenbetriebs geführt.
> 2. Die Verwaltung wird beauftragt, eine Betriebssatzung auszuarbeiten und diese vorab mit der Rechtsaufsichtsbehörde abzustimmen.

In der Begründung sollten die Überlegungen der Verwaltung zu den Vorteilen und zur Ausgestaltung dieser Rechtsform dargestellt werden (siehe oben 3.2). Die Betriebssatzung ist anzeigepflichtig (siehe 6.4), weshalb eine vorherige Abstimmung mit der Rechtsaufsicht sinnvoll ist.
Natürlich kann die Gemeinde den Gemeinderat auch in einer anderen Form im Vorfeld informieren und eine Meinungsbildung herbeiführen, z. B. im Rahmen einer Gemeinderatsklausur. Da die Vorbereitung mit der Erstellung einer Betriebssatzung und im Anschluss die Ausgliederung mit einem eigenen Wirtschaftsplan einige Arbeit in der Verwaltung mit sich bringt, sollte in jedem Fall eine **vorherige Abstimmung** mit dem Gemeinderat erfolgen.

5 Wirtschaftsführung und Rechnungswesen

Die Wirtschaftsführung und das Rechnungswesen der Eigenbetriebe richten sich nach den Regelungen in den §§ 12 bis 17 EigBG und in den Eigenbetriebsverordnungen.

5.1 Eigenbetriebsverordnung-HGB oder Eigenbetriebsverordnung-Doppik?

Mit der Änderung des EigBG vom 17. Juni 2020 (GBl. S. 403) wurde das bisherige Wahlrecht im früheren § 12 Abs. 1 EigBG modifiziert bzw. konkretisiert. Es wurde geregelt, dass die Entscheidung, welches Rechnungssystem (HGB oder Kommunale Doppik) im jeweiligen Eigenbetrieb zur Anwendung kommt, vom **Gemeinderat** durch Regelung in der **Betriebssatzung** zu treffen ist (§ 12 Abs. 3 Satz 2 EigBG): „In der Betriebssatzung ist festzulegen, ob die Wirtschaftsführung und das Rechnungswesen auf der Grundlage der Vorschriften des Handelsgesetzbuchs oder auf der Grundlage der für die Haushaltswirtschaft der Gemeinden geltenden Vorschriften für die Kommunale Doppik erfolgen."

Erfolgt mit der Umstellung auf das neue Recht (spätestens zum 1.1.2023) keine Umstellung des bisherigen Rechnungswesens, d. h. es wird das bisherige Rechnungssystem (entweder HGB oder Kommunale Doppik) beibehalten, so ist keine sofortige Änderung der Betriebssatzung erforderlich (§ 19 Abs. 2 EigBG). Die Ergänzung ist dann spätestens bei der nächsten Änderung oder einem Neuerlass der Betriebssatzung durchzuführen.

Die **Formulierung** in der Betriebssatzung könnte wie folgt lauten:

> **§ X Wirtschaftsführung und Rechnungswesen**
>
> Die Wirtschaftsführung und das Rechnungswesen des Eigenbetriebs richten sich nach den Regelungen der Eigenbetriebsverordnung-HGB (alternativ -Doppik).

Mit den neuen Eigenbetriebsverordnungen liegen nun zwei jeweils in sich geschlossene Regelungswerke vor, je nachdem wie sich die Gemeinde entscheidet. Damit wurde eine seit 2009 bestehende Regelungslücke geschlossen, da es bisher bei Anwendung der Kommunalen Doppik ein solches Regelungswerk nicht gab bzw. die bisher anzuwendende GemHVO bei Eigenbetrieben nicht passend war.[16]

Folgende Aspekte, die nicht abschließend sind, können eine Rolle spielen:

---

16 Siehe die Hinweise der GPA im Geschäftsbericht 2014

Eigenbetriebsverordnung-HGB oder Eigenbetriebsverordnung-Doppik? **Kapitel 5**

5.1.1 Anwendung der EigBVO-HGB

- Insbesondere geeignet für **wirtschaftliche** Unternehmen (§ 102 Abs. 1 GemO), die als Eigenbetrieb geführt werden (z. B. Versorgungs- und Verkehrsbetriebe, Wohnungswirtschaft, Breitband etc.), – **stärkere Nähe zur Privatwirtschaft**.
- Das Rechnungswesen wird bereits nach der EigBVO a. F. HGB-orientiert geführt und hat sich bewährt.
- Das HGB erleichtert auch **Quereinsteigern aus der Privatwirtschaft** die Arbeit im kaufmännischen Bereich eines Eigenbetriebs. Eventuell wird dadurch auch die Personalauswahl erleichtert.
- **Bundesgesetzliche Regelungen** zur Anwendung des HGB (Krankenhäuser, Pflegeeinrichtungen, Energieversorger).
- Rechnungswesen und Jahresabschluss erfolgen durch einen **Steuerberater**.
- **Betriebsführung** des Eigenbetriebs erfolgt **durch ein Beteiligungsunternehmen** (z. B. Stadtwerke GmbH übernimmt Betriebsführung für Eigenbetrieb Bäder).
- Etc.

5.1.2 Anwendung der EigBVO-Doppik

- Insbesondere geeignet für **nichtwirtschaftlichen** Unternehmen und Einrichtungen nach § 102 Abs. 4 GemO, die als Eigenbetrieb geführt werden (z. B. Abwasser, Bäder, Bestattungswesen, Touristik, Theater, Stadthallen, Bauhof, Gebäudemanagement etc.). Hier bietet sich grundsätzlich die Anwendung der Doppik in Anlehnung an das NKHR an – **stärkere Nähe zum Kernhaushalt**.
- Das Rechnungswesen wird bereits nach der Kommunalen Doppik geführt und hat sich bewährt.
- **Synergien** mit dem Rechnungswesen des Kernhaushalts
  - Einheitliches Rechnungssystem
  - Gleicher Kontenrahmen
  - Gleichartige Strukturen (Kostenarten, Kostenstellen etc.)
  - Tagesabschluss
  - Gesamtabschluss
- Rechnungswesen, welches bisher vom Steuerberater geführt wird, kann wieder durch die Gemeinde übernommen werden.
- Etc.

Bei der **Entscheidungsfindung** sind in der Praxis viele individuelle Gesichtspunkte zu berücksichtigen, die je nach den örtlichen Gegebenheiten auch unterschiedlich sein können. Die Frage, welche Eigenbetriebsverordnung zur Anwendung kommen soll, ist **für jeden einzelnen Eigenbetrieb** individuell zu entscheiden, d. h. es können bei mehreren Eigenbetrieben einer Kommune beide Systeme zur Anwendung kommen. Beide Varianten genügen den Anforderungen an ein **modernes Rechnungswesen** und berücksichtigen die Besonderheiten einer öffentlich-rechtlichen Rechtsform.

5.2 Kontenplan

Anders als im Kommunalen Haushalt, wird für Eigenbetriebe **kein verbindlicher Kontenrahmen** vorgeschrieben (§ 6 Abs. 2 EigBVO-HGB und -Doppik). Bei den **HGB**-anwendenden Eigenbetrieben stehen eine Vielzahl von je nach Aufgabenstellung passenden Kontenrahmen zur Verfügung (z. B. spezielle Kontenrahmen für die Versorgungs- oder Wohnungswirtschaft). Mit dieser flexiblen Regelung wird eine Anpassung entsprechend dem Zweck des Eigenbetriebs ermöglicht.

> Eigenbetriebe, die nach der **Kommunalen Doppik** geführt werden, können von § 35 Abs. 4 Satz 1 GemHVO (Anwendung des NKHR-Kontenrahmens) abweichen (siehe auch Abs. 2 EigBVO-Doppik) und ebenfalls einen individuellen Kontenrahmen wählen. In der Praxis wird sich dies jedoch **nicht empfehlen**, da der NKHR-Kontenrahmen eben auf die Regelungen der Kommunalen Doppik aufsetzt.

Bei Anwendung des NKHR-Kontenplans (bei Anwendung der EigBVO-Doppik) sind allerdings **Modifikationen** erforderlich. So fehlen z. B. in der **Kontenklasse 2** (Kontengruppe 20) die Konten des Eigenkapitals nach dem Muster in der Anlage 10 (Bilanz) sowie die dazu gehörigen Konten in den **Kontenklassen 6** (Einzahlungen) und **7** (Auszahlungen). Die **Kontenklasse 5** (außerordentliche Erträge und Aufwendungen) kann bei Eigenbetrieben komplett entfallen. Zum Zeitpunkt des Redaktionsschlusses liegt noch kein offizieller NKHR-Kontenplan für die Eigenbetriebe vor. Solange dieser nicht vorliegt, müssen ggf. die erforderlichen Konten selbst gebildet und in den Kontenplan aufgenommen werden.

Die Struktur der Konten ist so zu wählen, dass die Buchführung den **Grundsätzen ordnungsmäßiger Buchführung** entspricht (vgl. § 12 Abs. 3 EigBG). Bei einer erforderlichen individuellen Abweichung vom Kontenrahmen der Kommunalen Doppik kann es insoweit geboten sein, die Struktur der Kontenklassen und Kontengruppen sowie die in der Kommunalen Doppik übliche Orientierung der Konten der Ein- und Auszahlungen aus laufender Geschäftstätigkeit (Verwaltungstätigkeit im Kernhaushalt) im Liquiditätsplan an den Konten des Erfolgsplans beizubehalten. Ansonsten sind gegebenenfalls auch dv-technische Umsetzungsprobleme (z. B. beim Customizing) sowie Probleme bei der Kontierung nicht auszuschließen.

6 Betriebssatzung

6.1 Vorbemerkung

Die Betriebssatzung ist eine **Pflichtsatzung** nach § 3 Abs. 2 Satz 1 EigBG. Die Betriebssatzung regelt die Rechtsverhältnisse des Eigenbetriebs und tritt für diesen **an die Stelle der Hauptsatzung**. Mit der Entscheidung des Gemeinderats über die Betriebssatzung wird der Eigenbetrieb **gegründet**.
Der Gemeindetag stellt für seine Mitglieder eine **Mustersatzung** zur Verfügung. Im Anhang ist beispielhaft die Satzung der Stadt Ludwigsburg für den Eigenbetrieb Stadtentwässerung beigefügt (**Anlage 15.7**). Weitere Beispiele anderer Gemeinden/Städte sind im Internet abrufbar.

6.2 Regelungsinhalte

Im Wesentlichen sind folgende Inhalte zu regeln[17]:
a) **Name und Zweck**, Beschreibung der Aufgabe,
b) Bildung und Zusammensetzung der **Betriebsleitung**, ggf. andere Bezeichnung (z. B. Geschäftsführung),
c) Verfahren bei **Meinungsverschiedenheiten**, sofern die Betriebsleitung aus mehreren Personen besteht und kein Erster Betriebsleiter bestellt ist,
d) Inhalt und Umfang der **Informationspflicht** der Betriebsleitung,
e) Bildung, Zusammensetzung des **Betriebsausschusses** (ggf. abweichender Name),
f) Zusammenschluss mehrerer Eigenbetriebe zu einem **Querverbund** nach § 2 EigBG,
g) Höhe des **Stammkapitals**,
h) Festlegung, welche **EigBVO** zur Anwendung kommt (§ 12 Abs. 3 Satz 2 EigBG),
i) Festlegung der **Wertgrenzen** für die Zuständigkeit der eingerichteten Organe,
j) Festlegung der **Wertgrenze**, ab wann **eine Verschlechterung des Jahresergebnisses** als erheblich gilt und zu einem Nachtragswirtschaftsplan führt (§ 15 Abs. 1 Nr. 1 EigBG),
k) Festlegung, ab wann eine **erhebliche Vermehrung oder Hebung** der in der Stellenübersicht vorgesehenen Stellen vorliegt (§ 15 Abs. 1 Nr. 4 EigBG),
l) Festlegung, wann eine **erfolgsgefährdende Mehraufwendung** des Erfolgsplans vorliegt, die der Zustimmung des Betriebsausschusses bedarf, sofern sie nicht unabweisbar sind,
m) Festlegung, wann eine **erhebliche Mehrausgabe** bei einzelnen Investitionsvorhaben vorliegt, die ebenfalls der Zustimmung des Betriebsausschusses bedarf, sofern sie nicht unabweisbar ist.

---

17 Siehe auch Hansdieter Schmid Rdnr. 873

Kapitel 6 — Betriebssatzung

Wie oben schon ausgeführt (4.2.1), entscheidet sich mit den Regelungen der Betriebssatzung, wie **eigenständig und flexibel** der Eigenbetrieb agieren kann. Ihr kommt deshalb eine **besondere Bedeutung** zu. Durch entsprechend hohe Wertgrenzen für die Zuständigkeiten der Betriebsleitung und des Betriebsausschusses können auch **Entscheidungswege deutlich verkürzt** werden.

6.3 Beschlussfassung

Nach § 3 Abs. 2 Satz 3 EigBG ist bei der Beschlussfassung über die Betriebssatzung wie bei der Beschlussfassung über die Hauptsatzung (§ 4 Abs. 2 GemO) die Mehrheit der Stimmen aller Mitglieder des Gemeinderats erforderlich („qualifizierte Mehrheit").

6.4 Öffentliche Bekanntmachung, Inkrafttreten und Anzeigepflicht bei der Rechtsaufsichtsbehörde

Nach § 4 Abs. 3 GemO sind Satzungen öffentlich bekannt zu machen. Sie treten am Tage nach der Bekanntmachung in Kraft, wenn kein anderer Zeitpunkt bestimmt ist. Satzungen sind der Rechtsaufsichtsbehörde anzuzeigen.

6.5 Exkurs: Müssen Eigenbetriebe ins Handelsregister eingetragen werden?

Nach § 29 HGB ist jeder **Kaufmann** verpflichtet, seine Firma, den Ort und die inländische Geschäftsanschrift seiner Handelsniederlassung bei dem Gericht, in dessen Bezirke sich die Niederlassung befindet, zur Eintragung in das Handelsregister anzumelden. **Kaufmann** i. S. des § 1 Abs. 1 HGB ist, wer ein **Handelsgewerbe** betreibt. Handelsgewerbe ist wiederum jeder **Gewerbebetrieb**, es sei denn, dass das Unternehmen nach Art oder Umfang einen in kaufmännischer Weise eingerichteten Geschäftsbetrieb nicht erfordert (§ 1 Abs. 2 HGB).
Für den Begriff des **Gewerbebetriebs** gibt es weder im HGB, im GewStG oder im EStG eine eindeutige gesetzliche Definition. Nach der Rechtsprechung ist ein besonderes Merkmal eine „planmäßig betriebene Tätigkeit am Markt mit Gewinnerzielungsabsicht".
In Frage kommen deshalb insbes. **Versorgungsunternehmen** (Gas, Strom, Fernwärme, Breitband etc.). Es ist also im **Einzelfall zu prüfen**, ob ein Gewerbebetrieb vorliegt. Liegt ein solcher vor, muss der Eigenbetrieb ins Handelsregister eingetragen werden. Privatrechtliche Rechtsformen (GmbH) sind immer eintragungspflichtig.[18]

---

18 Sie auch GPA-Mitteilungen 18/1999 und 4/2007

7 Wirtschaftsplan

An die Stelle des Haushaltsplans tritt bei Eigenbetrieben der Wirtschaftsplan (wie auch bei privatrechtlich organisierten Unternehmen, siehe § 103 Abs. 1 Nr. 5 a) GemO). Der Wirtschaftsplan ist ein wichtiges Steuerungsinstrument des Eigenbetriebs. Zweck des Wirtschaftsplans ist die **Prognose** über die voraussichtliche Entwicklung der wirtschaftlichen Verhältnisse des Betriebs (**Vermögens-, Finanz- und Ertragslage**) im Planungszeitraum bei gleichzeitiger **Sicherstellung des finanziellen Gleichgewichts** (Erhaltung des Sondervermögens, Sicherung der Liquidität).

7.1 Aufstellung

Nach § 14 Abs. 1 EigBG ist für **jedes Wirtschaftsjahr** (i. d. R. Kalenderjahr, wenn kein abweichendes Wirtschaftsjahr festgelegt wurde – siehe auch § 13 Satz 1 EigBG) vor dessen Beginn ein Wirtschaftsplan zu erstellen. Der Wirtschaftsplan kann für zwei Wirtschaftsjahre, nach Jahren getrennt, aufgestellt werden („**Doppelwirtschaftsplan**"). Dies empfiehlt sich insbes. dann, wenn auch der Haushaltsplan der Kommune als Doppelhaushaltsplan aufgestellt wird. Wenn die Art des Betriebs es erfordert, kann die Betriebssatzung ein hiervon **abweichendes** Wirtschaftsjahr bestimmen (§ 13 Satz 2 EigBG). Dies kann z. B. bei einem Theaterbetrieb oder einem Freibadbetrieb sinnvoll sein.

7.2 Bestandteile des Wirtschaftsplans

Der Wirtschaftsplan besteht seit der Novellierung 2020 aus dem Erfolgsplan, dem Liquiditätsplan mit Investitionsprogramm und der Stellenübersicht (§ 14 Abs. 1 Satz 3 EigBG).

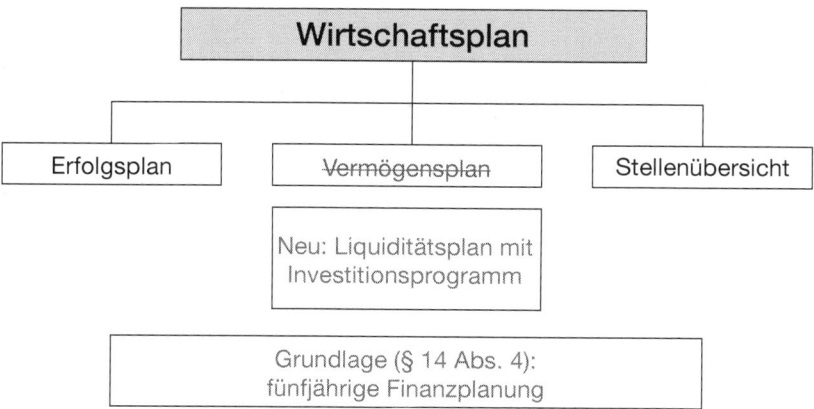

Kapitel 7 Wirtschaftsplan

Der bisherige Vermögensplan ist entfallen bzw. wird durch den Liquiditätsplan mit Investitionsprogramm ersetzt.

7.3 Aufstellung des Wirtschaftsplans

7.3.1 Zuständigkeit

Zuständig für die **Aufstellung des Wirtschaftsplans** ist die **Betriebsleitung** (§ 5 Abs. 1 Satz 2 EigBG – Aufgabe der laufenden Betriebsführung). Aufgrund der vielfältigen Finanzbeziehungen zwischen Kernhaushalt und Wirtschaftsplan ist eine enge **Abstimmung mit dem/der Fachbediensteten für das Finanzwesen** erforderlich. Diese Verpflichtung ergibt sich auch aus § 5 Abs. 3 Satz 2 EigBG, wonach die Betriebsleitung dem Fachbediensteten für das Finanzwesen oder dem sonst für das Finanzwesen der Gemeinde zuständigen Bediensteten (§ 116 GemO) alle Maßnahmen mitzuteilen hat, welche die Finanzwirtschaft der Gemeinde berühren.

7.3.2 Zeitpunkt

Nach § 12 Abs. 3 EigBG i. V. m. § 81 Abs. 2 GemO soll der vom Gemeinderat beschlossene Wirtschaftsplan **spätestens einen Monat vor Beginn des Wirtschaftsjahres** der Rechtsaufsichtsbehörde vorliegen. Das heißt, die Vorbereitungen und die Beratungen zum Wirtschaftsplan (parallel zum Haushaltsplan) sollten zeitlich so gesteuert werden, dass der Wirtschaftsplan Ende November/Anfang Dezember der Rechtsaufsicht übersandt werden kann. Kann diese Frist nicht eingehalten werden und wird der Wirtschaftsplan später vorgelegt, so ist über den Verweis in § 12 Abs. 3 EigBG der § 83 GemO (Vorläufige Haushaltsführung) zu beachten.

7.4 Planungs- und Veranschlagungsgrundsätze

7.4.1 Verweis auf die GemHVO

In § 16 der beiden Eigenbetriebsverordnungen wird auf § 10 Absätze 1 und 2 sowie § 12 der GemHVO verwiesen.
In § 10 Abs. 1 und 2 GemHVO sind die allgemeinen Planungsgrundsätze für den Haushaltsplan geregelt, die auch bei den Eigenbetrieben anzuwenden sind. § 12 regelt die **Veranschlagung von Investitionen**. Auch bei den Eigenbetrieben dürfen Investitionen grundsätzlich erst veranschlagt werden, wenn
- unter mehreren in Betracht kommenden Möglichkeiten durch einen **Wirtschaftlichkeitsvergleich** unter Einbeziehung der **Folgekosten** die für den Eigenbetrieb wirtschaftlichste Lösung ermittelt wurde und
- **Pläne, Kostenberechnungen und Erläuterungen** vorliegen, aus denen die Art der Ausführung, die Kosten der Maßnahme sowie die voraussichtlichen Jahresraten unter Angabe der Kostenbeteiligung Dritter und ein Bauzeitplan im Einzelnen ersichtlich sind. Den Unterlagen ist eine Schätzung der nach Fertigstellung der Maßnahme entstehenden **jährlichen Belastungen für den Wirtschaftsplan** beizufügen.

Ausnahmen sind **unbedeutende** Investitionsmaßnahmen, aber auch dort muss eine Kostenberechnung vorliegen. Unbedeutend sind grundsätzlich die Maßnahmen, für die nach der Betriebssatzung die Betriebsleitung zuständig ist.

7.4.2 Übergangsregelung für die ersten beiden Planjahre

In den Spalten der anzuwendenden Muster müssen die Werte für Vorjahre, für die die Wirtschaftsführung und das Rechnungswesen nicht nach dieser Verordnung erfolgte, nicht angegeben werden (§ 19 Abs. 2 EigBVO-HGB und -Doppik). Das heißt, dass im ersten Planjahr die Spalten des Vorjahres und das Rechnungsergebnis des Vorvorjahres nicht abgedruckt werden müssen. Im zweiten Planjahr werden dann die Werte des Wirtschaftsjahres und des Vorjahres abgebildet. Dies betrifft insbes. den Liquiditätsplan.

7.5 Erfolgsplan

Die Inhalte des Erfolgsplans sind in im § 1 der beiden Eigenbetriebsverordnungen geregelt und bis auf die unterschiedliche Gliederung inhaltlich gleich. Er muss alle **voraussehbaren Erträge und Aufwendungen** des Wirtschaftsjahres enthalten. Die veranschlagten wesentlichen Erträge und Aufwendungen sind zu begründen, insbes. wenn sie von den Vorjahreszahlen erheblich abweichen (§ 1 Abs. 2 EigBVO-HGB und -Doppik).
Der Erfolgsplan ist sehr flexibel. Es gilt eine **umfassende Deckungsfähigkeit** der einzelnen Positionen. Ein **Nachtragswirtschaftsplan** ist erst zu erstellen, wenn sich das geplante Ergebnis erheblich verschlechtert (§ 15 Abs. 1 Nr. 1 EigBG). Dies bedeutet, dass Abweichungen bei den einzelnen Plansätzen ohne Belang sind, solange sich das Ergebnis nicht erheblich verschlechtert. Der unbestimmte Rechtsbegriff der „**erheblichen Verschlechterung**" wie auch der Begriff der „**erfolgsgefährdenden Mehraufwendungen**" (§ 15 Abs. 2 EigBG) sollten in der Betriebssatzung festgelegt werden (siehe oben unter 6.2. j) und l)).
Beide Muster sind als **Mindestgliederung** zu verstehen. Es können nach Bedarf weitere Zeilen eingefügt werden, um z.B. die Umsatzerlöse oder die Aufwendungen für bezogene Leistungen detaillierter darzustellen. Des Weiteren können auch Zwischensummen eingefügt werden (siehe auch unter 7.5.3).

7.5.1 Erfolgsplan nach der EigBVO-HGB

Das Muster der Zeilen 1–17 entspricht der in **§ 275 Abs. 2 HGB** geregelten Gliederung der **Gewinn- und Verlustrechnung** nach dem Gesamtkostenverfahren.
§ 275 Abs. 2 HGB unterscheidet zwischen Erträgen und Aufwendungen, die für die betriebliche Leistungserstellung anfallen (Zeilen 1–4 und 5–8):

1.	Umsatzerlöse
2.	Erhöhung oder Verminderung des Bestands an fertigen und unfertigen Erzeugnissen
3.	andere aktivierte Eigenleistungen
4.	sonstige betriebliche Erträge

5.	Materialaufwand
a)	Aufwendungen für Roh-, Hilfs- und Betriebsstoffe und für bezogene Waren
b)	Aufwendungen für bezogene Leistungen
6.	Personalaufwand:
a)	Löhne und Gehälter
b)	soziale Abgaben und Aufwendungen für Altersversorgung und für Unterstützung, davon für Altersversorgung
7.	Abschreibungen:
a)	auf immaterielle Vermögensgegenstände des Anlagevermögens und Sachanlagen
b)	auf Vermögensgegenstände des Umlaufvermögens, soweit diese die in dem Unternehmen, der Einrichtung oder dem Hilfsbetrieb üblichen Abschreibungen überschreiten
8.	sonstige betriebliche Aufwendungen

sowie Erträgen und Aufwendungen, die nicht leistungsbezogen sind (Zeilen 9–13):

9.	Erträge aus Beteiligungen, davon aus verbundenen Unternehmen
10.	Erträge aus anderen Wertpapieren und Ausleihungen des Finanzanlagevermögens, davon aus verbundenen Unternehmen
11.	sonstige Zinsen und ähnliche Erträge, davon aus verbundenen Unternehmen
12.	Abschreibungen auf Finanzanlagen und auf Wertpapiere des Umlaufvermögens
13.	Zinsen und ähnliche Aufwendungen, davon an verbundene Unternehmen

In den Zeilen 14–17 werden die Steuern abgebildet und die Zeile 18 enthält dann das Gesamtergebnis als Jahresüberschuss oder Jahresfehlbetrag:

14.	Steuern vom Einkommen und vom Ertrag
15.	Ergebnis nach Steuern
16.	sonstige Steuern
17.	**Jahresüberschuss/Jahresfehlbetrag**

Die Gliederung des § 275 Abs. 2 HGB entspricht dem kaufmännischen Prinzip der **Erfolgsorientierung**.
Auch die der EigBVO a. F. zugrunde liegende Gliederung des Erfolgsplans (Formblatt 4 – Anlage 4) orientierte sich an § 275 HGB. Mit dem **Bilanzrichtlinien-Umsetzungsgesetz** (BilRUG) vom 23. Juli 2015 ergaben sich jedoch Änderungen in diesem Paragrafen. Die außerordentlichen Posten in der GuV-Gliederung wurden gestrichen, so dass in der Folge auch die Ausweisung des bisherigen Ergebnisses der ordentlichen Geschäftstätigkeit und das außerordentliche Ergebnis entfielen.
Außerordentliche Geschäftsvorfälle im früheren Sinne sind nun mit Betrag und Art im Anhang darzustellen. Das „Ergebnis der gewöhnlichen Geschäftstätigkeit" wurde durch ein „Ergebnis nach Steuern" abgelöst. Des Weiteren ergab sich eine Änderung der Umsatzdefinition, nach der „als Umsatzerlöse (…) die Erlöse aus dem Verkauf und der Vermietung oder Verpachtung von Produkten sowie aus der Erbringung von Dienstleistungen der Kapitalgesellschaft nach Abzug von Erlösschmälerungen und der Umsatzsteuer sowie sonstiger direkt mit dem Umsatz verbundener Steuern auszuweisen" sind (§ 277 Abs. 1 HGB-BilRUG). Diese Positionen waren früher den Sonstigen Erträgen zugeordnet.

7.5.2 Erfolgsplan nach der EigBVO-Doppik

Dieses Muster orientiert sich grundsätzlich an § 2 GemHVO, in welchem die Gliederung des Ergebnishaushalts geregelt ist. Abweichend hiervon wird auch hier – in Anlehnung an die HGB-Variante – auf den differenzierten Ausweis von **außerordentlichen Erträgen und Aufwendungen** und insoweit eines Sonderergebnisses verzichtet, da zum einen bei Eigenbetrieben i. d. R. nur in unbedeutendem Umfang außerordentliche Erträge und Aufwendungen anfallen und zum anderen eine Angleichung an das HGB erfolgt.
Die Gliederung des Erfolgsplans nach der EigBVO-Doppik orientiert sich – abweichend von der Erfolgsorientierung des HGB – am **Prinzip des Haushaltsausgleichs und der Gesamtdeckung** („alle Erträge dienen zur Deckung aller Aufwendungen"). Zuerst werden in den Zeilen 1–10 alle Erträge abgebildet:

1	Steuern und ähnliche Abgaben
2	Zuweisungen und Zuwendungen, Umlagen
3	Aufgelöste Investitionszuwendungen und -beiträge
4	Sonstige Transfererträge
5	Entgelte für öffentliche Leistungen oder Einrichtungen
6	Sonstige privatrechtliche Leistungsentgelte
7	Kostenerstattungen und Kostenumlagen
8	Zinsen und ähnliche Erträge
9	Aktivierte Eigenleistungen und Bestandsveränderungen
10	Sonstige Erträge
11	**Erträge** **(Summe aus Nummern 1 bis 10)**

Anschließend werden in den Zeilen 12–18 alle Aufwendungen und in Zeile 20 dann das Ergebnis dargestellt:

12	Personalaufwendungen
13	Versorgungsaufwendungen
14	Aufwendungen für Sach- und Dienstleistungen
15	Abschreibungen
16	Zinsen und ähnliche Aufwendungen
17	Transferaufwendungen
18	Sonstige Aufwendungen
19	**Aufwendungen** **(Summe aus Nummern 12 bis 18)**
20	**Veranschlagtes Ergebnis** **(Saldo aus Nummern 11 und 19)**

7.5.2.1 Spartenplanung/Querverbund

Die Anwendung des § 4 GemHVO (Teilhaushalte, Budgets) wird nicht vorgeschrieben. Auch die bisher beim Jahresabschluss für Eigenbetriebe **mit mehreren Betriebszweigen** vorgeschriebene **Spartenrechnung** (§ 9 Abs. 3 i. V. m. Anlage 5 EigBVO a. F.) entfällt. Dennoch ist es im Einzelfall immer dort, wo mehrere Aufgaben (**Produkte**) erfüllt werden, – auch aus Gründen der Transparenz – sinnvoll, in der Planung auch nach Betriebszweigen zu differenzieren.

Beispiel: Ein Eigenbetrieb Stadtwerke betreibt die Wasser- und Gasversorgung sowie das örtliche Hallenbad. Hier sollte der Erfolgsplan mit einer entsprechenden Spartenplanung ergänzt werden.

Auch bei einer Zusammenfassung mehrerer Unternehmen, Einrichtungen und Hilfsbetriebe zu einem Eigenbetrieb nach § 2 EigBG (**Querverbund**), ist eine Spartenrechnung weiterhin erforderlich.

7.5.2.2 Verlustausgleich bzw. Gewinnabführung

Bei **dauerdefizitären** Eigenbetrieben (z. B. Bäder, Tourismus/Stadtmarketing, Stadthallen, Theater etc.) sind Vorauszahlungen auf den späteren Verlust erforderlich, um die **Zahlungsfähigkeit** des Eigenbetriebs zu sichern. Diese werden jedoch beim Eigenbetrieb **nicht ergebniswirksam** (als Ertrag) verbucht, sondern sind **erfolgsneutral** zu erfassen (grundsätzlich als Verbindlichkeiten bzw. Forderungen) und dürfen erst nach der Beschlussfassung über die Behandlung des tatsächlichen Jahresergebnisses entsprechend verrechnet werden.

Alle Eigenbetriebe – unabhängig, ob sie nach der Kommunalen Doppik oder nach dem HGB geführt werden – haben deshalb die Vorauszahlungen der Gemeinde auf die spätere Fehlbetragsabdeckung und (bei Eigenbetrieben, die einen Überschuss erwirtschaften) die Vorauszahlungen an die Gemeinde auf die spätere Überschussabführung im Erfolgsplan nachrichtlich anzugeben (Zeilen 18 und 19 im HGB-Muster bzw. Zeilen 21 und 22 im Doppik-Muster).

	nachrichtlich
21	Vorauszahlungen der Gemeinde auf die spätere Fehlbetragsabdeckung
22	Vorauszahlungen an die Gemeinde auf die spätere Überschussabführung

Dadurch wird verdeutlicht, dass das Jahresergebnis **ungekürzt** um unterjährig geleistete Verlustausgleichzahlungen bzw. spätere Gewinnausschüttungen ausgewiesen werden muss.

Erfolgsneutrale Posten betreffen gerade nicht den Erfolgsplan, sondern den Liquiditätsplan. Dort handelt es sich um **Einzahlungen aus Eigenkapitalzuführungen** beziehungsweise um **Auszahlungen aus Eigenkapitalrückführungen**. Die Behandlung im **Kernhaushalt** bleibt unbeachtlich. Dort werden solche Vorgänge **ergebniswirksam** (als Aufwand oder Ertrag) behandelt (siehe auch Ausführungen beim Jahresabschluss)[19].

Durch den nachrichtlichen Ausweis der erfolgsneutralen Vorauszahlungen im Erfolgsplan soll sichergestellt werden, dass diese nicht als Erträge und Aufwände ausgewiesen werden und sachlich ungerechtfertigt das Betriebsergebnis beeinflussen. Auch die Transparenz und Vergleichbarkeit der Jahresergebnisse wird dadurch erreicht.

Planung-/Buchungsvorgänge:

- Die Verlustausgleichszahlung (Vorauszahlungen auf den voraussichtlichen Fehlbetrag) von der Gemeinde an den Eigenbetrieb wird im **Ergebnishaushalt als Aufwand** geplant und gebucht.
- Im **Erfolgsplan** des Eigenbetriebs werden diese geplanten Vorauszahlungen nachrichtlich abgebildet.

---

[19] Siehe Seite 6 der Begründung zu den Eigenbetriebsverordnungen https://im.baden-wuerttemberg.de/fileadmin/redaktion/m-im/intern/dateien/pdf/20201023_Begründung_EigBVO_GemHVO_KrHRVO.pdf, zuletzt abgerufen am 9.4.2022

- Die Vorauszahlungen der Gemeinde werden beim Eigenbetrieb im **Liquiditätsplan** als **Einzahlung aus der Finanzierungstätigkeit** (Zeile 24 der EigBVO-HGB oder Zeile 33a der EigBVO-Doppik: Einzahlungen aus der Veränderung des Eigenkapitals) geplant.
- Die unterjährige Verbuchung der Vorauszahlung auf den voraussichtlichen Fehlbetrag erfolgt auf ein **Konto der Kapitalrücklage** (Teil des Eigenkapitals). Damit wird das Eigenkapital unterjährig um die Verlustausgleichszahlungen erhöht.
- Der Jahresfehlbetrag aus der Erfolgsrechnung mindert das Eigenkapital. Nach dem Beschluss durch den Gemeinderat über die Ergebnisverwendung des Jahresabschlusses **wird der Jahresfehlbetrag dann mit der Kapitalrücklage verrechnet.**

Ausnahme:
Der Gemeinderat hat einen **Grundsatzbeschluss** getroffen oder z. B. in der **Betriebssatzung** geregelt, dass sie die jährlichen Verluste des Eigenbetriebs regelmäßig ausgleicht. In diesem Fall ist kein separater Beschluss über die Ergebnisbehandlung erforderlich, da diese ja bereits grundsätzlich beschlossen ist. Der Verlustausgleich kann dann auch als **Ertrag** verbucht werden. In diesem Fall wird empfohlen, im Erfolgsplan diesen Ertrag dann unterhalb des Betriebsergebnisses abzubilden, um dennoch das tatsächliche Betriebsergebnis kenntlich zu machen.

Alternativ kann auch wie oben verfahren werden. Der Verlustausgleich wird dann ebenfalls unterjährig der Kapitalrücklage zugeführt. Die Verrechnung mit dem Jahresfehlbetrag wird allerdings abweichend zu oben bereits im Jahresabschluss (vor Beschlussfassung des Gemeinderats) mit der Kapitalrücklage verrechnet.

Sonderfall:
Ein **Sonderfall** ist der Verlustausgleich aufgrund eines **Ergebnisabführungsvertrages.**

Beispiel: Ein Eigenbetrieb Bäder hält die Gesellschaftsanteile der Kommune an den eigenen Stadtwerken, die als GmbH geführt wird. Zwischen Kommune und GmbH wird ein Ergebnisabführungsvertrag geschlossen. Dies führt dazu, dass ein Gewinn der Stadtwerke an den Eigenbetrieb abgeführt wird. Diese Ergebnisabführung wird dort im Erfolgsplan als **Erträge aus Beteiligungen** (siehe Muster Zeile 9) abgebildet und ist erfolgswirksam, reduziert also den Verlust des Bäderbetriebs. Im **Liquiditätsplan** ist dieser Ertrag allerdings bei den **Einzahlungen aus der Investitionstätigkeit** (Zeile 15) abzubilden.

Die EigBVO lässt auch zu, dass unterjährige Vorauszahlungen des Eigenbetriebs an die Gemeinde aus der **voraussichtlichen Überschussabführung** geleistet werden. Dies wird in der Praxis i. d. R. nicht vorkommen. Erzielt der Eigenbetrieb einen Überschuss (Gewinn), so wird üblicherweise erst mit dem Jahresabschluss entschieden, ob und ggf. in welcher Höhe der Überschuss an die Gemeinde abgeführt wird. Eine Ergebnisabführung wird deshalb erst nach dem Beschluss über die Ergebnisverwendung an die Gemeinde ausbezahlt.

Kapitel 7 — Wirtschaftsplan

7.5.2.3 Übertragung von Planansätzen im Erfolgsplan

Eigenbetriebe zeichnen sich durch eine **Erfolgsorientierung** aus, so dass „Mittel"-Übertragungen auf spätere Wirtschaftsjahre systembedingt nicht relevant sind. Aufwendungen (Planansätze) werden im Erfolgsplan vielmehr periodengerecht veranschlagt. In Eigenbetrieben, die nach der EigBVO-Doppik geführt werden, können allerdings nach § 1 Abs. 3 der EigBVO-Doppik – analog der Regelung in § 21 Abs. 2 GemHVO – Ansätze im Erfolgsplan für übertragbar erklärt werden.

> Für die Praxis wird empfohlen, auch bei Anwendung der EigBVO-Doppik auf die Übertragung nicht verbrauchter Planansätze im Erfolgsplan zu verzichten.

7.5.3 Tiefergliederung und Finanzplan

Sowohl bei Eigenbetrieben, die nach den Regelungen der Kommunalen Doppik geführt werden, als auch bei Eigenbetrieben, die nach den Regelungen des HGB geführt werden, ist eine tiefere Gliederung der im Muster vorgegebenen Ertrags- und Aufwandspositionen als vorgegeben möglich, um den Erfolgsplan an die Bedürfnisse des konkreten Eigenbetriebs anzupassen (siehe § 17, welcher in beiden Eigenbetriebsverordnungen gleich geregelt ist). Es empfiehlt sich, z. B. im Muster zur EigBVO-HGB nach der Zeile 4 die **Summe der leistungsbezogenen Erträge** und nach der Zeile 8 die **Summe der leistungsbezogenen Aufwendungen** mit einzufügen. Auch die einzelnen Ertrags- und Aufwandsarten können detaillierter aufgegliedert („aufgeklappt") werden.

Die Spalten des Musters enthalten – wie das Muster zum Erfolgsplan der EigBVO-Doppik – neben dem Ergebnis des Vorvorjahres, dem Planansatz des Vorjahres und dem Ansatz für das Planjahr – auch die **Spalten für die Finanzplanung**, so dass diese in dieses Muster mit integriert werden kann (siehe auch hier § 17).

7.6 Leistungsverrechnung zwischen Eigenbetrieb und Gemeinde

Nach § 14 Abs. 1 EigBVO-HGB und -Doppik sind **sämtliche Lieferungen, Leistungen und Kredite**, auch im Verhältnis zwischen dem Eigenbetrieb und der Gemeinde, einem anderen Eigenbetrieb der Gemeinde oder einer Gesellschaft, an der die Gemeinde beteiligt ist, **angemessen zu vergüten**. Die **Ausnahmen** sind in § 14 Abs. 2 geregelt.

Im **Unterschied zum Haushaltsplan**, in welchem **interne Leistungsverrechnungen** zwischen den Teilhaushalten im **kalkulatorischen Ergebnis** abgebildet werden, sind die Leistungsverrechnungen zwischen Eigenbetrieb und Gemeinde Teil des Erfolgsplans bzw. dem **ordentlichen Ergebnis** im Ergebnishaushalt. Eigenbetrieb und Gemeindehaushalt sind jeweils eigenständige Wirtschaftssubjekte. Dies bedeutet, dass zwischen diesen beiden Wirtschaftssubjekten Rechnungen zu stellen sind und tatsächlich Geld fließt (bei Einheitskasse mit nur einem Girokonto natürlich nur buchhalterisch – siehe unter 4.2.2.5).

Die Leistungsverrechnung gilt in beide Richtungen, sowohl für die Leistungen des Eigenbetriebs an die Gemeinde als auch umgekehrt. Gerade für die **gebührenkalkulierenden** Eigenbetriebe (Abfall, Abwasser) ist es wichtig, dass

auch die Kosten berücksichtigt werden, die von der Gemeinde für den Eigenbetrieb erbracht werden (z. B. Kämmerei, Personalverwaltung, Bauhof etc.).
Angemessen ist z. B. die Berechnung von Leistungen nach Stundensätzen, die auf einer **Vollkostenrechnung** basieren („Kosten eines Arbeitsplatzes"). Alternativ können auch **Vergleichswerte** („Marktpreise") angesetzt werden, wenn ein solcher Drittvergleich möglich ist. Einem Drittvergleich ist auch unter steuerlichen Gesichtspunkt dann den Vorzug zu geben, wenn ein Eigenbetrieb die Eigenschaft eines Betriebes gewerblicher Art (BgA) hat und der Besteuerung unterliegt. In diesen Fällen kommt der Leistungsverrechnung eine besondere Bedeutung hinzu, da bei einem BgA die Grundsätze der **verdeckten Gewinnausschüttung** zur Anwendung kommen, ein zu hoher Verrechnungsbetrag dann u. U. zu einer Besteuerung führen kann.

Bei **Krediten** zwischen Eigenbetrieb und Gemeinde werden aktuelle **Kommunalkreditkonditionen** zugrunde gelegt. Bei der Festsetzung eines **Trägerdarlehens** im Rahmen der Eröffnungsbilanz gelten bei gebührenkalkulierenden Einrichtungen die Grundsätze des § 14 Abs. 3 KAG („angemessene Verzinsung des Anlagevermögens" als Teil der gebührenfähigen Kosten).
Es empfiehlt sich, in der unter 4.3.2.5 erwähnten **Regelung zur Wahrung der Einheitlichkeit der Verwaltung** auch die verpflichtende Inanspruchnahme der kommunalen Dienstleistungen für die Eigenbetriebe zu regeln (siehe Anlage 15.8).

7.7 Liquiditätsplan

Der Liquiditätsplan stellt wie der Finanzhaushalt nach der GemHVO alle **zahlungs-(kassen-) wirksamen Geschäftsvorfälle** des Eigenbetriebs dar und arbeitet mit den Rechnungsgrößen **Einzahlungen und Auszahlungen**. Die Struktur des Liquiditätsplans für beide Varianten ergibt sich aus § 14 Abs. 3 Nr. 2 EigBG:
a) der Einzahlungen und Auszahlungen aus laufender Geschäftstätigkeit sowie deren Saldo als Zahlungsmittelüberschuss oder -bedarf,
b) der Einzahlungen und Auszahlungen aus Investitionstätigkeit und deren Saldo,
c) aus den Salden nach Buchstaben a und b als Finanzierungsmittelüberschuss oder -bedarf,
d) der Einzahlungen und Auszahlungen aus Finanzierungstätigkeit und deren Saldo,
e) aus den Salden nach Buchstaben c und d als Saldo des Liquiditätsplans.
Für beide Varianten wurde jeweils ein Muster (***Anlage 2*** zu den Verordnungen) beigefügt.

Die drei Stufen der Liquiditätsplanung/-rechnung

• Einzahlungen aus lfd. Geschäftstätigkeit • Auszahlungen aus lfd. Geschäftstätigkeit
• Zahlungsmittelüberschuss (-bedarf) aus lfd. Geschäftstätigkeit
• Einzahlungen aus Investitionstätigkeit • Auszahlungen aus Investitionstätigkeit
• Zahlungsmittelüberschuss (-bedarf) aus der Investitionstätigkeit

Kapitel 7　　　　　　　　　　　　　　　　　　　　　　Wirtschaftsplan

- Einzahlungen aus der Finanzierungstätigkeit
- Auszahlungen aus der Finanzierungstätigkeit
- Zahlungsmittelüberschuss (-bedarf) aus der Finanzierungstätigkeit
- Änderungen des Finanzmittelbestands

7.7.1 Muster Liquiditätsplan der EigBVO-HGB

Da das HGB im Unterschied zur Kommunalen Doppik keine integrierte Finanzrechnung kennt, in welcher alle zahlungswirksamen Vorgänge separat abgebildet werden (im NKHR-Kontenrahmen in den Kontenklassen 6 und 7), lässt die EigBVO-HGB für die Ermittlung des Zahlungsmittelüberschusses/-bedarfs aus der laufenden Geschäftstätigkeit in der Liquiditätsplanung als auch -rechnung sowohl die **direkte als auch die indirekte Methode** zu.

Bei der **direkten Methode** wird der Zahlungsmittelüberschuss/-bedarf aus der direkten Gegenüberstellung aller zahlungsrelevanten Geschäftsvorfälle (Einzahlungen und Auszahlungen) aus der laufenden Geschäftstätigkeit ermittelt. Die **indirekte Methode** nimmt hingegen das Jahresergebnis als Ausgangspunkt und addiert bzw. subtrahiert die nicht zahlungsrelevanten Geschäftsvorfälle (z. B. Abschreibungen, Rückstellungen, aktivierte Eigenleistungen etc.).

Das HGB-Muster wurde in Anlehnung an die vom Bundesministerium der Justiz nach § 342 Abs. 2 HGB bekannt gegebenen Deutschen Rechnungslegungsstandards zur Kapitalflussrechnung (DRS 21)[20] entwickelt und an die Besonderheiten der rechtlich unselbstständigen Eigenbetriebe angepasst.

Auch Eigenbetriebe, die den Zahlungsmittelüberschuss/-bedarf aus laufender Geschäftstätigkeit in der Liquiditätsrechnung nach der indirekten Methode darstellen, **müssen allerdings für die Liquiditätsplanung die Summe der Einzahlungen und die Summe der Auszahlungen aus laufender Geschäftstätigkeit angeben** (siehe Beispiel zur Ermittlung der Ein- und Auszahlungen aus lfd. Geschäftstätigkeit unter 7.7.2). Als **Erleichterung** wird eine weitere Aufgliederung dieser Summen dabei nicht verlangt (siehe Fußnote 1 im Muster). Diesen Eigenbetrieben bleibt es aber unbenommen, zusätzlich auch die entsprechenden Positionen der Liquiditätsrechnung nach der indirekten Methode, aus denen der Zahlungsmittelüberschuss/-bedarf der laufenden Geschäftstätigkeit gebildet wird, zu planen, wenn auch hierfür ein Soll/Ist-Vergleich gewünscht wird.

Die im Muster vorgenommenen **inhaltlichen Anpassungen** sind der rechtlichen Unselbstständigkeit des Eigenbetriebs geschuldet. Bei den **Kreditaufnahmen/Kredittilgungen** wurde tiefer gegliedert, so dass ein gesonderter Ausweis der Einzahlungen aus der Aufnahme von Investitionskrediten bei der Gemeinde und anderen Eigenbetrieben bzw. der Auszahlungen aus der Tilgung von Investitionskrediten gegenüber der Gemeinde und anderen Eigenbetrieben erfolgt. **Abweichend zur Kommunalen Doppik** (dort: Investitionstätigkeit) werden Einzahlungen aus Investitionsbeiträgen und Investitionszuweisungen der Finanzierungtätigkeit zugeordnet. Des Weiteren sind **Zinserträge** den Einzahlungen aus Investitionstätigkeit und **Zinsaufwendungen** der Finanzierungstätigkeit (in der Kommunalen Doppik

---

[20] https://www.drsc.de/verlautbarungen/drs-21/ und https://www.drsc.de/app/uploads/2017/02/140219_DRS_21_near-final.pdf, zuletzt abgerufen am 2.4.2022

Liquiditätsplan **Kapitel 7**

sind diese bei der laufenden Geschäftstätigkeit enthalten) zugeordnet. Insofern ergeben sich in der direkten Gegenüberstellung der beiden Varianten **Unterschiede in den Salden**, nicht aber im Gesamtergebnis.

7.7.2 Exkurs: Ermittlung der Ein- und Auszahlungen aus laufender Geschäftstätigkeit nach der direkten Methode (EigBVO-HGB)

Wie oben erwähnt, müssen die Summe der Einzahlungen und die Summe der Auszahlungen aus laufender Geschäftstätigkeit im Muster (und auch im Festsetzungsbeschluss) angegeben werden. Bei der direkten Methode werden diese Summen unmittelbar aus dem Erfolgsplan abgeleitet.

Beispiel:

Erfolgsplan einschließlich Finanzplanung

Nr.		Ergebnis	Ansatz	Ansatz
		2020 EUR	2021 EUR	2022 EUR
		1	2[1)]	3
1.	Umsatzerlöse	13.913.898	13.968.400	14.189.700
2.	Auflösung pass. Ertragszuschüsse	628.138	700.000	650.000
	Erhöhung oder Verminderung des Bestands an fertigen und unfertigen Erzeugnissen			
3.	andere aktivierte Eigenleistungen	132.062	110.000	110.000
4.	sonstige betriebliche Erträge	2.922.246	2.372.000	4.116.000
	Betriebliche Erträge gesamt	**17.596.344**	**17.150.400**	**19.065.700**
5.	Materialaufwand			
a)	Aufwendungen für Roh-, Hilfs- und Betriebsstoffe und für bezogene Waren	3.491.741	3.855.600	3.706.300
b)	Aufwendungen für bezogene Leistungen	5.593.472	5.403.000	5.600.000
6.	Personalaufwand			
a)	Löhne und Gehälter	565.693	590.100	570.000
b)	soziale Abgaben und Aufwendungen für Altersversorgung und für Unterstützung,	282.228	184.200	193.500
	davon für Altersversorgung	117.019	71.900	85.500
7.	Abschreibungen:			
a)	auf immaterielle Vermögensgegenstände des Anlagevermögens und Sachanlagen			
b)	auf Vermögensgegenstände des Umlaufvermögens, soweit diese die in dem Unternehmen, der Einrichtung oder dem Hilfsbetrieb üblichen Abschreibungen überschreiten	3.242.663	3.211.200	3.426.600
8.	sonstige betriebliche Aufwendungen	3.551.804	2.891.700	4.620.200
	Betriebliche Aufwendungen gesamt	**16.727.601**	**16.135.800**	**18.116.600**
9.	Erträge aus Beteiligungen, davon aus verbundenen Unternehmen	1.356.483	0	1.000.000
10.	Erträge aus anderen Wertpapieren und Ausleihungen des Finanzanlagevermögens, davon aus verbundenen Unternehmen			
11.	sonstige Zinsen und ähnliche Erträge, davon aus verbundenen Unternehmen	79.898	70.000	62.800
12.	Abschreibungen auf Finanzanlagen und auf Wertpapiere des Umlaufvermögens			
13.	Zinsen und ähnliche Aufwendungen, davon an verbundene Unternehmen	907.746	957.900	953.300
14.	Steuern vom Einkommen und vom Ertrag	163.430	100.000	100.000
15.	Ergebnis nach Steuern	1.233.948	26.700	958.600

37

Kapitel 7 Wirtschaftsplan

Nr.		Ergebnis 2020 EUR	Ansatz 2021 EUR	Ansatz 2022 EUR
		1	2[1)]	3
16.	sonstige Steuern	248	300	300
17.	Jahresüberschuss/Jahresfehlbetrag	1.233.700	26.400	958.300
18.	**nachrichtlich** Vorauszahlungen der Gemeinde auf die spätere Fehlbetragsabdeckung			
19.	Vorauszahlungen an die Gemeinde auf die spätere Überschussabführung			

1) Ansatz einschließlich aller Änderungen des Wirtschaftsplans
2) Bei einem Doppelwirtschaftsplan lautet die Spaltenüberschrift „Ansatz Wirtschaftsjahr +1".

kursiv = nicht zahlungswirksame Erträge/Aufwendungen
Kursiv unterstrichen = werden in der Liquiditätsplanung nicht der lfd. Geschäftstätigkeit zugeordnet

Die in diesem Beispiel *kursiv* dargestellten Erträge und Aufwendungen sind **nicht zahlungsrelevant** und deshalb bei der Liquiditätsplanung von den Gesamterträgen und -aufwendungen abzuziehen.
Nicht zahlungsrelevante Erträge können z. B. sein:
– Auflösung der passivierten Ertragszuschüsse,
– Aktivierte Eigenleistungen,
– Auflösung von Rückstellungen.
Nicht zahlungsrelevante Aufwendungen sind im Wesentlichen die Abschreibungen. Weitere nicht zahlungswirksame Aufwendungen sind z. B. Rückstellungen, die allerdings bei der Planung i. d. R. keine Rolle spielen, da diese erst beim Jahresabschluss gebildet werden.
Am dargestellten Beispiel ergeben sich deshalb für die Liquiditätsplanung **Einzahlungen aus laufender Geschäftstätigkeit für 2022** in Höhe von 18.305.700 Euro (Gesamterträge von 19.065.700 Euro abzüglich 650.000 Euro abzüglich 110.000 Euro).
Die **Summe der Auszahlungen aus laufender Geschäftstätigkeit 2022** beträgt demnach 15.748.900 Euro (Gesamtaufwendungen von 18.116.800 Euro abzüglich Abschreibungen von 3.426.600 Euro zzgl. Steuern (Zeilen 14–16) von 1.058.900 Euro).
Somit ergibt sich für den **Liquiditätsplan** für die Ein- und Auszahlungen aus laufender Geschäftstätigkeit folgende Darstellung:

		2020 EUR	2021 EUR	2022 EUR
		1	2	3
1	Einzahlungen von Kunden für den Verkauf von Erzeugnissen, Waren und Dienstleistungen[1]			
2	Sonstige Einzahlungen, die nicht der Investitions- oder der Finanzierungstätigkeit zuzuordnen sind[1]			
3	Ertragssteuerrückzahlungen			
4	**Einzahlungen aus laufender Geschäftstätigkeit (Summe aus Nummern 1 bis 3)**	16.836.144	16.340.400	18.305.700
5	Auszahlungen an Lieferanten und Beschäftigte			

Liquiditätsplan   Kapitel 7

		2020	2021	2022
		EUR	EUR	EUR
		1	2	3
6	Sonstige Auszahlungen, die nicht der Investitions- oder der Finanzierungstätigkeit zuzuordnen sind[1]			
7	Ertragsteuerzahlungen[1]			
8	**Auszahlungen aus laufender Geschäftstätigkeit (Summe aus Nummern 5 bis 7)**	14.882.564	13.051.600	15.748.900
9	Zahlungsmittelüberschuss/-bedarf aus laufender Geschäftstätigkeit (Saldo aus Nummern 4 und 8)	1.953.580	3.288.800	2.556.800

Der Saldo ergibt hier für das Jahr 2022 ein Zahlungsmittelüberschuss aus laufender Geschäftstätigkeit für 2022 von 2.556.800 Euro.

Die im **Erfolgsplan** *kursiv unterstrichen* dargestellten Erträge und Auswendungen werden im Liquiditätsplan nicht der laufenden Geschäftstätigkeit, sondern einer anderen Ebene zugeordnet.

Erträge aus Beteiligungen (z. B. Gewinnabführungen an den Eigenbetrieb, wenn dieser z. B. Gesellschaftsanteile an einer GmbH hält) werden in der Liquiditätsplanung als **Einzahlungen aus Investitionstätigkeit** (Zeile 15 Erhaltene Dividenden) abgebildet. Die kaufmännische Betrachtung von Beteiligungen ist die einer Investition, aus welcher sich im besten Fall Erträge erwirtschaften lassen. Deshalb die Zuordnung zur Investitionstätigkeit.

Dasselbe gilt für die **Zinserträge** (mit Ausnahme der Zinserträge aus dem laufenden Girokonto). Zinserträge, die aus Geldanlagen (in welcher Form auch immer) erwirtschaftet werden, sind der Investitionstätigkeit zuzuordnen.

Zinsaufwendungen, die aus einer Kreditaufnahme entstehen, sind wiederum der Finanzierungstätigkeit zuzuordnen.

10	Einzahlungen aus Abgängen von Gegenständen des immateriellen Anlagevermögens			
11	Einzahlungen aus Abgängen von Gegenständen des Sachanlagevermögens	284.290	218.000	150.600
12	Einzahlungen aus Abgängen von Gegenständen des Finanzanlagevermögens			
13	Einzahlungen aus der Rückzahlung geleisteter Investitionszuschüsse durch Dritte			
14	Erhaltene Zinsen	*79.898*	*70.000*	*62.800*
15	Erhaltene Dividenden (hier auch Beteiligungserträge)	*1.356.483*	*0*	*1.000.000*
16	**Einzahlungen aus Investitionstätigkeit (Summe aus Nummern 10 bis 15)**	1.720.671	288.000	1.213.400
17	Auszahlungen für Investitionen in das immaterielle Anlagevermögen	4.329		
18	Auszahlungen für Investitionen in das Sachanlagevermögen	7.488.500	8.440.000	6.884.700
19	Auszahlungen für Investitionen in das Finanzanlagevermögen			
20	Auszahlungen für geleistete Investitionszuschüsse an Dritte			
21	Auszahlungen aus Investitionstätigkeit (Summe aus Nummern 17 bis 20)	7.492.829	8.440.000	6.884.700
22	**Veranschlagter Finanzierungsmittelüberschuss/ -bedarf aus Investitionstätigkeit (Saldo aus Nummern 16 und 21)**	–5.772.158	–8.152.000	–5.671.300
23	**Veranschlagter Finanzierungsmittelüberschuss/ -bedarf (Saldo aus Nummern 9 und 22)**	–3.818.578	–4.863.200	–3.114.500
24	Einzahlungen aus Eigenkapitalzuführungen[5]			

Kapitel 7 Wirtschaftsplan

		2020 EUR	2021 EUR	2022 EUR
		1	2	3
25	Einzahlungen aus der Aufnahme von Investitionskrediten und wirtschaftlich vergleichbaren Vorgängen für Investitionen bei der Gemeinde und anderen Eigenbetrieben[6]			
26	Einzahlungen aus der Aufnahme von Investitionskrediten und wirtschaftlich vergleichbaren Vorgängen für Investitionen bei Dritten[7]	11.100.000	6.447.000	6.500.000
27	Einzahlungen aus Investitionsbeiträgen			
28	Einzahlungen aus Investitionszuweisungen der Gemeinde			
29	Einzahlungen aus Investitionszuweisungen Dritter	78.063	5.200.000	600.000
30	**Einzahlungen aus Finanzierungstätigkeit (Summe aus Nummern 24 bis 29)**	**11.178.063**	**11.647.000**	**7.100.000**
31	Auszahlungen aus Eigenkapitalherabsetzungen[8]			
32	Auszahlungen aus der Tilgung von Investitionskrediten und wirtschaftlich vergleichbaren Vorgängen für Investitionen gegenüber der Gemeinde und anderen Eigenbetrieben[9]			
33	Auszahlungen aus der Tilgung von Investitionskrediten und wirtschaftlich vergleichbaren Vorgängen für Investitionen gegenüber Dritten[10]	6.729.983	2.676.600	2.967.400
34	Auszahlungen aus der Rückzahlung von Investitionsbeiträgen			
35	Auszahlungen aus der Rückzahlung von Investitionszuweisungen der Gemeinde			
36	Auszahlungen aus der Rückzahlung von Investitionszuweisungen			
37	Gezahlte Zinsen	*907.746*	*957.900*	*953.300*
38	Auszahlungen aus Finanzierungstätigkeit (Summe aus Nummern 31 bis 37)	7.637.729	3.634.500	3.920.700
39	**Veranschlagter Finanzierungsmittelüberschuss-/bedarf aus Finanzierungstätigkeit (Saldo aus Nummern 30 und 38)**	3.540.334	8.012.500	3.179.300
40	**Veranschlagte Änderung des Finanzierungsmittelbestands zum Ende des Wirtschaftsjahres (Saldo aus Nummern 23 und 39)**	−278.244	3.149.300	64.800
41	Nachrichtlich: voraussichtlicher Bestand an liquiden Eigenmitteln zum Jahresbeginn[11]	798.450	520.206	3.669.506
42	voraussichtlicher Bestand an inneren Darlehen zum Jahresbeginn			

Bei den **Einzahlungen aus Investitionstätigkeit** werden Veräußerungserlöse aus dem Sach- und Finanzanlagevermögen und die Rückzahlung geleisteter Investitionszuschüsse durch Dritte abgebildet (Zeilen 10–13). In den Zeilen 14 und 15 sind erhaltenen Zinsen aus Geldanlagen, Dividenden oder auch Beteiligungserträge (z. B. auch Gewinnabführungen) abgebildet.

Die **Auszahlungen aus Investitionstätigkeit** enthalten die Investitionen in das Sach- und Finanzanlagevermögen sowie Investitionszuschüsse an Dritte.

Der Saldo aus den Ein- und Auszahlungen aus Investitionstätigkeit ergibt dann den **Zahlungsmittelüberschuss/-bedarf aus Investitionstätigkeit** (Zeile 22). In der Zeile 23 wird dann der Saldo aus dem Zahlungsmittelüberschuss/-bedarf aus der laufenden Geschäftstätigkeit (Zeile 9) und dem Zahlungsmittelüberschuss/-bedarf aus Investitionstätigkeit (Zeile 22) abgebildet. Dieser Saldo ist i. d. R. negativ, so dass die Liquidität dann noch über die Finanzierungstätigkeit ausgeglichen werden muss.

Die **Einzahlungen aus Finanzierungstätigkeit** umfassen Kapitalzuführungen (Zeile 24), Kreditaufnahmen sowie Investitionsbeiträge und -zuweisungen (Zeilen 25–29). Bei den Einzahlungen aus Eigenkapitalzuführungen wird durch die Fußnote 5 darauf hingewiesen, dass dort auch die unterjährigen Vorauszahlungen auf den voraussichtlichen Verlust des Eigenbetriebs abgebildet werden (siehe auch 7.5.2.2). Bei Kreditaufnahmen und Zuweisungen wird noch differenziert, ob die Einzahlungen von Dritten oder von der Gemeinde kommen.

Die **Auszahlungen aus Finanzierungstätigkeit** beinhalten in Zeile 31 die Auszahlungen aus Eigenkapitalherabsetzungen (z. B. Gewinnausschüttungen) sowie Auszahlungen für die Tilgung von Krediten (Zeilen 32 und 33) und Auszahlungen aus der Rückzahlung von erhaltenen Investitionsbeiträgen und -zuweisungen (Zeilen 34–36). Zeile 35 enthält die Zinsauszahlungen für Kredite. Auch hier wird bei der Kredittilgung und den Zuweisungen zwischen Dritten und der Gemeinde differenziert.

Der Saldo aus den Summen der Ein- und Auszahlungen aus der Finanzierungstätigkeit ergibt dann den **veranschlagten Finanzierungsmittelüberschuss/-bedarf aus der Finanzierungstätigkeit** (Zeile 39).

Die Zeile 40 ergibt dann die **veranschlagte** (geplante) **Veränderung des Finanzierungsmittelbestandes** zum Ende des Wirtschaftsjahres. Dieser kann auch negativ sein, wenn zu Beginn des Wirtschaftsjahres entsprechende liquide Mittel vorhanden sind. Deshalb wird in der Zeile 41 dieser **voraussichtliche Bestand an liquiden Mitteln** zu Beginn des Wirtschaftsjahres dargestellt.

Abschließend enthält die Zeile 42 noch den **voraussichtlichen Stand der Inneren Darlehen** (siehe unter 7.10.).

7.7.3 Weitere Muster zum Liquiditätsplan EigBVO-HGB

Dem Liquiditätsplan ist das Muster für die Darstellung der voraussichtlichen **Entwicklung der Liquidität** in Anlage 3 EigBVO-HGB beizufügen. Dieses Muster dient dazu, den voraussichtlichen **Stand der Liquidität zu Beginn des Planjahres** (Zeile 41 des Liquiditätsplans) zu ermitteln, der zum Zeitpunkt der Planung (i. d. R. im Herbst des Vorjahres) noch nicht bekannt ist. Mit diesem Muster wird verbindlich und einheitlich geregelt, wie dieser Stand zu ermitteln ist.

Beispiel:

Voraussichtliche Entwicklung der Liquidität

Nr.		Einzahlungs- und Auszahlungsarten[1]	Liquiditätsplan	
			2021	2022
			EUR	EUR
			1	2
1		Zahlungsmittelbestand zum Jahresbeginn[2]	520.206	×
2a	+	Sonstige Einlagen aus Kassenmitteln zum Jahresbeginn		×
2b	+	Investmentzertifikate, Kapitalmarktpapiere, Geldmarktpapiere und sonstige Wertpapiere		×

Kapitel 7   Wirtschaftsplan

Nr.		Einzahlungs- und Auszahlungsarten[1]	Liquiditätsplan 2021 EUR	Liquiditätsplan 2022 EUR
			1	2
2c	+	Forderungen aus Liquiditätsbeziehungen zum Kernhaushalt, zu verbundenen Unternehmen, Beteiligungen, selbstständigen Kommunalanstalten und anderen Eigenbetrieben der Gemeinde		
3a	−	Bestand an Kassenkrediten zum Jahresbeginn		
3b	−	Verbindlichkeiten aus Liquiditätsbeziehungen zum Kernhaushalt, zu verbundenen Unternehmen, Beteiligungen, selbstständigen Kommunalanstalten und anderen Eigenbetrieben der Gemeinde		
4	=	**liquide Eigenmittel zum Jahresbeginn**	520.206	
5	−	mittelübertragungsbedingter Liquiditätsbedarf (§ 2 Absatz 4 EigBVO-HGB)	0	
6	+/−	Veranschlagte Änderung des Finanzierungsmittelbestands (§ 2 i. V. m. Anlage 2 Nummer 40 EigBVO-HGB)[3]	3.149.300	64.800
7	=	**voraussichtliche liquide Eigenmittel zum Jahresende**	3.669.506	3.734.306
8	−	davon für bestimmte Zwecke gebunden[4]	1.500.000	1.500.000
9	=	**vorauss. liquide Eigenmittel zum Jahresende ohne gebundene Mittel**	2.169.506	2.234.306

(Ausschnitt aus der Anl. 3 zur EigBVO-HGB)

Die **Zeile 1** ergibt sich aus dem **Kassenbestand** in der Jahresabschlussbilanz zum 31.12.2020 (= 1.1.2021). Die **Zeile 2a** beinhaltet ggf. die zum 31.12.2020 vorhandenen **Geldanlagen** (z. B. Termingelder). Sind Teile der Liquidität in **Wertpapieren** angelegt, so werden diese in der **Zeile 2b** abgebildet. Bestehen zum 31.12.2020 noch **Forderungen aus Liquiditätsbeziehungen** (z. B. Kassenkredite an die Gemeinde), so sind diese in **Zeile 2c** hinzuzuaddieren. **Kassenkredite**, die ggf. zum Jahresende noch im Kassenbestand enthalten sind, müssen in **Zeile 3a** subtrahiert werden. Abzüglich ggf. noch bestehender **Verbindlichkeiten aus Liquiditätsbeziehungen** ergeben diese ersten 6 Zeilen dann in **Zeile 4** die gesamten **liquiden Mittel zum Jahresbeginn**.
In **Zeile 5** wird ein **mittelübertragungsbedingter Liquiditätsbedarf** (§ 2 Abs. 4 EigBVO-HGB) ausgewiesen. Sofern nicht verbrauchte Planmittel ins Folgejahr übertragen und auf die Neuveranschlagung von „Vorhaben" verzichtet wird, ist in der Zeile 5 die „Netto"-Belastung aus diesen „Haushaltsresten" einzutragen. In den Fällen, in denen zur Deckung noch in gleicher Höhe Kredite aufgenommen werden (aus der **Kreditermächtigung des Vorjahres**), erfolgt kein Eintrag (= keine „zusätzliche" Liquiditätsbelastung). Eine entsprechende Minderung ist nur einzutragen, wenn diese zu Lasten der Liquidität gehen soll.

Beispiel: Geplant wird im Herbst 2021 das (Plan-)Jahr 2022. Wurden aus dem Vorvorjahr (2020) Mittel nach 2021 übertragen, so sind diese im Plan 2021 nicht finanziert, belasten also die zum 1.1.2021 zur Verfügung stehende Liquidität. Sofern die Kreditermächtigung des Vorvorjahres (2020) noch nicht ausgeschöpft ist, können auch noch im Jahr 2021 Kredite zu Lasten der Kreditermächtigung des Vorjahres aufgenommen werden. D. h. wenn die Belastung aus den Mittelübertragungen durch eine Übertragung der Kreditermächtigung finanziert werden könnte, wäre in diesem Fall die „Netto"-Belastung = 0. Fehlt eine solche Finanzierungsmöglichkeit aus dem Vorjahr, mindert dies die verfügbare Liquidität.

In **Zeile 6** wird die im laufenden Jahr veranschlagte Änderung des Zahlungsmittelbestandes abgebildet. Alternativ (siehe Fußnote 3) kann hier auch die Prognose für das laufende Jahr dargestellt werden. Häufig ist das tatsächliche Ergebnis besser als der Plan. Es wird deshalb empfohlen, dort den **Prognosewert** einzusetzen, da sich ansonsten ein falsches Bild zur Liquiditätssituation ergeben könnte.

Beispiel: Zum Zeitpunkt der Planaufstellung im Spätsommer/Herbst 2021 wird festgestellt, dass die geplanten Investitionsmaßnahmen sich verzögern und die im laufenden Jahr geplanten Auszahlungen nicht in der veranschlagten Höhe abfließen werden. Auch bei den Einzahlungen ergeben sich Veränderungen zu den geplanten Zahlen, so dass die veranschlagte Veränderung des Zahlungsmittelbestandes sich ebenfalls ändert. Es wird eine Prognoserechnung zum Ende des Jahres 202 erstellt. Dieser Prognosewert wird dann in die Zeile 6 übernommen.

7.7.4 Muster Liquiditätsplan nach der EigBVO-Doppik

Die Gliederung des Liquiditätsplans entspricht grundsätzlich der Gliederung des Finanzhaushalts nach § 3 GemHVO. Das Muster ist daher vom Muster eines **Gesamtfinanzhaushalts** in Anlage 4 der VwV Produkt- und Kontenrahmen abgeleitet. Ergänzt wurden die Zeilen 33a und 34a für die Ein- und Auszahlungen aus der Veränderung des Eigenkapitals.

Das Muster der EigBVO-Doppik unterscheidet sich vom oben dargestellten Muster der EigBVO-HGB insbes. in der Struktur zur Ermittlung des Zahlungsmittelüberschusses/-bedarfs aus laufender Geschäftstätigkeit:

Nr.		Ergebnis Vorvorjahr EUR	Ansatz Vorjahr EUR	Ansatz Wirtschaftsjahr EUR
		1	2	3
1	Steuern und ähnliche Abgaben			
2	Zuweisungen und Zuwendungen und allgemeine Umlagen			
3	Sonstige Transfereinzahlungen			
4	Entgelte für öffentliche Leistungen oder Einrichtungen			
5	Sonstige privatrechtliche Leistungsentgelte			
6	Kostenerstattungen und Kostenumlagen			
7	Zinsen und ähnliche Einzahlungen			
8	Sonstige ergebniswirksame Einzahlungen			

Kapitel 7 Wirtschaftsplan

Nr.		Ergebnis Vorvorjahr EUR	Ansatz Vorjahr EUR	Ansatz Wirtschaftsjahr EUR
		1	2	3
9	**Einzahlungen aus laufender Geschäftstätigkeit (Summe aus Nummern 1 bis 8)**			
10	Personalauszahlungen			
11	Versorgungsauszahlungen			
12	Auszahlungen für Sach- und Dienstleistungen			
13	Zinsen und ähnliche Auszahlungen			
14	Transferauszahlungen (ohne Investitionszuschüsse)			
15	Sonstige ergebniswirksame Auszahlungen			
16	**Auszahlungen aus laufender Geschäftstätigkeit (Summe aus Nummern 10 bis 15)**			
17	**Zahlungsmittelüberschuss/-bedarf des Erfolgsplans (Saldo aus Nummern 9 und 16)**			

Die Ein- und Auszahlungen aus laufender Geschäftstätigkeit werden hier nach der **direkten Methode** aus den zahlungswirksamen Erträgen und Aufwendungen des Erfolgsplans abgeleitet.

Nr.				
18	Einzahlungen aus Investitionszuwendungen			
19	Einzahlungen aus Investitionsbeiträgen und ähnlichen Entgelten für Investitionstätigkeit			
20	Einzahlungen aus der Veräußerung von Sachvermögen			
21	Einzahlungen aus der Veräußerung von Finanzvermögen			
22	Einzahlungen für sonstige Investitionstätigkeit			
23	**Einzahlungen aus Investitionstätigkeit (Summe aus Nummern 18 bis 22)**			
24	Auszahlungen für den Erwerb von Grundstücken und Gebäuden			
25	Auszahlungen für Baumaßnahmen			
26	Auszahlungen für den Erwerb von beweglichem Sachvermögen			
27	Auszahlungen für den Erwerb von Finanzvermögen			
28	Auszahlungen für Investitionsförderungsmaßnahmen			
29	Auszahlungen für den Erwerb von immateriellen Vermögensgegenständen			
30	**Auszahlungen aus Investitionstätigkeit (Summe aus Nummern 24 bis 29)**			

Liquiditätsplan **Kapitel 7**

Nr.		Ergebnis Vorvorjahr EUR	Ansatz Vorjahr EUR	Ansatz Wirtschaftsjahr EUR
		1	2	3
31	Veranschlagter Finanzierungsmittelüberschuss/-bedarf aus Investitionstätigkeit (Saldo aus Nummern 23 und 30)			
32	Veranschlagter Finanzierungsmittelüberschuss/-bedarf (Saldo aus Nummern 17 und 31)			
33	Einzahlungen aus der Aufnahme von Krediten und wirtschaftlich vergleichbaren Vorgängen für Investitionen			
33a	Einzahlungen aus der Veränderung des Eigenkapitals[3]			
34	Auszahlungen für die Tilgung von Krediten und wirtschaftlich vergleichbaren Vorgängen für Investitionen			
34a	Auszahlungen aus der Veränderung des Eigenkapitals[4]			
35	Veranschlagter Finanzierungsmittelüberschuss-/bedarf aus Finanzierungstätigkeit (Saldo aus Nummern 33, 33a, 34 und 34a)			
36	Veranschlagte Änderung des Finanzierungsmittelbestands zum Ende des Wirtschaftsjahres (Saldo aus Nummern 32 und 35)			
	nachrichtlich:			
37	den voraussichtlichen Bestand an liquiden Eigenmitteln zum Jahresbeginn			
38	den voraussichtlichen Bestand an inneren Darlehen zum Jahresbeginn			

In den Zeilen 18–30 werden die **Ein- und Auszahlungen aus der Investitionstätigkeit** abgebildet. Anders als beim HGB-Liquiditätsplan sind die Zinserträge aus Geldanlagen, Wertpapieren etc. hier nicht enthalten, da diese in der Variante der Kommunalen Doppik den Einzahlungen aus laufender Geschäftstätigkeit zugeordnet sind. Auch die Ein- und Auszahlungen aus Investitionsbeiträgen/-zuwendungen bzw. deren Rückzahlung sind im Unterschied zur HGB-Variante hier und nicht bei den Ein- und Auszahlungen aus der Finanzierungstätigkeit zugeordnet.
Bei den **Ein- und Auszahlungen aus der Finanzierungstätigkeit** werden die Kreditaufnahmen (bzw. wirtschaftlich vergleichbare Vorgänge) und deren Tilgung dargestellt. Auch hier fehlen im Vergleich zur HGB-Variante die Zinsauszahlungen, die bei der Doppik-Variante den Auszahlungen aus laufender Geschäftstätigkeit zugeordnet sind.
Wie bei der HGB-Variante werden bei den Ein- und Auszahlungen aus der Finanzierungstätigkeit die Veränderungen des Eigenkapitals abgebildet (Zeilen 33a

und 34a). Dort werden auch die Vorauszahlungen der Gemeinde auf den voraussichtlichen Verlust bzw. die Vorauszahlungen des Eigenbetriebs auf den voraussichtlichen Gewinn abgebildet.
Die Zeilen 35–38 entsprechen den Zeilen 39–42 der HGB-Variante (siehe oben).

7.7.5 Unterschiede zwischen den beiden Liquiditätsplänen

Wie oben erwähnt, stimmt zwar die Grundstruktur beider Liquiditätspläne überein, es ergeben sich aber Abweichungen in der Zuordnung einzelner Geschäftsvorfälle. Hier nochmals zusammengefasst:

	EigBVO-HGB	EigBVO-Doppik
Einzahlungen aus lfd. Geschäftstätigkeit	Erhaltene Zinsen aus dem Girokonto	Zinseinzahlungen
Auszahlungen aus lfd. Geschäftstätigkeit	Gezahlte Zinsen aus dem Girokonto	Zinsauszahlungen
Einzahlungen aus Investitionstätigkeit	Erhaltene Zinsen (für Kapitalüberlassung, z. B. Geldanlagen, Darlehen oder Wertpapiere)	Einzahlungen aus Investitionsbeiträgen
		Einzahlungen aus Investitionszuwendungen
Auszahlungen aus Investitionstätigkeit		Auszahlungen aus der Rückzahlung von Investitionszuweisungen Auszahlungen aus der Rückzahlung von Investitionsbeiträgen
Einzahlungen aus Finanzierungstätigkeit	Einzahlungen aus Investitionsbeiträgen Einzahlungen aus Investitionszuwendungen	
Auszahlungen aus Finanzierungstätigkeit	Auszahlungen aus der Rückzahlung von Investitionszuweisungen Auszahlungen aus der Rückzahlung von Investitionsbeiträgen Gezahlte Zinsen (für Darlehen oder kurzfr. Verbindlichkeiten)	

7.7.6 Weitere Muster zum Liquiditätsplan EigBVO-Doppik

Als Ergänzung zu den Informationen des Liquiditätsplanes sind die Muster in den **Anlagen 3, 4 und 5** EigBVO-Doppik dem Wirtschaftsplan beizufügen. Das Muster für die Darstellung der voraussichtlichen Entwicklung der Liquidität in **Anlage 3** EigBVO-Doppik ist vom Muster in der Anlage 5 der VwV Produkt- und Kontenrahmen abgeleitet. Auf den Ausweis der zweckgebundenen Rücklagen kann dort verzichtet werden, da diese nach der Bilanzgliederung für die Eigenbetriebe (§ 8 Abs. 1 EigBVO-Doppik) nicht vorgesehen sind. Ebenso müssen Angaben zur voraussichtlichen **Mindestliquidität** nicht gemacht werden, weil § 22 Abs. 2 GemHVO nicht auf Eigenbetriebe anzuwenden ist. Das Doppik-Muster übernimmt auch die dortige Systematik der Ermächtigungsübertragungen – einschließlich Kreditermächtigungen (Zeilen 5 bis 7), da die Ermächtigungsübertragungsgrundsätze vom Kernhaushalt übernommen werden (siehe auch Beispiel oben).

7.7.6.1 Verpflichtungsermächtigungen und Schuldenübersicht

Übersicht über die aus Verpflichtungsermächtigungen voraussichtlich fällig werdenden Auszahlungen

Verpflichtungs-ermächtigungen im Wirtschaftsplan	davon voraussichtlich fällige Auszahlungen[2]			
	20..	20..	20..	20..
Jahr	TEUR	TEUR	TEUR	TEUR
1[1]	2	3	4	5
20..				
20..				
20..				
20..				
Summe:				
Nachrichtlich im Finanzplan vorgesehene Kreditaufnahmen:				

Das Muster einer Übersicht über die aus Verpflichtungsermächtigungen voraussichtlich fällig werdenden Auszahlungen in **Anlage 4** EigBVO-Doppik ist vom Muster in der Anlage 12 der VwV Produkt- und Kontenrahmen abgeleitet. Dieses Muster ist insbes. für die **Rechtsaufsichtsbehörde** interessant, da hier ersichtlich wird, in welchen Finanzplanungsjahren die im Planjahr veranschlagten Verpflichtungsermächtigungen tatsächlich zahlungsrelevant werden. Nachrichtlich werden die im Finanzplan vorgesehenen Kreditaufnahmen abgebildet. Daraus wird erkenntlich, ob die aus den Verpflichtungsermächtigungen folgenden Auszahlungen durch Kreditaufnahmen gedeckt werden sollen. In diesem Fall ist der Gesamtbetrag der Verpflichtungsermächtigung **genehmigungspflichtig** (§ 12 Abs. 4 EigBG i. V. m. § 86 Abs. 4 GemO).

Übersicht über den voraussichtlichen Stand der Schulen (einschließlich Kassenkredite)

Art der Schulden	voraussichtlicher Stand zu Beginn des Wirtschaftsjahres	Voraussichtlicher Stand zum Ende des Wirtschaftsjahres
	TEUR	
1. Anleihen		
2. Verbindlichkeiten aus Krediten für Investitionen		

Kapitel 7   Wirtschaftsplan

Art der Schulden	voraussichtlicher Stand zu Beginn des Wirtschaftsjahres	Voraussichtlicher Stand zum Ende des Wirtschaftsjahres
	TEUR	
2.1 Bund		
2.2 Land		
2.3 Gemeinden und Gemeindeverbände		
davon Kernhaushalt		
2.4 Zweckverbände und dergleichen		
2.5 Kreditinstitut		
2.6 sonstige Bereiche		
3. Kassenkredite		
4. Verbindlichkeiten aus kreditähnlichen Rechtsgeschäften		
Voraussichtliche Gesamtschulden		

Das Muster einer Übersicht über den voraussichtlichen Stand der Schulden in **Anlage 5** EigBVO-Doppik ist vom Muster in der Anlage 15 der VwV Produkt- und Kontenrahmen abgeleitet. Die dort vorgesehenen nachrichtlichen Angaben unter den Nummern 2 und 3 sind entfallen, weil sie für Eigenbetriebe nicht relevant sind.

7.8 Unterjährige Vorauszahlungen der Gemeinde auf den voraussichtlichen Verlust bzw. des Eigenbetriebs auf den voraussichtlichen Gewinn

Wie oben beim Erfolgsplan dargestellt, werden die Vorauszahlungen der Gemeinde an den Eigenbetrieb zur **Verlustabdeckung** bzw. die des Eigenbetriebs an die Gemeinde auf den voraussichtlichen Gewinn im Erfolgsplan nicht erfolgswirksam, sondern nur nachrichtlich dargestellt. Diese **Ein- und Auszahlungen** beeinflussen aber natürlich die **Liquidität**. Insofern sind diese Ein- und Auszahlungen im Liquiditätsplan (und in der Liquiditätsrechnung) abzubilden. Hierfür sind in beiden Mustern jeweils die Positionen der **Ein- und Auszahlungen aus der Veränderung des Eigenkapitals** vorgesehen. Im Muster der EigBVO-HGB sind dies die Zeilen 24 und 31, im Muster der EigBVO-Doppik die Zeilen 33a und 34a. Darüber hinaus werden hier auch die Zuführungen zum Eigenkapital (Kapitalerhöhung) oder auch Entnahmen aus dem Eigenkapital (Gewinnausschüttungen, Kapitalherabsetzung) dargestellt.

7.9 Abbildung von Kassenkrediten

Da Kassenkredite keine Finanzierungsmittel sind, sondern nur der **temporären Überbrückung** von Liquiditätsengpässen dienen, dürfen bei beiden Varianten entsprechende Ein- und Auszahlungen für die Aufnahme und Tilgung von Kassenkrediten nicht in den Liquiditätsplan aufgenommen werden. Hier ist bei der

Planung wie bisher nur der Höchstbetrag der Kassenkredite im Festsetzungsbeschluss festzusetzen.
Siehe auch Hinweis unter 4.2.2.5 zum Thema Liquiditätsverbund.

7.10 Innere Darlehen

Abfallwirtschaftsbetriebe haben zudem den Bestand an inneren Darlehen entsprechend dem Muster in der **Anlage 4 EigBVO-HGB** darzustellen. Dieses Muster ist vom Muster in der Anlage 6 der VwV Produkt- und Kontenrahmen abgeleitet und entspricht grundsätzlich dem Muster in der **Anlage 6** der EigBVO-Doppik.

			zum 01.01. EUR	zum 31.12. EUR
			1	2
1		Rückstellung für die Stilllegung und Nachsorge von Abfalldeponien nach § 7 Absatz 1 EigBVO-HGB		
2	+	Sonstige Rückstellungen ohne die Rückstellung für die Stilllegung und Nachsorge von Abfalldeponien		
3	=	**Mittelbestand bei Erwirtschaftung aller Rückstellungen und Ansammlung der Mittel**[2]		
4		Liquide Mittel		
5	-	Kassenkreditmittel		
6	+	angelegte Mittel		
7	=	**tatsächlicher erwirtschafteter Mittelbestand**[3]		
8		Differenz (Zeile 3 abzüglich Zeile 7)		
9		**Bestand an inneren Darlehen**[4]		
10		nachrichtlich: Eigenkapitalquote[5] im Jahr der Aufnahme inneren Darlehens, hilfsweise am Stichtag der Eröffnungsbilanz in vom Hundert		
11		nachrichtlich: Eigenkapitalquote[5] im aktuellen Wirtschaftsjahr in vom Hundert		

1) Sofern Ausgangsgrößen für die Berechnung noch nicht vorliegen, sind diese qualifiziert zu schätzen.
2) Summe Zeile 1 zuzüglich Zeile 2
3) Zeile 4 abzüglich Zeile 5 zuzüglich Zeile 6
4) Sofern der Wert in Zeile 8 positiv ist, der niedrigere Wert aus Zeile 1 oder Zeile 2
5) Eigenkapitalquote = Eigenkapital nach § 8 Abs. 1 EigBVO-HGB, Posten A Passiva in Anlage 6 / Bilanzsumme * 100

Innere Darlehen sind nur bei Abfalleigenbetrieben relevant, da diese für die **Rekultivierung der Abfalldeponien** über mehrere Jahre **Rückstellungen** ansammeln müssen, die bis zur Inanspruchnahme als Liquidität aus den Gebühreneinnahmen zur Verfügung stehen und zur Finanzierung anderer Investitionen verwendet werden können.

7.11 Ausgleichspflicht bei der Liquiditätsplanung

Bisher gab es keine eindeutige Vorschrift, in welchem Zeitraum **Verluste des Eigenbetriebs** von der Gemeinde zu übernehmen sind. § 2 Abs. 5 regelt nun in beiden Verordnungen, dass die Liquidität unter Berücksichtigung des Liquiditätsbestands des Vorjahres so zu planen ist, dass der **Liquiditätsbestand am Ende des Wirtschaftsjahres nicht negativ** und die **Zahlungsfähigkeit** jederzeit gegeben ist. Dies unterstreicht nochmals die in § 12 Abs. 2 Satz 2 EigBG geregelte Verpflichtung der Gemeinde, den Eigenbetrieb mit den zur Aufgabenerledigung notwendigen Finanz- und Sachmitteln auszustatten und für die Dauer seines Bestehens funktionsfähig zu erhalten. Wie oben schon erwähnt wird **keine Mindestliquidität** gefordert.

7.12 Investitionsprogramm

Die Liquiditätsplanung ist mit einem Investitionsprogramm zu ergänzen, in welchem **alle Vorhaben** getrennt darzustellen und zu erläutern sind. Die Gliederung des Investitionsprogramms erfolgt nach dem Muster zur Einzeldarstellung der Investitionsmaßnahmen in der **Anlage 7** der EigBVO-Doppik bzw. in der **Anlage 5** der EigBVO-HGB. Diese Muster sind vom Muster in der Anlage 9.2 der VwV Produkt- und Kontenrahmen abgeleitet und sind weitgehend identisch. Im Muster für Eigenbetriebe, die nach den Regelungen des HGB geführt werden, wurden die Bezeichnungen in den Zeilen 6 und 14 um die „Finanzierungstätigkeit" ergänzt. Diese Ergänzung ist notwendig, da in dem auf DRS 21 basierenden Liquiditätsplan Einzahlungen aus Investitionsbeiträgen und Investitionszuweisungen der Finanzierungstätigkeit und nicht wie in der Kommunalen Doppik der Investitionstätigkeit zugeordnet sind. Diese Ergänzung dient der Einheitlichkeit der Darstellung der Investitionsmaßnahmen unabhängig davon, ob der Eigenbetrieb nach der Kommunalen Doppik oder nach dem HGB geführt wird.
Wie im Muster des Erfolgsplans enthalten die Spalten beider Muster auch die Spalten für die Finanzplanung, so dass diese in dieses Muster mit integriert werden kann (siehe § 17).

> Der Begriff des „Vorhabens" ist in den neuen Verordnungen nicht näher definiert. Im bisherigen § 2 Abs. 3 EigBVO-alt war geregelt, dass die Vorhaben nach dem **Anlagennachweis** bzw., soweit zweckmäßig, nach **Anlageteilen** zu gliedern sind. Es obliegt also dem jeweiligen Eigenbetrieb, wie detailliert oder eher reduziert er seine Vorhaben abbilden will[21].

---

21 Siehe auch Hafner S. 317 ff.

Übertragbarkeit und Deckungsfähigkeit **Kapitel 7**

Beispiel:

Nr.		Investitions-maßnahmen Einzahlungs- und Auszahlungsarten	Ergebnis 2019	Ansatz 2020	Ansatz 2021	VE 2021	Finanzplanung		
							Planung 2022	Planung 2023	Planung 2024
			EUR	EUR	EUR	EUR	EUR	EUR	EUR
			1	2	3	4	5	6	7
753801120000 PW, Biologie, Nachklärung KA Hoheneck									
1	+	Einzahlungen aus Investitionszuwendungen	0	12.500	10.400	0	20.300	2.900	2.900
		68120000 Investitionszuw. v. Kommunen/Landkreis	0	12.500	10.400	0	20.300	2.900	2.900
6	=	Summe Einzahlungen	0	12.500	10.400	0	20.300	2.900	2.900
8	−	Auszahlungen für Baumaßnahmen	−850.385	−50.000	−180.000	0	−350.000	−50.000	−50.000
		9612000 Anlagen im Bau – Tiefbaumaßnahmen	−850.385	0	0	0	0	0	0
		78720000 Tiefbaumaßnahmen	0	−50.000	−180.000	0	−350.000	−50.000	−50.000
13	=	Summe der Auszahlungen aus Investitionstätigkeit	−850.385	−50.000	−180.000	0	−350.000	−50.000	−50.000
14	=	Saldo aus Investitionstätigkeit	−850.385	−37.500	−169.600	0	−329.700	−47.100	−47.100
15	+	Aktivierte Eigenleistungen	−127.975	−6.500	−15.600	0	−53.300	−6.500	−6.500
		78730099 Aktivierte Eigenleistungen	−127.975	−6.500	−15.600	0	−53.300	−6.500	−6.500
16	=	Gesamtkosten der Maßnahme	−978.361	−56.500	−195.600	0	−403.300	−56.500	−56.500

Verpflichtungsermächtigungen sind ebenfalls getrennt nach Vorhaben dann zu veranschlagen, wenn im Planjahr Verpflichtungen zu Lasten künftiger Jahre eingegangen werden sollen.

Beispiel: Im Herbst des Planjahres soll die Ausschreibung und Vergabe einer Investitionsmaßnahme erfolgen. Die Baumaßnahme selbst soll dann erst in dem dem Planjahr folgenden Jahr begonnen werden. Damit eine Vergabe erfolgen kann (womit eine Verpflichtung zu Lasten künftiger Jahre eingegangen wird), ist eine Verpflichtungsermächtigung in entsprechender Höhe zu veranschlagen. Im Finanzplan sind dann die Auszahlungen der Folgejahre zu planen.

7.13 Übertragbarkeit und Deckungsfähigkeit

Wie im bisherigen § 2 Abs. 4 EigBVO a. F. sind die Mittel für die einzelnen Vorhaben übertragbar. Soweit nichts anderes bestimmt wird, sind die Ansätze für verschiedene Vorhaben auch weiterhin gegenseitig deckungsfähig.

Kapitel 7 — Wirtschaftsplan

7.14 Stellenübersicht

Die Stellenübersicht muss die im Wirtschaftsjahr erforderlichen Stellen für Arbeitnehmerinnen und Arbeitnehmer enthalten. Beamtinnen und Beamte, die beim Eigenbetrieb beschäftigt werden, sind im Stellenplan der Gemeinde zu führen und in der Stellenübersicht nachrichtlich anzugeben. Ein Muster wurde hierfür nicht vorgeschrieben, kann sich aber am Muster (Anlage 11 VwV Produkt- und Kontenrahmen) des Stellenplans der Gemeinde orientieren. In der Praxis hat sich folgende Darstellung bewährt:

Entgeltgruppe TVÖD	Anzahl der Stellen		Ist-Stellenzahl 30.06.	Erläuterungen
	2022	2021	2020	

Nachrichtlich: Anzahl der im Eigenbetrieb beschäftigten Beamten/Beamtinnen

Besoldungsgruppe	Anzahl der Stellen		Ist-Stellenzahl 30.06.	Erläuterungen
	2022	2021	2020	

In der Stellenübersicht werden die Mitarbeiter/innen aufgeführt, die ganz oder zum überwiegenden Teil für den Eigenbetrieb tätig sind. Bei „Mischarbeitsplätzen" werden Personalkostenersätze zwischen Eigenbetrieb und Gemeinde verrechnet.

Beispiele:
- Ein Mitarbeiter im Eigenbetrieb ist zu 70 % seiner Arbeitszeit für den Eigenbetrieb und noch zu 30 % für Aufgaben der Gemeinde tätig. Die Stellenanteile werden zu 0,7 VZÄ in der Stellenübersicht und 0,3 VZÄ im Stellenplan der Gemeinde geführt. Die Personalkosten des Mitarbeiters werden entsprechend zwischen Eigenbetrieb und Kernhaushalt aufgeteilt.
- Ein Mitarbeiter ist zu 100 % dem Eigenbetrieb zugeordnet, er erbringt aber in unterschiedlichem Umfang auch Leistungen für Aufgaben im Kernhaushalt. Die Stelle wird zu 100 % in der Stellenübersicht geführt. Für die Leistungen an den Kernhaushalt werden die Zeiten festgehalten und mit dem aktuellen Stundensatz (Kosten eines Arbeitsplatzes) der Gemeinde in Rechnung gestellt (Sonstige betriebliche Erträge).
- Ein Mitarbeiter wird zu 100 % im Stellenplan der Gemeinde geführt. Er erbringt in unterschiedlichem Umfang Leistungen für den Eigenbetrieb (z. B. Personalverwaltung, Kämmerei, Bauhof). Die Zeitanteile werden erfasst und dem Eigenbetrieb entweder pauschal oder mit einem Stundensatz in Rechnung gestellt (Sonstige betriebliche Aufwendungen).

7.15 Mittelfristige Finanzplanung

Die Inhalte der Finanzplanung werden in Anlehnung an die Vorschriften für den Kernhaushalt (§ 9 Abs. 1 Sätze 1 und 2 GemHVO) geregelt. Der Erfolgsplan und der Liquiditätsplan sind **für weitere drei Jahre nach dem Wirtschaftsjahr** bzw. den Wirtschaftsjahren, für die der Wirtschaftsplan aufgestellt wird, zu planen.
Die Definition für „Planjahr" (Wirtschaftsjahr, für das der Wirtschaftsplan aufgestellt wird) wie in der GemHVO gilt auch im Eigenbetriebsrecht und ist in den Eigenbetriebsverordnungen entbehrlich und kann daher entfallen. Im Übrigen ist bei der Wirtschaftsplanung das „Vorjahr" das Jahr, welches dem Wirtschaftsjahr, für das der Wirtschaftsplan aufgestellt wird, vorangeht.
Die Vorschrift zum Investitionsprogramm entspricht in Bezug auf die Investitionen § 9 Abs. 2 GemHVO. Eigenbetriebe, die nach der Kommunalen Doppik geführt werden, haben die Muster in den **Anlagen 8 und 9** EigBVO-Doppik anzuwenden, sofern die Werte nicht bereits im Erfolgsplan (Anlage 1) und im Liquiditätsplan (Anlage 2) beziehungsweise in der Einzeldarstellung der Investitionsmaßnahmen (Anlage 7) enthalten sind. Das Muster für den Finanzplan in **Anlage 8** EigBVO-Doppik ist vom Muster in der Anlage 17 der VwV Produkt- und Kontenrahmen und das Muster für das Investitionsprogramm in **Anlage 9** EigBVO-Doppik ist vom Muster in der Anlage 18 der VwV Produkt- und Kontenrahmen abgeleitet.

> In der Praxis werden diese Muster für eine **separate Finanzplanung** voraussichtlich eher selten verwendet werden, da es sich anbietet, die Finanzplanungswerte in die Muster des Erfolgs- und Liquiditätsplanes sowie des Investitionsprogramms einzuarbeiten.

7.16 Festsetzungsbeschluss

Die Inhalte des Festsetzungsbeschlusses wurden neu festgelegt. Der Beschluss des Gemeinderats über den Wirtschaftsplan enthält nach § 14 Abs. 3 die Festsetzung
1. des Erfolgsplans unter Angabe des Gesamtbetrags der Erträge und Aufwendungen und deren Saldo als veranschlagtes Jahresergebnis,
2. des Liquiditätsplans unter Angabe des Gesamtbetrags
    a) der Einzahlungen und Auszahlungen aus laufender Geschäftstätigkeit sowie deren Saldo als Zahlungsmittelüberschuss oder -bedarf,
    b) der Einzahlungen und Auszahlungen aus Investitionstätigkeit und deren Saldo,
    c) aus den Salden nach Buchstaben a und b als Finanzierungsmittelüberschuss oder -bedarf,
    d) der Einzahlungen und Auszahlungen aus Finanzierungstätigkeit und deren Saldo,
    e) aus den Salden nach Buchstaben c und d als Saldo des Liquiditätsplans,
3. des Gesamtbetrags
    a) der vorgesehenen Kreditaufnahmen (Kreditermächtigung),

b) der vorgesehenen Ermächtigungen zum Eingehen von Verpflichtungen, die künftige Wirtschaftsjahre mit Auszahlungen für Investitionen und Investitionsförderungsmaßnahmen belasten (Verpflichtungsermächtigungen),
4. des Höchstbetrags der Kassenkredite.

Weder im bisherigen Eigenbetriebsgesetz noch in der bisherigen Eigenbetriebsverordnung gab es bislang ein Muster für den Feststellungsbeschluss. In Anlehnung an § 79 Abs. 2 GemO werden hier die dabei vom Gemeinderat festzusetzenden Angaben festgelegt. Dies dient der Klarstellung und Anpassung an praktische Bedürfnisse. Eine grundsätzliche materielle Änderung ergibt sich dadurch nicht.

Analog zum Festsetzungsbeschluss für die Haushaltssatzung (Anlage 1 VwV Produkt- und Kontenrahmen) sieht der Beschluss für den Wirtschaftsplan mit den Inhalten des § 14 Abs. 3 EigBG dann wie folgt aus:

Festsetzungsbeschluss

Auf Grund von § 14 Absatz 3 des Eigenbetriebsgesetzes stellt der Gemeinderat am [Datum des Beschlusses] den Wirtschaftsplan des [Name des Eigenbetriebs] für das Jahr [Wirtschaftsjahr, für das der Beschluss gilt] mit folgenden Werten fest:

§ 1 Erfolgsplan und Liquiditätsplan

		Euro
1.	**Erfolgsplan**	
1.1	Gesamtbetrag der Erträge	
1.2	Gesamtbetrag der Aufwendungen	
1.3	Jahresüberschuss/Jahresfehlbetrag (Saldo aus 1.1 und 1.2)	
1.4	nachrichtlich:	
	Vorauszahlungen der Gemeinde auf die spätere Fehlbetragsabdeckung	
	Vorauszahlungen an die Gemeinde auf die spätere Überschussabführung	
2.	**Liquiditätsplan**	
2.1	Summe der Einzahlungen aus laufender Geschäftstätigkeit	
2.2	Summe der Auszahlungen aus laufender Geschäftstätigkeit	
2.3	Zahlungsmittelüberschuss/-bedarf aus laufender Geschäftstätigkeit (Saldo aus 2.1 und 2.2)	
2.4	Summe der Einzahlungen aus Investitionstätigkeit	
2.5	Summe der Auszahlungen aus Investitionstätigkeit	
2.6	Finanzierungsmittelüberschuss/-bedarf aus Investitionstätigkeit (Saldo aus 2.4 und 2.5)	
2.7	Finanzierungsmittelüberschuss/-bedarf (Saldo aus 2.3 und 2.6)	
2.8	Einzahlungen aus der Finanzierungstätigkeit	
2.9	Auszahlungen aus der Finanzierungstätigkeit	
2.10	Finanzierungsmittelüberschuss/-bedarf aus Finanzierungstätigkeit (Saldo aus 2.8 und 2.9)	
2.11	Geplante Änderung des Finanzierungsmittelbestands zum Ende des Wirtschaftsjahres (Saldo aus 2.7 und 2.8)	

§ 2 Kreditermächtigung

Der Gesamtbetrag der vorgesehenen Kreditaufnahmen für Investitionen und Investitionsförderungsmaßnahmen [sowie für die Ablösung von inneren Darlehen aus Mitteln, die für Rückstellungen für die Stilllegung und Nachsorge von Abfalldeponien erwirtschaftet wurden,] (Kreditermächtigung) wird festgesetzt auf EUR [davon für die Ablösung von inneren Darlehen auf EUR].

§ 3 Verpflichtungsermächtigungen

Der Gesamtbetrag der vorgesehenen Ermächtigungen zum Eingehen von Verpflichtungen, die künftige Wirtschaftsplanjahre mit Auszahlungen für Investitionen und Investitionsförderungsmaßnahmen belasten (Verpflichtungsermächtigungen), wird festgesetzt auf EUR

§ 4 Kassenkredite

Der Höchstbetrag der Kassenkredite wird festgesetzt auf EUR

Anmerkungen:
1. Bei der Festsetzung für zwei Wirtschaftsplanjahre sind die einzelnen Jahresbeträge in §§ 1 bis 4 gesondert nebeneinander oder untereinander anzugeben.
2. Falls in § 2 für die Ablösung innerer Darlehen keine Kreditaufnahmen veranschlagt werden, entfallen die Einfügungen in eckigen Klammern.

7.17 Vorlagepflicht des Wirtschaftsplans

Im Unterschied zur Festsetzung des Haushaltsplans hat der Feststellungsbeschluss zum Wirtschaftsplan des Eigenbetriebs **keinen Satzungscharakter!** Gleichwohl ist der Beschluss mit dem Wirtschaftsplan der Rechtsaufsichtsbehörde vorzulegen (§ 12 Abs. 3 EigBG i. V. m. § 81 Abs. 2 GemO). Eine separate **öffentliche Auslegung** des von der Rechtsaufsicht bestätigten und genehmigten Wirtschaftsplans ist nicht erforderlich (kein Verweis in § 12 Abs. 3 EigBG auf § 81 Abs. 3 GemO). Der Wirtschaftsplan des Eigenbetriebs ist jedoch **Anlage zum Haushaltsplan** (§ 1 Abs. 3 Nr. 5 GemHVO) und wird insofern zusammen mit der Haushaltssatzung und dem Haushaltsplan öffentlich ausgelegt.

8 Eröffnungsbilanz

Bei der **Gründung** eines Eigenbetriebs ist eine Eröffnungsbilanz zu erstellen. Die bisher in der Bilanz des Kernhaushalts enthaltenen Positionen auf der Aktiv- und Passivseite sind in die Eröffnungsbilanz überzuleiten. Die Eröffnungsbilanz kann allerdings erst erstellt werden, wenn der Jahresabschluss des Kernhaushalts aus dem dem Jahr der Gründung vorausgehenden Haushaltsjahrs vorliegt.

Die Eröffnungsbilanz dient (im Gegensatz zur Eröffnungsbilanz nach dem Gesetz zur Reform des Gemeindehaushaltsrechts) insoweit vorrangig der **Dokumentation der Eröffnungswerte** der Bilanzierung. Formvorschriften bezüglich Aufstellung und Feststellung des Jahresabschlusses gelten nicht. Es besteht keine vergleichbare Regelung zu Artikel 13 Abs. 5 Sätze 3 ff. des Gesetzes zur Reform des Gemeindehaushaltsrechts. Eröffnungsbilanzen werden im Gegensatz zur Umstellung auf die Kommunale Doppik insoweit auch nicht gesondert geprüft[22].

§ 7 Abs. 1 Satz 1 EigBVO-HGB und -Doppik verweisen auf das jeweils anzuwendende **originäre Recht**: für Eigenbetriebe, die nach der Kommunalen Doppik geführt werden, gelten weitgehend die Regelungen der **Gemeindehaushaltsverordnung**, für Eigenbetriebe, die nach den Regelungen des HGB geführt werden, gelten weitgehend die Regelungen des **Handelsgesetzbuchs**.

Für Eigenbetriebe, die nach den Regelungen des HGB geführt werden, gilt durch den Verweis auf **§ 242 Abs. 1 HGB** auch die Verpflichtung zur Aufstellung einer Eröffnungsbilanz. Für Eigenbetriebe, die nach den Regelungen der Kommunalen Doppik geführt werden, bedarf es hierfür einer eigenen Regelung (§ 7 Abs. 1 Satz 1 EigBVO-Doppik).

Die Erstellung der Eröffnungsbilanz sollte mit **größter Sorgfalt** erfolgen, damit die Vermögensverhältnisse des Eigenbetriebs korrekt dargestellt werden. Die Eröffnungsbilanz ist die **Grundlage für den Jahresabschluss** und wird mit jedem Jahresabschluss fortgeschrieben.

8.1 Gliederung der Bilanz

Für die Gliederung der Bilanz enthalten beide Eigenbetriebsverordnungen jeweils eigene **Muster**, Anlage 6 der EigBVO-HGB bzw. Anlage 10 der EigBVO-Doppik. Während die Passivseite beider Muster weitgehend identisch ist, orientiert sich die Aktivseite der EigBVO-HGB an § 266 Abs. 2 HGB und die Aktivseite der EigBVO-Doppik an § 52 GemHVO.

8.1.1 Bilanz nach der EigBVO-HGB

Grundlage für das Muster in **Anlage 6** ist § 266 HGB mit **Anpassungen** an die Besonderheiten der Eigenbetriebe. Es erfolgt keine Untergliederung der Gewinn-

---

[22] Siehe Begründung zu § 7 Abs. 1 EigBVO https://im.baden-wuerttemberg.de/fileadmin/redaktion/m-im/intern/dateien/pdf/20201023_Begründung_EigBVO_GemHVO_KrHRVO.pdf, zuletzt abgerufen am 9.4.2022

rücklage entsprechend § 266 Abs. 3 Abschnitt A III HGB, da die Untergliederung für Eigenbetriebe nicht erforderlich und passend ist. Die Passivseite wurde um die „Sonderposten" mit der entsprechenden Untergliederung ergänzt (siehe auch Bilanz nach EigBVO-Doppik). Durch Verweis waren bislang § 268 Absätze 1 bis 3 HGB von der Anwendung ausgeschlossen. Der Verweis wird geändert, so dass § 268 Abs. 3 HGB für Eigenbetriebe, die nach den Regelungen des HGB geführt werden, künftig Anwendung findet und der Ausweis eines Negativpostens auf der Passivseite (unter Eigenkapital) vermieden wird. Ein **nicht durch Eigenkapital gedeckter Fehlbetrag** wird – wie in der EigBVO-Doppik – auf der **Aktivseite** der Bilanz dargestellt. § 268 Abs. 1 HGB bleibt weiter ausgeschlossen. Da die Entscheidung über die Verwendung des Jahresergebnisses ausschließlich dem Gemeinderat vorbehalten ist, kann diese nicht schon bei der Aufstellung der Bilanz berücksichtigt werden. Bei der Änderung des Verweises auf § 270 HGB handelt es sich um eine redaktionelle Anpassung an das geänderte Handelsgesetzbuch. § 274 HGB wird von der Anwendung ausgeschlossen, damit auch Eigenbetriebe, die nach den Regelungen des Handelsgesetzbuchs geführt werden wie Eigenbetriebe, die nach den Regelungen der Kommunalen Doppik geführt werden, **keine latenten Steuern** ausweisen müssen.

8.1.1.1 Aktivseite[23]

	Aktivseite
A.	Anlagevermögen
I.	Immaterielle Vermögensgegenstände
1.	Konzessionen, gewerbliche Schutzrechte und ähnliche Rechte und Werte sowie Lizenzen an solchen Rechten und Werten
2.	Geleistete Anzahlungen
II.	Sachanlagen
1.	Grundstücke, grundstücksgleiche Rechte und Bauten einschließlich der Bauten auf fremden Grundstücken
2.	technische Anlagen und Maschinen
3.	andere Anlagen, Betriebs- und Geschäftsausstattung
4.	geleistete Anzahlungen und Anlagen im Bau
III.	Finanzanlagen
1.	Anteile an verbundenen Unternehmen
2.	Ausleihungen an verbundene Unternehmen
3.	Beteiligungen
4.	Ausleihungen an Unternehmen, mit denen ein Beteiligungsverhältnis besteht
5.	Wertpapiere des Anlagevermögens
6.	sonstige Ausleihungen

Die Gliederung entspricht – wie oben erwähnt – der Gliederung nach § 266 Abs. 2 HGB. Unter **A.** wird das **Anlagevermögen** abgebildet, welches in Imma-

---

23 Siehe Hafner, S. 379 ff.

Kapitel 8 — Eröffnungsbilanz

terielle Vermögensgegenstände (z. B. Konzessionen, Lizenzen, Software, Internetauftritte etc.), Sachanlagen und Finanzanlagen aufgeteilt ist. Bei **den Anteilen an verbundenen Unternehmen** (siehe auch § 271 Abs. 2 HGB) sind ggf. Beteiligungen (Kapitaleinlagen) bei Beteiligungsunternehmen abzubilden, auf die ein beherrschender Einfluss ausgeübt wird (Mehrheitsbeteiligungen). Bei den **Ausleihungen** empfiehlt es sich, ggf. Ausleihungen (**Darlehen**) an die Gemeinde, andere Eigenbetriebe oder Beteiligungsunternehmen jeweils separat abzubilden. **Beteiligungen** (siehe auch § 271 Abs. 1 HGB) sind Anteile an Unternehmen (Minderheitsbeteiligungen) oder Kapitaleinlagen in Zweckverbände, Stiftungen oder Kommunalanstalten.

Das **Umlaufvermögen** unter **B.** ist wie folgt gegliedert:

B.	Umlaufvermögen
I.	Vorräte
1.	Roh-, Hilfs- und Betriebsstoffe
2.	unfertige Erzeugnisse, unfertige Leistungen
3.	fertige Erzeugnisse und Waren
4.	geleistete Anzahlungen
II.	Forderungen und sonstige Vermögensgegenstände
1.	Forderungen aus Lieferungen und Leistungen
1.1	gegenüber der Gemeinde
1.2	gegenüber anderen Eigenbetrieben der Gemeinde
1.3	gegenüber Dritten
2.	Forderungen gegen verbundene Unternehmen
3.	Forderungen gegen Unternehmen, mit denen ein Beteiligungsverhältnis besteht
4.	sonstige Vermögensgegenstände
III.	Wertpapiere
1.	Anteile an verbundenen Unternehmen
2.	sonstige Wertpapiere
IV.	Kassenbestand, Bundesbankguthaben, Guthaben bei Kreditinstituten und Schecks

Im Unterschied zur HGB-Struktur werden bei den Forderungen noch die Forderungen gegenüber der **Gemeinde** (1.1) und gegenüber **anderen Eigenbetrieben** (1.2) separat dargestellt.

C.	Rechnungsabgrenzungsposten
D.	Aktiver Unterschiedsbetrag aus der Vermögensverrechnung
	Bilanzsumme

Unter **C.** werden die **aktiven Rechnungsabgrenzungspositionen (ARAP)** abgebildet. Eine aktive Rechnungsabgrenzung wird durchgeführt, wenn Aufwandspositionen noch vor dem Bilanzstichtag bezahlt werden, obwohl sie wirtschaftlich das folgende Geschäftsjahr betreffen.

Beispiel: Im Dezember wird die Miete für den Januar des folgenden Jahres bezahlt. Diese werden dann nach dem Jahresabschluss erfolgswirksam aufgelöst.

Da es – anders als in § 52 Abs. 3 Nr. 2.2 GemHVO – in dem an § 266 HGB angelehnten Muster in **Anlage 6** EigBVO-HGB keinen **(Sonder-)Posten für geleistete Investitionszuschüsse** gibt, wurde für Eigenbetriebe, die nach den Regelungen des HGB geführt werden, eine spezielle Regelung in Satz 1 aufgenommen, dass diese Sonderposten im Rahmen der **aktiven Rechnungsabgrenzung** separat ausgewiesen werden können. Die aufwandswirksame **Auflösung** dieses Sonderpostens erfolgt nach dem Zuwendungsverhältnis, d. h. nach den **Bewilligungsbedingungen** für den geleisteten Zuschuss.

Beispiel: Ein Eigenbetrieb Abwasserbeseitigung ist an einem Zweckverband beteiligt. Zur Finanzierung der Investitionen im Zweckverband erhebt dieser eine Investitionsumlage bei den Zweckverbandsmitgliedern. Dieser geleistete Investitionszuschuss wird bei Eigenbetrieben, die nach der EigBVO-Doppik geführt werden, in einem Sonderposten aktiviert (Soll-Bestimmung). Ein Eigenbetrieb, der nach der EigBVO-HGB geführt wird, kann als Aktiver Rechnungsabgrenzungsposten bilanziert werden. In beiden Fällen erfolgt eine aufwandswirksame jährliche Auflösung.

Unter D. folgt dann noch der **Aktive Unterschiedsbetrag aus der Vermögensverrechnung**. Ein Aktiver Unterschiedsbetrag aus der Vermögensverrechnung resultiert ggf. aus § 246 Abs. 2 Sätze 2 und 3 HGB, wenn Altersversorgungsverpflichtungen durch Vermögensgegenstände, die dem Zugriff aller übrigen Gläubiger (d. h. mit Ausnahme der Arbeitnehmer) entzogen sind (d. h. zugunsten der Arbeitnehmer und Betriebsrentner verpfändet und damit insolvenzsicher). Ein solcher Fall wird bei Eigenbetrieben i. d. R. nicht vorkommen.

8.1.1.2 Passivseite[24]

A.	Eigenkapital
I.	Gezeichnetes Kapital
II.	Kapitalrücklagen
III.	Gewinnrücklagen
IV.	Gewinnvortrag/Verlustvortrag
V.	Jahresüberschuss/Jahresfehlbetrag

Die Passivseite beginnt mit dem Eigenkapital, welches sich aus 5 Positionen zusammensetzt.
Bei der Position Gezeichnetes Kapital wird das **Stammkapital** abgebildet. Das Stammkapital entsteht bei der Gründung und ist in der Betriebssatzung festzusetzen (§ 12 Abs. 2 Satz 5 EigBG). Eine Erhöhung oder Minderung des Stammkapitals führt deshalb zu einer **Satzungsänderung**. Bei der Ausgründung eines bisherigen Regiebetriebs in einen Eigenbetrieb entsteht das Stammkapital als „**Residualgröße**", abhängig vom übertragenen Aktivvermögen abzüglich der Sonderposten und des Fremdkapitals. Im Unterschied zur GmbH oder der AG (dort Grundkapital) gibt es **keine Mindesthöhe** des Stammkapitals.
Im Gegensatz zum Stammkapital, welches i. d. R. nach Festsetzung nicht mehr verändert wird, ist die **Kapitalrücklage** eine flexible Position. Zuführungen zu

---

[24] Siehe Hafner, S. 416 ff.

oder Entnahmen aus der Kapitalrücklage führen zu einer Veränderung des Eigenkapitals, nicht aber des Stammkapitals, weshalb dann auch keine Satzungsänderung erforderlich ist. Erhöhungen oder Minderungen des Eigenkapitals sollten deshalb zweckmäßig über die Kapitalrücklage erfolgen.
Gewinnrücklagen entstehen, wie der Name sagt, aus Gewinnen bzw. Überschüssen der Erfolgsrechnung. Beim Beschluss über das Jahresergebnis kann der Gemeinderat entscheiden, dass ein Überschuss in die Gewinnrücklage eingestellt wird.
Alternativ kann das Jahresergebnis auch als **Gewinn- oder Verlustvortrag** vorgetragen werden. Auch diese Position wird mit der Beschlussfassung zum Jahresabschluss gebildet bzw. verändert. So kann bspw. ein bestehender Verlustvortrag aus dem Vorjahr durch einen Überschuss wieder getilgt werden oder ein Fehlbetrag wird mit einem Gewinnvortrag aus Vorjahren verrechnet.
Die Position V. **Jahresüberschuss/Jahresfehlbetrag** entsteht bei der Erstellung des Jahresabschlusses. Das Ergebnis der Erfolgsrechnung wird dort abgebildet.

B.	Sonderposten
I.	für Investitionszuweisungen
1.	von der Gemeinde
2.	von Dritten
II.	für Investitionsbeiträge
III.	für Sonstiges

Bei den Sonderposten werden Finanzierungsbeiträge von Dritten dargestellt. Empfangene **Investitionszuwendungen** werden als **Sonderposten passiviert und jährlich aufgelöst**. Die Auflösung der Sonderposten für empfangene Investitionszuweisungen und **Investitionsbeiträge** können auch mit einem **durchschnittlichen Auflösungssatz** erfolgen, der sich als Mischsatz auf mehrere Vermögensgegenstände bezieht, wenn eine Zuordnung zu einzelnen Vermögensgegenständen nicht möglich ist.
Auch wenn Eigenbetriebe nur wirtschaftlich, aber nicht rechtlich selbstständig sind, wird durch den neuen **Satz 3 in § 8 Abs. 3 EigBVO-HGB und -Doppik** eine Gleichstellung von „Investitionszuweisungen/Investitionszuschüssen" der Gemeinde an den Eigenbetrieb mit **Investitionszuschüssen der Gemeinde** an kommunale Unternehmen in Privatrechtsform beziehungsweise Investitionszuweisungen an selbstständige Kommunalanstalten erfolgen. Mit der Klarstellung, dass zu den Investitionsbeiträgen auch vom Eigenbetrieb erhobene **Baukostenzuschüsse** aufgrund allgemeiner Lieferbedingungen oder Beiträge aufgrund einer Satzung gehören, erfolgt eine Verbindung zum **Kommunalabgabengesetz**, die dem besseren Verständnis dient. Die Regelung, dass **Kapitalzuschüsse** der öffentlichen Hand, die die Gemeinde für den Eigenbetrieb erhalten hat, dem Eigenkapital zuzuführen sind, wird unverändert übernommen.

C.	Rückstellungen
1.	Lohn-, Gehalts- und Pensionsrückstellungen[1] und ähnliche Verpflichtungen
2.	Steuerrückstellungen
3.	sonstige Rückstellungen

Über die in § 266 Abs. 3 HGB dargestellten Rückstellungen ist die Bildung von Rückstellungen in § 249 HGB geregelt. Rückstellungen für Pensions- und Beihilfeverpflichtungen der Kommunen werden beim Kommunalen Versorgungsverband Baden-Württemberg (KVBW) und nicht bei den Kommunen gebildet (§ 27 Abs. 5 des Gesetzes über den Kommunalen Versorgungsverband Baden-Württemberg – GKV, § 41 Abs. 2 Satz 2 GemHVO). Um eine **Einheitlichkeit mit dem Kernhaushalt** zu erreichen, dürfen Eigenbetriebe unabhängig davon, ob sie nach der Kommunalen Doppik oder nach dem HGB geführt werden, keine Pensions- und Beihilferückstellungen mehr bilden, wenn diese bereits durch den KVBW gebildet werden.

Für Eigenbetriebe, die durch **bundesrechtliche Regelungen** verpflichtet sind, das HGB anzuwenden (beispielsweise Krankenhäuser, Pflegeeinrichtungen und Energieversorger) **bleibt die Verpflichtung** zur Bildung von Pensions- und Beihilferückstellungen bestehen. Eine landesrechtliche Möglichkeit, von dieser Verpflichtung zu befreien, besteht nicht, weil § 263 HGB in diesen Fällen nicht anwendbar ist.

In der Konsequenz müssen bereits beim Eigenbetrieb gebildete Rückstellungen für Pensions- und Beihilfeverpflichtungen **aufgelöst** werden. Die Entscheidung, ob die Rückstellungen im ersten Jahr einmalig oder über mehrere Jahre verteilt aufgelöst werden, obliegt dem Gemeinderat zum Umstellungszeitpunkt. Der vorgegebene maximale Zeitraum von 15 Jahren orientiert sich an den steuerrechtlichen Vorgaben.

Steuerrückstellungen sind zu bilden, wenn sich bei der Erstellung des Jahresabschlusses bzw. mit der Steuererklärung für das vorangegangene Jahr eine Steuernachzahlung ergibt. Dies betrifft sowohl die Umsatzsteuer als auch Ertragsteuern (Körperschaftssteuer, Gewerbesteuer).

Sonstige Rückstellungen können sein:
- Unterlassene Aufwendungen für Instandhaltung, die im folgenden Geschäftsjahr innerhalb von drei Monaten, oder für Abraumbeseitigung, die im folgenden Geschäftsjahr nachgeholt werden,
- Urlaubs- und Überstundenrückstellungen,
- Rückstellung für Gebührenüberdeckung,
- Prozesskostenrückstellungen,
- Rückstellungen für Tantiemen,
- Rückstellungen für Jahresabschlusskosten.

Für Eigenbetriebe, die nach den Regelungen des HGB geführt werden, wird geregelt, dass auf die **Abzinsung von Rückstellungen verzichtet** werden kann. Dies entspricht der Regelung in § 44 Abs. 4 Satz 2 GemHVO. Diese Regelung geht grundsätzlich § 253 Abs. 2 HGB vor. **Bundesrechtliche Vorgaben** (beispielsweise für Krankenhäuser, Pflegeeinrichtungen und Energieversorger) bleiben unberührt.

Damit erfolgt ein **Gleichlauf** für alle Eigenbetriebe unabhängig von der Art der Wirtschaftsführung und des Rechnungswesens. Für Eigenbetriebe, die nach den Regelungen der Kommunalen Doppik geführt werden, gilt § 44 Abs. 4 Satz 2 GemHVO durch den Verweis auf den Achten Abschnitt der GemHVO in Abs. 2 EigBVO-Doppik.

D.	**Verbindlichkeiten**
1.	Anleihen davon konvertibel
2.	Verbindlichkeiten aus Kreditaufnahmen
2.1	gegenüber der Gemeinde
2.2	gegenüber anderen Eigenbetrieben der Gemeinde
2.3	gegenüber Dritten
3.	erhaltene Anzahlungen auf Bestellungen
4.	Verbindlichkeiten aus Lieferungen und Leistungen
4.1	gegenüber der Gemeinde
4.2	gegenüber anderen Eigenbetrieben der Gemeinde
4.3	gegenüber Dritten
5.	Verbindlichkeiten aus der Annahme gezogener Wechsel und der Ausstellung eigener Wechsel
6.	Verbindlichkeiten gegenüber verbundenen Unternehmen
7.	Verbindlichkeiten gegenüber Unternehmen, mit denen ein Beteiligungsverhältnis besteht
8.	sonstige Verbindlichkeiten
8.1	gegenüber der Gemeinde
8.2	gegenüber anderen Eigenbetrieben der Gemeinde
8.3	gegenüber Dritten

Wie bei den Forderungen sind auch Verbindlichkeiten des Eigenbetriebs **gegenüber der Gemeinde/Kernhaushalt, anderen Eigenbetrieben oder Dritten** gesondert auszuweisen, um die **gegenseitigen Finanzbeziehungen** transparent darzustellen.

E.	**Rechnungsabgrenzungsposten**
	Bilanzsumme

Unter E. werden die passiven Rechnungsabgrenzungsposten (PRAP) abgebildet. Als **passive Rechnungsabgrenzungsposten** sind Einnahmen vor dem Abschlussstichtag auszuweisen, die einen Ertrag für eine bestimmte Zeit nach dem Abschlussstichtag darstellen.

8.1.2 Bilanz nach der EigBVO-Doppik

Anlage 10 orientiert sich grundsätzlich an der Bilanz des Kernhaushalts nach § 52 GemHVO und das Muster nach Anlage 25 der VwV Produkt- und Kontenrahmen.

8.1.2.1 Aktivseite

Im Unterschied zur Aktivseite der Bilanz nach § 266 HGB orientiert sich die Struktur nicht nach **Anlage- und Umlaufvermögen**, sondern in **Sach- und Finanzvermögen**.

Gliederung der Bilanz **Kapitel 8**

	Aktivseite
1.	**Vermögen**
1.1	Immaterielle Vermögensgegenstände
1.1.1	Konzessionen, gewerbliche Schutzrechte und ähnliche Rechte und Werte sowie Lizenzen an solchen Rechten und Werten
1.1.2	Geleistete Anzahlungen
1.2	**Sachvermögen**
1.2.1	Unbebaute Grundstücke und grundstücksgleiche Rechte
1.2.2	Bebaute Grundstücke und grundstücksgleiche Rechte
1.2.3	Infrastrukturvermögen
1.2.4	Bauten auf fremden Grundstücken
1.2.5	Kunstgegenstände, Kulturdenkmäler
1.2.6	Maschinen und technische Anlagen, Fahrzeuge
1.2.7	Betriebs- und Geschäftsausstattung
1.2.8	Vorräte
1.2.9	Geleistete Anzahlungen, Anlagen im Bau

Unter 1. Werden die immateriellen Vermögensgegenstände sowie Konzessionen und ähnliche Rechte abgebildet. 1.2. bildet dann das Sachvermögen ab, welches inhaltlich weitgehend dem Sachanlagevermögen nach § 266 Abs. 2 HGB entspricht. Unter dem Sachvermögen werden unter 1.2.8 die Vorräte abgebildet, die im HGB dem Umlaufvermögen zugeordnet sind.

1.3	**Finanzvermögen**
1.3.1	Anteile an verbundenen Unternehmen
1.3.2	Sonstige Beteiligungen und Kapitaleinlagen in Zweckverbänden oder anderen kommunalen Zusammenschlüssen
1.3.3	Ausleihungen
1.3.4	Wertpapiere
1.3.5	Öffentlich-rechtliche Forderungen, Forderungen aus Transferleistungen
1.3.5.1	gegenüber der Gemeinde
1.3.5.2	gegenüber anderen Eigenbetrieben der Gemeinde
1.3.5.3	gegenüber Dritten
1.3.6	Privatrechtliche Forderungen
1.3.6.1	gegenüber der Gemeinde
1.3.6.2	gegenüber anderen Eigenbetrieben der Gemeinde
1.3.6.3	gegenüber Dritten
1.3.7	Liquide Mittel

Das Finanzvermögen beinhaltet neben den Finanzanlagen auch die Forderungen und die liquiden Mittel, die nach HGB dem Umlaufvermögen zugeordnet sind. Da Eigenbetriebe selbst kein Sondervermögen haben können, wurde abweichend vom Muster 25 der VwV Produkt und Kontenrahmen auf der Aktivseite der Bilanz **kein Posten zum Ausweis von Sondervermögen** vorgesehen.

Kapitel 8   Eröffnungsbilanz

2.	**Abgrenzungsposten**
2.1	Aktive Rechnungsabgrenzungsposten
2.2	Sonderposten für geleistete Investitionszuschüsse
3.	**Nettoposition** (nicht gedeckter Fehlbetrag)

Unter 2. werden die Abgrenzungsposten aufgeführt, darunter auch die Sonderposten für geleistete Investitionszuschüsse als auch eine Nettoposition, bei welcher ein ggf. bestehendes negatives Eigenkapital abgebildet wird.
Nach § **42 GemHVO**, der über § 7 Abs. 2 EigBVO-Doppik anzuwenden ist, sind **unter der Bilanz**, sofern sie nicht auf der Passivseite auszuweisen sind, die Vorbelastungen künftiger Haushaltsjahre zu vermerken, insbes. **Bürgschaften, Verbindlichkeiten aus Gewährleistungsverträgen**, wesentliche eingegangene Verpflichtungen und in Anspruch genommene Verpflichtungsermächtigungen. Jede Art der Vorbelastung darf in einem Betrag angegeben werden. Haftungsverhältnisse sind auch anzugeben, wenn ihnen gleichwertige Rückgriffsforderungen gegenüberstehen.

8.1.2.2 Passivseite

1.	**Eigenkapital**
1.1	Gezeichnetes Kapital
1.2	Kapitalrücklagen
1.3	Gewinnrücklagen
1.4	Gewinnvortrag/Verlustvortrag
1.5	Jahresüberschuss/Jahresfehlbetrag

Im Unterschied zu § 52 GemHVO treten an die Stelle der Posten für das Eigenkapital in Abs. 4 Nr. 1 die Posten des Eigenkapitals in § 266 Abs. 3 Abschnitt A HGB, wobei keine Untergliederung der Gewinnrücklage erfolgt, da diese für Eigenbetriebe nicht erforderlich und passend ist. Die Anpassung des Bilanzpostens Eigenkapital als Ganzes dient der Vereinfachung und der leichteren Anwendung und ist erforderlich, weil im Eigenbetriebsrecht **kein Basiskapital** und **kein Sonderergebnis** vorgesehen sind und die Gewinnverwendung nach den handelsrechtlichen Regelungen vorzunehmen ist (§ 13 EigBVO-Doppik i. V. m. Anlage 16). Wurde der Eigenbetrieb bisher schon nach § 12 Abs. 1 EigBG (alte Fassung) „in entsprechender Anwendung der für die Haushaltswirtschaft der Gemeinde geltenden Vorschriften (Kommunale Doppik) ..." geführt, so müssen die bisherigen Positionen nach § 52 Abs. 4 Nr. 1 GemHVO auf die Posten des Eigenkapitals nach Anlage 10 übergeleitet werden (siehe § 19 Abs. 1 EigBVO-Doppik):
- Ergebnisrücklagen gehen in die Gewinnrücklage,
- Fehlbeträge gehen in die Position Verlustvortrag,
- Basiskapital wird zwischen Stammkapital und Kapitalrücklage aufgeteilt.

2.	**Sonderposten**
2.1	für Investitionszuweisungen
2.1.1	von der Gemeinde

Gliederung der Bilanz **Kapitel 8**

2.1.2	von Dritten
2.2	für Investitionsbeiträge
2.3	für Sonstiges
3.	**Rückstellungen**
3.1	Lohn-, Gehalts- und Pensionsrückstellungen[1] und ähnliche Verpflichtungen
3.2	Unterhaltsvorschussrückstellungen
3.3	Stilllegungs- und Nachsorgerückstellungen für Abfalldeponien
3.4	Gebührenüberschussrückstellungen
3.5	Altlastensanierungsrückstellungen
3.6	Rückstellungen für drohende Verpflichtungen aus Bürgschaften und Gewährleistungen
3.7	Sonstige Rückstellungen

Die unter 2. dargestellten Sonderposten entsprechen den Positionen der HGB-Bilanz. Bei den Rückstellungen unter 3. werden neben den gleichlautenden Rückstellungen der HGB-Bilanz ergänzend die kommunalspezifischen Rückstellungen (3.2. bis 3.5) abgebildet.

4.	**Verbindlichkeiten**
4.1	Anleihen
4.2	Verbindlichkeiten aus Kreditaufnahmen
4.2.1	gegenüber der Gemeinde
4.2.2	gegenüber anderen Eigenbetrieben der Gemeinde
4.2.3	gegenüber Dritten
4.3	Verbindlichkeiten, die Kreditaufnahmen wirtschaftlich gleichkommen
4.4	Verbindlichkeiten aus Lieferungen und Leistungen
4.4.1	gegenüber der Gemeinde
4.4.2	gegenüber anderen Eigenbetrieben der Gemeinde
4.4.3	gegenüber Dritten
4.5.	Verbindlichkeiten aus Transferleistungen
4.5.1	gegenüber der Gemeinde
4.5.2	gegenüber anderen Eigenbetrieben der Gemeinde
4.5.3	gegenüber Dritten
4.6	Sonstige Verbindlichkeiten
4.6.1	gegenüber der Gemeinde
4.6.2	gegenüber anderen Eigenbetrieben der Gemeinde
4.6.2	gegenüber Dritten
5.	**Passive Rechnungsabgrenzungsposten**

Ergänzend zu den Positionen der HGB-Bilanz werden hier noch unter 4.3 Verbindlichkeiten, die Kreditaufnahmen wirtschaftlich gleichkommen, abgebildet. Solche **kreditähnlichen Rechtsgeschäfte** können vielfältig sein, Beispiele im Kommunalbereich sind Kaufpreisstundungen bei Investitionen, Mietkaufmodelle oder Finanzierungsleasing. Auch solche kreditähnlichen Rechtsgeschäfte bedürfen der Genehmigung durch die Rechtsaufsicht (§ 87 Abs. 5 GemO i. V. m. § 12 Abs. 4 EigBG).

8.2 Korrektur der Eröffnungsbilanz

In der Kommunalen Doppik ist es aufgrund der Systematik bei der Erstellung einer Eröffnungsbilanz notwendig, dass der aus der Bewertung des Aktivvermögens und der Sonderposten, Rückstellungen, Verbindlichkeiten und Passiven Rechnungsabgrenzungsposten entstehende Differenzbetrag in einer **Auffangposition** auf der Passivseite als **Residualgröße** ausgewiesen wird. Im Haushalts- und Rechnungswesen der nach der Kommunalen Doppik geführten Kernhaushalte ist hierfür der Posten des **Basiskapitals** im Eigenkapital vorgesehen. Entsprechend sind nach den Regelungen des **§ 63 GemHVO** mögliche Korrekturen der erstmaligen Wertansätze erfolgsneutral gegen das Basiskapital vorzunehmen.

Nach **§ 8 EigBVO-Doppik** erfolgt die Gliederung des Eigenkapitals in den Eigenbetrieben, deren Wirtschaftsführung an die Kommunale Doppik angelehnt ist, jedoch nach den **Regelungen des Handelsrechts**. Der Ausweis eines Basiskapitals ist nicht vorgesehen, sodass eine Berichtigung der erstmaligen Wertansätze nicht erfolgsneutral gegen das Basiskapital erfolgen kann. Als Residualgröße kommt daher regelmäßig nur der Posten der **Kapitalrücklage** in Betracht, da die Höhe der übrigen Posten des Eigenkapitals i. d. R. eindeutig festgelegt ist. Sofern auf eine über das gezeichnete Kapital (Stammkapital) hinausgehende Ausstattung mit Eigenkapital in den Eigenbetrieben verzichtet wird, ist i. d. R. stattdessen ein **Trägerdarlehen** in der Bilanz ausgewiesen. Dessen Höhe bestimmt sich in diesem Fall als Residualgröße nach den aufgezeigten Berechnungsgrundsätzen. Insoweit ist das Trägerdarlehen in diesen Fällen der Bilanzposten, gegen den eine gegebenenfalls notwendige **erfolgsneutrale Berichtigung der erstmaligen Werte** der Eröffnungsbilanz vorzunehmen ist. Diesem Umstand wird mit der Maßgabe zu § 63 Abs. 2 GemHVO Rechnung getragen.

Beispiel: In der Eröffnungsbilanz wurde ein dem Eigenbetrieb zugerechnetes Grundstück versehentlich vergessen und wird nun nachträglich aktiviert. Da sich die Aktiva dadurch erhöht, muss auf der Passivseite ebenfalls eine Erhöhung stattfinden. Die Korrektur erfolgt nun entweder durch eine entsprechende Erhöhung der Kapitalrücklage oder des Trägerdarlehens, so dass die Bilanz wieder ausgeglichen ist. Im umgekehrten Fall (dem Eigenbetrieb wurden in der Eröffnungsbilanz versehentlich Grundstücke zugeordnet, die der Gemeinde zuzurechnen sind) wird die Aktivseite gemindert, so dass zum Ausgleich die Kapitalrücklage oder das Trägerdarlehen entsprechend reduziert werden muss.

8.3 Zusammenfassung

Beide Bilanzen unterscheiden sich insbes. durch die **Struktur der Aktivseite**. Inhaltlich können in beiden Bilanzen die zu bilanzierenden Geschäftsvorfälle gleichermaßen gut dargestellt werden.

9 Ausgliederungsvorgang

Wird eine Aufgabe der Gemeinde, die bisher als **Regiebetrieb** im Kernhaushalt betrieben wurde, in einen Eigenbetrieb überführt, so sind die im Kernhaushalt enthaltenen Aktiva- und Passivapositionen zu identifizieren, auszugliedern und in die Eröffnungsbilanz des Eigenbetriebs zu übertragen.

9.1 Muss das Vermögen neu bewertet werden?

Die Ausgliederung von Gemeindevermögen in ein **Sondervermögen** stellt eine **Unternehmensfortführung** dar[25]. Bei der Ausgliederung werden lediglich das anteilige Vermögen und die anteiligen Schulden des künftigen Eigenbetriebs aus dem bisher das gesamte Vermögen und die gesamten Schulden der Kommune enthaltenden Kernhaushalt herausgelöst und in ein (weiterhin rechtlich unselbstständiges) Sondervermögen mit Sonderrechnung desselben Rechtsträgers übertragen. Daher ist eine **Buchwertverknüpfung/-fortführung** zwingend.
Die in der Anlagerechnung der Gemeinde enthaltenen **Restbuchwerte** werden **ohne Neubewertung** in die Eröffnungsbilanz des Eigenbetriebs übernommen.

9.2 Erstellung der Eröffnungsbilanz

Die Aktivseite der Bilanz ergibt sich bei einer Ausgliederung aus der Übertragung der bisher im Kernhaushalt bilanzierten Vermögensgegenstände auf den Eigenbetrieb. Grundlage ist die **Jahresabschlussbilanz** des Haushalts zum Ende des Jahres, an welchem die Ausgliederung stattfinden soll. Die Ausgliederung zum Jahresende ist zweckmäßig, allerdings ist auch eine unterjährige Ausgliederung („Rumpfgeschäftsjahr") möglich.

9.2.1 Ausgliederung und Eröffnungsbilanz eines nichtwirtschaftlichen Unternehmens

Beispiel:
Die Abwasserbeseitigung (nichtwirtschaftliches Unternehmen nach § 102 Abs. 4 Nr. 1 GemO) wird bisher im Kernhaushalt (Produktgruppe 53.80) als Regiebetrieb geführt und soll zum 1.1.2022 in einen Eigenbetrieb überführt werden.

---

[25] Begründung zu § 7 Abs. 1 EigBVO, Seite 15 https://im.baden-wuerttemberg.de/fileadmin/redaktion/m-im/intern/dateien/pdf/20201023_Begründung_EigBVO_GemHVO_KrHRVO.pdf, zuletzt abgerufen am 9.4.2022

Kapitel 9 — Ausgliederungsvorgang

Zum 31.12.2021 sieht die Jahresabschlussbilanz des Haushalts wie folgt aus:

Ausgangslage Kernhaushalt 31.12.2021

Aktiva		Passiva	
Anlagevermögen	100.000.000 €	Eigenkapital Basiskapital	83.000.000 €
Finanzvermögen Beteiligung Darlehensforderung	3.000.000 €	Sonderposten	7.000.000 €
Umlaufvermögen	2.000.000 €	Fremdkapital – Kredite vom Kreditmarkt	15.000.000 €
Summe	105.000.000 €	Summe	105.000.000 €

Jetzt werden die dem ausgegliederten Bereich zugeordneten Anlagegegenstände ermittelt (Anlagegitter des Produktbereichs 53.80). Aus dem Anlagengitter ergeben sich auch die bisher erhaltenen Ertragszuschüsse, die auf der Passivseite als Sonderposten passiviert wurden. Auch diese sind bei der Ausgliederung zu berücksichtigen. Danach ergeben sich beispielhaft folgende Abgänge:

Kernhaushalt zum 1.1.2022

Aktiva		Passiva	
Anlagevermögen Anlageabgang	100.000.000 € −20.000.000 €	Eigenkapital Basiskapital	83.000.000 €
Finanzvermögen Beteiligung Forderung ggü. Eigenbetrieb	3.000.000 € 6.500.000 €	Sonderposten Abgang SP	7.000.000 € −4.000.000 €
Umlaufvermögen Abgang UV	2.000.000 € −500.000 €	Fremdkapital – Kredite vom Kreditmarkt Abgang Kredite	15.000.000 € −10.000.000 €
Summe	91.000.000 €	Summe	91.000.000 €

In diesem Beispielsfall wurden auf der Aktivseite 20 Mio. Euro Anlagevermögen und 0,5 Mio. Euro Umlaufvermögen, auf der Passivseite 4 Mio. Euro passivierte Ertragszuschüsse in Abgang genommen.

Die Bilanz ist jetzt noch auf der Passivseite auszugleichen. Hierbei wird berücksichtigt, dass bei nichtwirtschaftlichen Unternehmen **auf die Ausstattung mit Eigenkapital verzichtet werden kann** (s. o. unter 4.2.2.4). Zum Ausgleich der Bilanz werden deshalb hier bestehende **Kredite des Kernhaushalts** von 10 Mio. Euro und ein **Trägerdarlehen** (Forderung der Gemeinde) auf den neuen Eigenbetrieb übertragen. daraus ergibt sich dann die folgende **Eröffnungsbilanz**:

Erstellung der Eröffnungsbilanz **Kapitel 9**

Bilanz Eigenbetrieb zum 1.1.2022

Aktiva		Passiva	
Anlagevermögen	20.000.000 €	Eigenkapital – Stammkapital – Kapitalrücklage	 0 € 0 €
		Sonderposten	4.000.000 €
Umlaufvermögen	500.000 €	Fremdkapital – Kredite vom Kreditmarkt – Kredite der Gemeinde	 10.000.000 € 6.500.000 €
Summe	20.500.000 €	Summe	20.500.000 €

Die Passivseite wird also hier durch die Übertragung von Krediten aus dem Kernhaushalt (siehe auch 4.2.2.6) und einem Darlehen der Gemeinde an den Eigenbetrieb (Trägerdarlehen, siehe auch unter 9.2.4.2) ausgeglichen. Beide Positionen sind sog. **Residualgrößen**, ergeben sich also rechnerisch, um die Bilanz in Aktiva und Passiva auszugleichen. Tatsächlich fließt hier kein Geld zwischen Gemeinde und Eigenbetrieb.

9.2.2 Ausgliederung und Eröffnungsbilanz eines wirtschaftlichen Unternehmens

Im Unterschied zum eben dargestellten nichtwirtschaftlichen Unternehmen sind **wirtschaftliche Unternehmen** mit einem **angemessenen Eigenkapital** („Eigen- und Fremdkapital sollen in einem angemessenen Verhältnis stehen") auszustatten (siehe auch unter 4.2.2.4).

Beispiel:
Die Gemeinde will die Wohnungsversorgung (Produktgruppe 52.20) künftig in einem Eigenbetrieb führen.

Die Jahresabschlussbilanz zum 31.12.2021 entspricht dem obigen Beispielsfall. Die Ausgliederungsvorgänge sind nun wie folgt:

Kernhaushalt zum 1.1.2022

Aktiva		Passiva	
Anlagevermögen Anlageabgang	100.000.000 € –10.000.000 €	Eigenkapital Basiskapital	 83.000.000 €
Finanzvermögen Beteiligung Beteiligung am Eigenbetrieb Darlehensforderung Forderung ggü. Eigenbetrieb	 3.000.000 € 3.500.000 €	Sonderposten	7.000.000 € –1.000.000 €
Umlaufvermögen	2.000.000 € –500.000 €	Fremdkapital Kredite vom Kreditmarkt	 15.000.000 € –6.000.000 €
Summe	98.000.000 €	Summe	98.000.000 €

69

Daraus ergibt sich die folgende Eröffnungsbilanz:

Bilanz Eigenbetrieb zum 1.1.2022

Aktiva		Passiva	
Anlagevermögen	10.000.000 €	Eigenkapital – Stammkapital – Kapitalrücklage	 500.000 € 3.000.000 €
		Sonderposten	1.000.000 €
Umlaufvermögen	500.000 €	Fremdkapital – Kredite vom Kreditmarkt – Kredite der Gemeinde	 6.000.000 € 0 €
Summe	10.500.000 €	Summe	10.500.000 €

Im Unterschied zum ersten Fall wird hier der Eigenbetrieb mit Stammkapital und einer Kapitalrücklage ausgestattet. Beide Positionen werden dann in der Bilanz des Kernhaushalts als Beteiligungsvermögen abgebildet.

9.2.3 Ausgliederungsbuchungen

Technisch erfolgt Übertragung i. d. R. über Zwischenkonten. Dazu verwendet man eine Art Dummy-Konto, um die Abgänge des Kernhaushalts in Soll und Haben auszugleichen.

Beispiel:

	S	H
8011xxxxx an div. AV Konten	10.000.000	10.000.000
SoPo an 8011xxxxx	1.000.000	1.000.000
Beteiligungen/Sondervermögen an 8011xxxxx	3.500.000	3.500.000

In der Eröffnungsbilanz erfolgt die Einbuchung der Erstbilanzwerte ebenfalls über ein technisches Eröffnungsbilanzkonto.

> **Praxistipp:**
> Wenn Sie sich für die Gründung eines Eigenbetriebs entschieden haben, informieren Sie rechtzeitig ihren IT-Dienstleister, der Sie bei der Ausgliederung und Erstellung der Eröffnungsbilanz begleiten und unterstützen kann.

9.2.4 Übertragung von Schulden auf den Eigenbetrieb

9.2.4.1 Übertragung von Schulden des Kernhaushalts auf den Eigenbetrieb

Mit der Ausgliederung eines Regiebetriebs aus dem Haushalt wird – wie oben dargestellt – Anlage- und Umlaufvermögen auf den Eigenbetrieb übertragen.

Dieses Vermögen wurde bisher auch im Kernhaushalt **finanziert**. Sofern die Gemeinde in der Vergangenheit **Kredite zur Finanzierung der Investitionen** aufgenommen hat, wurden damit im Rahmen des Gesamtdeckungsprinzips auch die Investitionen des ausgegliederten Bereichs mitfinanziert. Insofern ist es legitim und auch folgerichtig, in einem solchen Fall auch Kreditverpflichtungen auf den Eigenbetrieb mitzuübertragen.

Zwar ändert sich mit der Übertragung einer Kreditverpflichtung auf den Eigenbetrieb nicht der Schuldner (das bleibt weiterhin die Gemeinde aufgrund der rechtlichen Unselbstständigkeit des Eigenbetriebs), aber das jeweilige Kreditinstitut sollte entsprechend informiert werden, da auch die Zins- und Tilgungszahlungen nach der Übertragung über die Konten des Eigenbetriebs abgewickelt werden.

9.2.4.2 Trägerdarlehen

Ist die Gemeinde schuldenfrei oder will nur einen Teil der Kredite auf den Eigenbetrieb übertragen, so entsteht ggf. eine Differenz zwischen Aktiva und Passiva, die auf der Passivseite dann durch eine Verbindlichkeit gegenüber der Gemeinde oder auch Trägerdarlehen ausgeglichen wird. Das Trägerdarlehen ist i. d. R. tilgungsfrei (als „Ersatz" für das Eigenkapital) und kann „angemessen" verzinst werden (§ 14 Abs. 3 Nr. 1 KAG).

Dadurch entstehen **Zinsaufwendungen** im Eigenbetrieb und **Zinserträge** für den Kernhaushalt. Die Höhe des Zinssatzes hat sich an der „Angemessenheit" des § 14 KAG zu orientieren.

10 Vollzug des Wirtschaftsplans

10.1 Grundlage der Wirtschaftsführung

Die **Betriebsleitung** ist nach § 5 Abs. 1 EigBG für die laufende Betriebsführung und damit auch für den Vollzug des Wirtschaftsplans zuständig und verantwortlich. Über den Vollzug des Wirtschaftsplans sollte die Betriebsleitung regelmäßig dem/der Fachbediensteten für das Finanzwesen bzw. dem Bürgermeister berichten (siehe § 5 Abs. 3 EigBG). Inhalt und Umfang der **Informationspflicht** der Betriebsleitung ist in der Betriebssatzung zu regeln (siehe auch unter 6.1).

10.2 Überwachung des Wirtschaftsplans

§ 16 der beiden Eigenbetriebsverordnungen verweist auf die Anwendung der §§ 26 und 27 Absätze 1, 2, 3 Satz 1 und Abs. 4 der GemHVO. Dort finden sich die Regelungen zur Überwachung der Erträge, Einzahlungen und Forderungen sowie der Aufwendungen und Auszahlungen. Es ist empfehlenswert, in der Betriebssatzung eine regelmäßige Berichterstattung im Betriebsausschuss oder Gemeinderat zu regeln.

10.3 Abweichungen zum Wirtschaftsplan

Das Grundprinzip der Wirtschaftsführung eines Eigenbetriebs ist das einer **umfassenden Deckungsfähigkeit** von Erträgen und Aufwendungen im Erfolgsplan als auch von Ein- und Auszahlungen im Liquiditätsplan. Abweichungen sind so lange nicht von Belang, solange das Gesamtergebnis nicht bzw. nicht wesentlich beeinflusst wird. Dies erfordert jedoch ein gutes **internes Controlling** bzw. eine regelmäßige **Überwachung** des Wirtschaftsplans mit **Prognoserechnungen** zum Jahresende.

10.4 Änderung des Wirtschaftsplans

In **§ 15 Abs. 1 EigBG** sind die Sachverhalte geregelt, die ggf. zu einem **Nachtragswirtschaftsplan** führen. Die Regelung zum Nachtragshaushaltsplan in § 82 **GemO** kommt aufgrund dieser Spezialregelung nicht zur Anwendung. Demnach ist der Wirtschaftsplan zu ändern, wenn sich im Laufe des Wirtschaftsjahres zeigt, dass trotz Ausnutzung von Sparmöglichkeiten
1. das Jahresergebnis sich gegenüber dem Erfolgsplan **erheblich verschlechtern** wird,
2. zur Deckung des Liquiditätsbedarfs **höhere Zuschüsse** der Gemeinde oder **höhere Kredite** erforderlich werden,
3. **weitere Verpflichtungsermächtigungen** vorgesehen werden sollen,

4. eine **erhebliche Vermehrung oder Hebung** der in der Stellenübersicht vorgesehenen Stellen erforderlich wird; dies gilt nicht für eine vorübergehende Einstellung von Aushilfskräften.

Unter 6.1 ist bereits dargestellt, dass es sich empfiehlt, die **unbestimmten Rechtsbegriffe** in der Ziff. 1 und 4 in der **Betriebssatzung** zu regeln. Das kann entweder eine prozentuale Abweichung oder ein absoluter Betrag sein. **Alternativ** kann die Erheblichkeit auch im Zusammenhang mit der Feststellung des Wirtschaftsplans jeweils jährlich definiert werden.

Eine erhebliche Verschlechterung kann (insbes. bei dauerdefizitären Betrieben) dazu führen, dass zum **Ausgleich der Liquidität** auch ein höherer Zuschuss der Gemeinde erforderlich wird.

Auch bei den **Verpflichtungsermächtigungen** gilt die gegenseitige Deckungsfähigkeit der bei den im Investitionsplan bei den einzelnen Maßnahmen veranschlagten Verpflichtungsermächtigungen. Weitere Verpflichtungsermächtigungen entstehen also erst dann, wenn der im Feststellungsbeschluss festgesetzte Gesamtbetrag für Verpflichtungen zu Lasten künftiger Jahre (z. B. Vergabe von investiven Aufträgen) nicht ausreicht.

Für die Änderung des Wirtschaftsplans gelten die Vorschriften für den Wirtschaftsplan entsprechend (§ 15 Abs. 1 Satz 2 EigBG). Dies bedeutet, dass ein Nachtragswirtschaftsplan nach denselben formalen Anforderungen (Aufstellung, Beratung und Beschlussfassung, Vorlage bei der Rechtsaufsichtsbehörde) zu erstellen ist.

10.5 Planabweichungen ohne Nachtragswirtschaftsplan

§ 15 Abs. 2 EigBG regelt die Sachverhalte, wo bei Änderungen jeweils **Beschlüsse des Betriebsausschusses** erforderlich sind und zwar,
- bei **erfolgsgefährdenden** Mehraufwendungen des Erfolgsplans, sofern sie nicht **unabweisbar** sind und
- bei **erheblichen** Mehrausgaben bei einzelnen Investitionsvorhaben, sofern sie nicht **unabweisbar** sind.

Eine Aufwendung ist immer dann **unabweisbar**, wenn sie nicht verschoben werden kann, ohne politischen, wirtschaftlichen oder sozialen Schaden zu verursachen[26]. Auch hier gilt für die unbestimmten Rechtsbegriffe „erfolgsgefährdend" bzw. „erheblich" das oben Gesagte.

Aufgrund dieser Spezialregelung kommt § 84 GemO (über-/außerplanmäßige Aufwendungen/Auszahlungen) nicht zur Anwendung.

10.6 Weitere Regelungen zum Vollzug des Wirtschaftsplans

§ 16 der beiden Eigenbetriebsverordnungen verweist auch auf die Anwendung der §§ 31 (Vergabe von Aufträgen), § 32 (Stundung, Niederschlagung und Erlass von Forderungen) sowie § 33 (Kleinbeträge) der GemHVO.

---

26 Siehe Hafner, S. 198, RdNr. 24 und 25

11 Jahresabschluss

11.1 Zeitpunkt und Zuständigkeit

Nach § 16 Abs. 1 EigBG besteht der Jahresabschluss aus der Bilanz, der Erfolgsrechnung, der Liquiditätsrechnung, dem Anhang und einem Lagebericht. Der Jahresabschluss und der Lagebericht sind **innerhalb von sechs Monaten** nach Ende des Wirtschaftsjahres aufzustellen und dem Bürgermeister vorzulegen (§ 16 Abs. 2 Satz 1 EigBG). Innerhalb dieser Frist ist also der Jahresabschluss zu erstellen. Zuständig für die Aufstellung des Jahresabschlusses ist die **Betriebsleitung**. Die Betriebsleitung **unterzeichnet** auch den Jahresabschluss[27]. Ist keine Betriebsleitung bestimmt, nimmt nach § 10 Abs. 3 EigBG der Bürgermeister die Aufgaben der Betriebsleitung wahr, er wird die Erstellung des Jahresabschlusses an die Kämmerei delegieren.

> Es empfiehlt sich immer, den Jahresabschluss in enger **Zusammenarbeit mit der Kämmerei** zu erstellen. Aufgrund der vielfältigen Finanzbeziehungen zwischen Kernhaushalt und dem Wirtschaftsplan des Eigenbetriebs müssen auch beim Jahresabschluss die jeweiligen Beträge abgeglichen werden.

Der Jahresabschluss orientiert sich jeweils am **originären Recht**, bei der EigBVO-HGB am Handelsgesetzbuch und bei der EigBVO-Doppik an der GemHVO (siehe jeweils § 7 Abs. 1 der beiden EigBVO).

11.2 Erfolgsrechnung

Die Gliederung der Erfolgsrechnung entspricht dem jeweiligen Erfolgsplan nach § 1 Abs. 1 der beiden EigBVO, so dass dem Prinzip „**Rechnung folgt Planung**" entsprochen wird.

11.2.1 Erfolgsrechnung nach der EigBVO-HGB

Die Erfolgsrechnung ist bei Eigenbetrieben, die nach den Regelungen des HGB geführt werden, als **Gewinn- und Verlustrechnung** unbeschadet einer weiteren Untergliederung entsprechend dem Muster in der **Anlage 1 EigBVO-HGB** zu gliedern. Es ist hierzu **kein verbindliches Muster** vorgesehen. Die Gliederung (Zeilenstruktur) entspricht der Gewinn- und Verlustrechnung nach § 275 Abs. 2 HGB (Gesamtkostenverfahren), ergänzt um die nachrichtliche Angabe der Vorauszahlungen der Gemeinde auf die spätere Fehlbetragsabdeckung und der Vorauszahlungen an die Gemeinde auf die spätere Überschussabführung.

---

27 Siehe auch Hafner, S. 217, RdNr. 12

Für die **Spaltenstruktur** der Erfolgsrechnung empfiehlt sich, diese **analog den Spalten nach dem Muster der Anlage 11 in der EigBVO-Doppik** ohne die Spalten 6 und 8 (Mittelübertragungen) zu gestalten.

11.2.2 Erfolgsrechnung nach der EigBVO-Doppik

Die Erfolgsrechnung ist bei Eigenbetrieben, die nach der Kommunalen Doppik geführt werden, als **Ergebnisrechnung** unbeschadet einer weiteren Untergliederung entsprechend dem Muster in **Anlage 11 EigBVO-Doppik** aufzustellen, welches vom Muster in der Anlage 19 der VwV Produkt- und Kontenrahmen abgeleitet und entsprechend dem Muster für den Erfolgsplan (Anlage 1 EigBVO-Doppik) angepasst ist. Im Unterschied zur Erfolgsrechnung nach der EigBVO-HGB sind in dem der EigBVO-Doppik beigefügten Muster auch **Spalten für die Mittelübertragung** aus Vorjahren bzw. Mittelübertragung im Folgejahr enthalten.

11.2.3 Abschlussarbeiten im Erfolgsplan

Um den Erfolgsplan abzuschließen, sind verschiedene Vorarbeiten zu leisten:

11.2.3.1 Abgrenzungsbuchungen

Erträge und Aufwendungen sind zum Jahresende periodengerecht abzugrenzen. Eine **aktive Rechnungsabgrenzung** wird durchgeführt, wenn Aufwandspositionen noch vor dem Bilanzstichtag bezahlt werden, obwohl sie wirtschaftlich das folgende Geschäftsjahr betreffen. Ein solcher aktiver Rechnungsabgrenzungsposten (ARAP) wird nach dem Jahresabschluss erfolgswirksam aufgelöst.
Wenn ein Eigenbetrieb Einnahmen erzielt hat, die erst nach dem nächsten Bilanzstichtag als Erträge zu werten sind, wird die **passive Rechnungsabgrenzung** durchgeführt. Dafür übernimmt man diese Beträge zunächst als passive Rechnungsabgrenzungsposten (PRAP) in die Bilanz und löst sie in der neuen Periode erfolgswirksam auf.

11.2.3.2 Ermittlung der Abschreibungen

Mit den Abschreibungen werden die Anschaffungs- und Herstellungskosten von investiven Maßnahmen entsprechend ihrer Abnutzung auf die Nutzungsjahre verteilt. Die Abschreibungen mindern die bilanzierten Werte und gehen als nicht zahlungswirksamer Aufwand in die Erfolgsrechnung ein. Die Abschreibungen werden i. d. R. maschinell ermittelt.

11.2.3.3 Ermittlung der aufzulösenden Ertragszuschüsse

Erhaltene Ertragszuschüsse zur Finanzierung von Investitionen werden grundsätzlich als Sonderposten passiviert und sind jährlich aufzulösen. Der Auflösungsprozentsatz orientiert sich an der durchschnittlichen Abschreibungsdauer der mit dem Zuschuss finanzierten Investitionsmaßnahme (§ 14 Abs. 3 Satz 4 KAG).

11.2.3.4 Aktivierung von Eigenleistungen

Aktivierte Eigenleistungen entstehen aus Aufwendungen (insbes. Personalaufwendungen), die zur Erstellung von Anlagevermögen eingesetzt wurden.

Beispiele: Ein bei der Gemeinde beschäftigter Tiefbauingenieur plant die Erweiterung der Kläranlage oder Mitarbeiter, Fahrzeuge und Maschinen des Bauhofs werden bei Straßenneubaumaßnahmen eingesetzt. Diese dabei entstehenden Kosten werden bei der Investitionsmaßnahme aktiviert und als Ertrag in der Erfolgsrechnung erfasst.

11.2.3.5 Bildung von Rückstellungen

In der Bilanz **müssen Rückstellungen** nach § 266 HGB bzw. Anlage 6 zur EigBVO-HGB oder Anlage 10 zur EigBVO-Doppik als Pensionsrückstellungen, Steuerrückstellungen und sonstige **Rückstellungen** ausgewiesen werden. Nachdem Pensionsrückstellungen (mit Ausnahme der bundesrechtlich vorgeschriebenen) grundsätzlich nicht gebildet werden dürfen (§ 7 Abs. 2 EigBVO-HGB und Doppik), bleiben die Steuerrückstellungen und sonstige Rückstellungen. Rückstellungen müssen nach § 249 Abs. 1 Satz 1 HGB für **ungewisse Verbindlichkeiten** gebildet werden.
Ferner sind nach **Abs. 2** Rückstellungen zu bilden für
1. im Geschäftsjahr unterlassene Aufwendungen für Instandhaltung, die im folgenden Geschäftsjahr innerhalb von drei Monaten, oder für Abraumbeseitigung, die im folgenden Geschäftsjahr nachgeholt werden,
2. Gewährleistungen, die ohne rechtliche Verpflichtung erbracht werden.

Zu den wesentlichen Rückstellungen gehören insbes.:
- Urlaubs- und Überstundenrückstellungen,
- Rückstellung für Gebührenüberdeckung,
- Prozesskostenrückstellungen,
- Rückstellungen für Tantiemen,
- Rückstellungen für Jahresabschlusskosten.

Rückstellungen sind **Aufwandsbuchungen** und mindern das Jahresergebnis. Gebildete Rückstellungen müssen aufgelöst werden, wenn der Grund für die Rückstellung entfallen ist (§ 249 Abs. 2 Satz 2 HGB).

11.2.3.6 Jahresüberschuss/Jahresfehlbetrag

Nach Durchführung der Abschlussbuchungen kann das endgültige Ergebnis der Erfolgsrechnung ermittelt werden. Das Ergebnis (Jahresüberschuss oder Jahresfehlbetrag) geht in das Eigenkapital der Bilanz, erhöht oder mindert also das Eigenkapital.

11.3 Liquiditätsrechnung

Aufgrund der Änderung des § 16 Abs. 1 EigBG wird als **Bestandteil des Jahresabschlusses** eine Liquiditätsrechnung neu eingeführt.

11.3.1 Liquiditätsrechnung nach der EigBVO-HGB

Die Liquiditätsrechnung ist entsprechend des Musters in der **Anlage 7** EigBVO-HGB aufzustellen. Die Anlage enthält sowohl ein Muster für die **direkte** wie auch ein Muster für die **indirekte** Methode. Es bleibt dem jeweiligen Eigenbetrieb überlassen, ob er die Liquiditätsrechnung direkt (d. h. laufende Mitführung

während des Wirtschaftsjahres) oder indirekt (d. h. Ableitung aus dem Jahresabschluss) erstellt.
Die Muster wurden in Anlehnung an die vom Bundesministerium der Justiz nach § 342 Abs. 2 HGB bekannt gegebenen **Deutschen Rechnungslegungsstandards zur Kapitalflussrechnung** (DRS 21) entwickelt und an die Besonderheiten der rechtlich unselbstständigen Eigenbetriebe angepasst.

11.3.2 Liquiditätsrechnung nach der EigBVO-Doppik

Die Liquiditätsrechnung ist als **Finanzrechnung** unbeschadet einer weiteren Untergliederung entsprechend dem Muster in der **Anlage 12** EigBVO-Doppik aufzustellen, welches von der Anlage 21 der VwV Produkt- und Kontenrahmen abgeleitet ist und daher die Angaben nach § 50 GemHVO beinhaltet. Die Liquiditätsrechnung ist demnach zwingend nach der **direkten Methode** zu führen. Dies entspricht der Struktur des **NKHR-Kontenplans**, in welchem in den Kontenklassen 6 und 7 die Ein- und Auszahlungen abgebildet werden. Zusätzlich sind Ein- und Auszahlungen aus Veränderung des Eigenkapitals wie bereits beim Liquiditätsplan (§ 2 Abs. 2) berücksichtigt.
Bei diesen im Vergleich zu § 3 GemHVO zusätzlichen Posten werden bei den Einzahlungen die **Vorauszahlungen der Gemeinde auf den voraussichtlichen Verlust** bei den dauerdefizitären Eigenbetrieben und bei den Auszahlungen **die Vorauszahlungen des Eigenbetriebs für die spätere Gewinnausschüttung** an die Gemeinde dargestellt. Bei den wirtschaftlichen Unternehmen dienen diese Positionen zur Abbildung von Kapitalaufstockungen oder -herabsetzungen.

11.3.3 Darstellung der Kassenkredite in der Liquiditätsrechnung

Während bei der **Liquiditätsplanung** (§ 2 Abs. 2 EigBVO-HGB und -Doppik) Kassenkredite unberücksichtigt bleiben, da diese **keine Finanzierungsmittel** darstellen und daher in der Planung nicht berücksichtigt werden dürfen, müssen sie bei der Liquiditätsrechnung enthalten sein. Dies entspricht auch der Vorgehensweise in der Kommunalen Doppik. Auch dort bleiben die dem haushaltsunwirksamen Bereich zuzurechnenden Kassenkredite bei der Haushaltsplanung unberücksichtigt, während bei der Finanzrechnung auch der haushaltsunwirksame Bereich berücksichtigt wird.

> **Praxistipp:** Einige Kommunen zahlen ggf. bestehende Kassenkredite zum 31.12. zurück und nehmen sie dann zum 01.01. des Folgejahrs wieder auf. Dies vereinfacht die Darstellung, führt aber ggf. zu einem negativen Zahlungsmittelbestand zum Jahresende.

11.4 Anhang nach der EigBVO-HGB

Nach dem Verweis in § 7 Abs. 1 EigBVO-HGB gelten für die HGB-Eigenbetriebe auch die Regelungen des HGB zum Anhang (§§ 284–286 HGB). § 11 EigBVO-

HGB verweist explizit auch auf die Regelungen in § 285 Nr. 9 und 10 des HGB. Allerdings können die in § 285 Nr. 9 Buchstabe a und b HGB verlangten Angaben über die **Gesamtbezüge** der dort bezeichneten Personen unterbleiben, wenn sich anhand dieser Angaben die Bezüge eines Mitglieds dieser Organe feststellen lassen (§ 286 Abs. 4 HGB). Die Regelungen in § 286 Abs. 2 (Aufgliederung der Umsatzerlöse) und 3 (Verweis auf § 285 Nr. 11 und 11 b) HGB finden keine Anwendung.
Im Anhang ist die **Entwicklung der Liquidität** entsprechend dem Muster in **Anlage 8** EigBVO-HGB darzustellen. Für die Darstellung des **Anlagevermögens** gilt § 284 Abs. 3 HGB, nach dem die Entwicklung der einzelnen Posten des Anlagevermögens in einer gesonderten Aufgliederung darzustellen ist.

11.4.1 Anhang nach der EigBVO-Doppik

Für Eigenbetriebe, die nach der Kommunalen Doppik geführt werden, gilt die entsprechende Regelung des **§ 53 GemHVO** für den Anhang zur Bilanz des Kernhaushalts. Durch die erste Maßgabe wird geregelt, dass der auf den Eigenbetrieb entfallende Anteil an den beim Kommunalen Versorgungsverband Baden-Württemberg gebildeten **Pensionsrückstellungen** nicht angegeben werden muss, da der Kommunale Versorgungsverband Baden-Württemberg i. d. R. die Pensionsrückstellungen für seine Mitglieder nur in einem Betrag ohne weitere Untergliederung ausweisen kann; also nur für die gesamte Gemeinde. Die beiden weiteren Maßgaben entsprechen inhaltlich der bisherigen Maßgabe zu § 285 Nr. 9 und 10 mit Verweis auf § 286 Abs. 4 HGB und wurden an das kommunale Haushaltsrecht angepasst.
Im Anhang ist die **Entwicklung der Liquidität** entsprechend dem Muster in **Anlage 13** EigBVO-Doppik, welches vom Muster in der Anlage 22 der VwV Produkt- und Kontenrahmen abgeleitet ist, darzustellen. Auf den Ausweis der **zweckgebundenen Rücklagen** kann verzichtet werden, da diese nach der Bilanzgliederung für die Eigenbetriebe (§ 8 Abs. 1 EigBVO-Doppik) nicht vorgesehen sind. Ebenso müssen Angaben zur voraussichtlichen **Mindestliquidität** nicht gemacht werden, weil § 22 Abs. 2 GemHVO nicht auf Eigenbetriebe anzuwenden ist.
In Anlehnung an § 95 Abs. 3 GemO ist geregelt, dass dem Anhang eine **Vermögensübersicht** und eine **Schuldenübersicht** beizufügen ist. Für die Vermögensübersicht und die Schuldenübersicht gilt § 55 GemHVO aufgrund des Verweises in § 7 Abs. 1 EigBVO-Doppik. Es sind die Muster in den **Anlagen 14 und 15 EigBVO-Doppik** zu verwenden, welche von den Mustern in den Anlagen 26 und 28 in der VwV Produkt- und Kontenrahmen abgeleitet sind. In der Schuldenübersicht sind die nachrichtlichen Angaben unter den Nummern 2 und 3 entfallen, weil sie für Eigenbetriebe nicht relevant sind.

Anhang nach der EigBVO-HGB **Kapitel 11**

Vermögensübersicht

Vermögen	Stand zum 01.01. des Wirtschaftsjahres[1]	Vermögensveränderungen im Wirtschaftsjahr					Stand am 31.12. des Wirtschaftsjahres (∑ Spalten 2 bis 7)
		Vermögenszugänge	Vermögensabgänge[2]	Umbuchungen	Zuschreibungen	Abschreibungen	
				EUR			
1	2	3	4	5	6	7	8
1. Immaterielle Vermögensgegenstände							
2. Sachvermögen (ohne Vorräte)							
2.1. Unbebaute Grundstücke und grundstücksgleiche Rechte							
2.2. Bebaute Grundstücke und grundstücksgleiche Rechte							
2.3. Infrastrukturvermögen							
2.4. Bauten auf fremden Grundstücken							
2.5. Kunstgegenstände, Kulturdenkmäler							
2.6. Maschinen und technische Anlagen, Fahrzeuge							
2.7. Betriebs- und Geschäftsausstattung							
2.8. Geleistete Anzahlungen, Anlagen im Bau							
3. Finanzvermögen (ohne Forderungen und liquide Mittel)							
3.1. Anteile an verbundenen Unternehmen							
3.2. Sonstige Beteiligungen und Kapitaleinlagen in Zweckverbänden oder anderen kommunalen Zusammenschlüssen							
3.3. Ausleihungen							
3.4. Wertpapiere							
insgesamt							

Kapitel 11 Jahresabschluss

Die Vermögensübersicht ist eine Ergänzung zur Bilanz (Anlage 10) und stellt die Entwicklung der wesentlichen Vermögenspositionen auf der Aktivseite in der Bilanz dar.

Schuldenübersicht

Art der Schulden	am 01.01. des Wirtschaftsjahres[1]	zum 31.12. des Wirtschaftsjahres	davon Tilgungszahlungen mit einem Zahlungsziel			Mehr (+) weniger (–)[5]
			bis zu 1 Jahr[2]	über 1 bis 5 Jahre[3]	mehr als 5 Jahre[4]	
			EUR			
1	2	3	4	5	6	7
1. Anleihen						
2. Verbindlichkeiten aus Krediten für Investitionen						
2.1. Bund						
2.2. Land						
2.3. Gemeinden und Gemeindeverbände						
davon Kernhaushalt						
2.4. Zweckverbände und dergleichen						
2.5. Kreditinstitute						
2.6. sonstige Bereiche						
3. Kassenkredite						
4. Verbindlichkeiten aus kreditähnlichen Rechtsgeschäften						
Gesamtschulden						

Die Schuldenübersicht ist eine Ergänzung zur Passivseite der Bilanz, in welcher die Entwicklung der Kreditverbindlichkeiten dargestellt wird.

11.4.2 Lagebericht

Für die Inhalte des Lageberichts wird ebenfalls auf das jeweils originäre Recht verwiesen. Für Eigenbetriebe, die nach den Regelungen der Kommunalen Doppik geführt werden, gilt **§ 54 GemHVO**; für Eigenbetriebe, die nach den Regelungen des HGB geführt werden, gilt **§ 289 HGB**.
Der Lagebericht hat für beide Verordnungen die Aufgabe, die Zahlenwerke des Abschlusses zu verdichten sowie in sachlicher und zeitlicher Hinsicht aus der Sicht der Unternehmensführung zu ergänzen. Neben Informationen über den vergangenen Geschäftsverlauf einschließlich der ursächlichen Ereignisse und der gegenwärtigen wirtschaftlichen Lage veröffentlicht die Unternehmensführung im Lagebericht vor allem **Prognosen** zur voraussichtlichen Geschäftsentwicklung einschließlich künftiger **Chancen und Risiken**.
Im Lagebericht nach § 54 Abs. 2 GemHVO sollen insbes.
1. die Ziele und Strategien,
2. Angaben über den Stand der kommunalen Aufgabenerfüllung,

3. Vorgänge von besonderer Bedeutung, die nach dem Schluss des Haushaltsjahres eingetreten sind,
4. zu erwartende positive Entwicklungen und mögliche Risiken von besonderer Bedeutung,
5. die Entwicklung und Deckung der Fehlbeträge und
6. die Entwicklung der verbindlich vorgegebenen Kennzahlen

dargestellt und erläutert werden.

Im **Lagebericht nach § 289 Abs. 1 HGB** sind der Geschäftsverlauf einschließlich des Geschäftsergebnisses und die Lage des Eigebetriebs so darzustellen, dass ein den **tatsächlichen Verhältnissen entsprechendes Bild** vermittelt wird. Er hat eine ausgewogene und umfassende, dem Umfang und der Komplexität der Geschäftstätigkeit entsprechende Analyse des Geschäftsverlaufs und der Lage des Eigenbetriebs zu enthalten. In die Analyse sind die für die Geschäftstätigkeit bedeutsamsten finanziellen Leistungsindikatoren einzubeziehen und unter Bezugnahme auf die im Jahresabschluss ausgewiesenen Beträge und Angaben zu erläutern. Ferner ist im Lagebericht die voraussichtliche Entwicklung mit ihren wesentlichen Chancen und Risiken zu beurteilen und zu erläutern; zugrunde liegende Annahmen sind anzugeben. Der DRS 20 gibt weitere Hinweise zu den Inhalten eines HGB-Lageberichts[28].

Die bisherigen ergänzenden Vorgaben, welche Angaben im Lagebericht zu machen sind, sind entbehrlich, weil diese teilweise im Anhang nach §§ 284 und 285 HGB auszuführen sind, bzw. bereits über die Regelungen in § 289 HGB enthalten sind.

11.4.3 Kennzahlen

Für jeden Eigenbetrieb ist ein „**Kennzahlenset**" von steuerungsrelevanten Kennzahlen (Finanz- und Leistungskennzahlen) festzulegen. Um eine **Vergleichbarkeit** im Zeitablauf zu gewährleisten, sind grundsätzlich jedes Jahr dieselben Kennzahlen darzustellen. Anpassungen können im Ausnahmefall beispielsweise bei geänderten Steuerungsbedürfnissen oder Veränderungen des Tätigkeitsumfanges vorgenommen werden. Kennzahlen können bei der Beurteilung der dauernden Leistungsfähigkeit unterstützen und dazu beitragen, die künftige Entwicklung des Eigenbetriebs zu prognostizieren und ggf. die richtigen Fragen zu stellen.

Es empfiehlt sich, sich auf **maximal 5–7 Kennzahlen** zu beschränken. Enthält der Eigenbetrieb mehrere Betriebssparten, so empfiehlt sich, Kennzahlen je Betriebssparte darzustellen.

11.5 Feststellung des Jahresabschlusses und Behandlung des Jahresergebnisses (§ 13 EigBVO)

Das bisherige Formblatt 9 (Anlage 9 zu § 12 EigBVO a. F.) wird ersetzt durch die Muster in der **Anlage 16 EigBVO-Doppik** bzw. in der **Anlage 9 EigBVO-HGB**.

---

28 https://www.drsc.de/app/uploads/2017/02/120928_DRS_20_near-final.pdf, zuletzt abgerufen am 7.4.2022

Kapitel 11   Jahresabschluss

Grundlage für die neuen Beschlussmuster ist Anlage 20 der VwV-Produkt- und Kontenrahmen (Feststellungsbeschluss des Jahresabschlusses nach § 95b Abs. 1 GemO). Anlage 20 der VwV-Produkt- und Kontenrahmen wurde vereinfacht und an die praktischen Bedürfnisse angepasst, sodass die neuen Muster grundsätzlich bei beiden Varianten angewendet werden können. Die Muster unterscheiden sich lediglich in der Bezeichnung der Nr. 2.1.

Anders als bei Anlage 20 der VwV-Produkt- und Kontenrahmen ist im Feststellungsbeschluss des Gemeinderats für den Eigenbetrieb noch dessen Bezeichnung anzugeben, da Gemeinden mehrere Eigenbetriebe führen können.

Beim „Jahresüberschuss/Jahresfehlbetrag" handelt es sich um das Ergebnis aus der Erfolgsrechnung (Ergebnisrechnung bei Eigenbetrieben, die nach der Kommunalen Doppik geführt werden, Gewinn- und Verlustrechnung bei Eigenbetrieben, die nach den Regelungen des HGB geführt werden). Um die Finanzbeziehungen zwischen Gemeinde/Kernhaushalt transparent darzustellen, sind die **Vorauszahlungen der Gemeinde auf die spätere Fehlbetragsabdeckung** und ggf. die **Vorauszahlungen an die Gemeinde auf die spätere Überschussabführung** wie im Erfolgsplan und in der Erfolgsrechnung **nachrichtlich** gesondert auszuweisen.

11.5.1 Behandlung des Jahresergebnisses

Die verschiedenen Möglichkeiten, wie ein Jahresüberschuss oder ein Jahresfehlbetrag behandelt werden kann, entsprechen den Vorgaben im bisherigen Formblatt 9 (Anlage 9 zu § 12 EigBVO a. F.).

Anders als in § 25 GemHVO ist **kein Stufenmodell** oder eine Rang- oder Reihenfolge der verschiedenen Möglichkeiten, wie ein Jahresüberschuss oder ein Jahresfehlbetrag behandelt werden kann, im Eigenbetriebsrecht vorgegeben. Die Möglichkeiten stehen gleichberechtigt nebeneinander. Bei der Entscheidung/Beschlussfassung des Gemeinderats sind jedoch stets die **Belange beziehungsweise die Situation der Gemeinde** und des Eigenbetriebs zu berücksichtigen (§ 12 Abs. 1 Satz 2 und Abs. 2 Sätze 1 und 2 EigBG).

11.5.2 Verwendung des Jahresüberschusses/Behandlung des Jahresfehlbetrags

Verwendung des Jahresüberschusses:
a) Verrechnung mit Verlustvortrag
b) Einstellung in Rücklagen
c) Abführung an den Haushalt der Gemeinde
d) Vortrag auf neue Rechnung

Behandlung des Jahresfehlbetrags:
a) Verrechnung mit Gewinnvortrag
b) Entnahme aus Rücklagen
c) Ausgleich aus dem Haushalt der Gemeinde
d) Vortrag auf neue Rechnung

11.5.2.1 Behandlung Übernahme Jahresverlust

Wie bereits unter 7.7 dargestellt, sind bei dauerdefizitären Eigenbetrieben unterjährig Vorauszahlungen der Gemeinde auf den geplanten Jahresverlust zu leisten, um die **Zahlungsfähigkeit** des Eigenbetriebs während des Wirtschaftsjahres zu sichern. Diese Vorauszahlungen sind beim Eigenbetrieb **erfolgsneutral** als Verbindlichkeit gegenüber der Gemeinde oder als Einzahlung der Gemeinde in die Kapitalrücklage (siehe Liquiditätsplan) zu buchen.

Der **tatsächliche Verlust** des Eigenbetriebs (Jahresfehlbetrag aus der Erfolgsrechnung) wird in der Jahresabschlussbilanz auf der Passivseite im Eigenkapital bei der Position V. Jahresfehlbetrag ausgewiesen. Wird mit dem Beschluss des Gemeinderats über die Behandlung des Jahresergebnisses die Übernahme des Fehlbetrags durch die Gemeinde beschlossen, so erfolgt eine **Verrechnung des Jahresfehlbetrags mit der Kapitalrücklage**, da die unterjährigen Vorauszahlungen der Gemeinde bereits in der Kapitalrücklage verbucht werden.

Da der **tatsächliche Jahresfehlbetrag** nicht exakt mit den von der Gemeinde geleisteten Vorauszahlungen übereinstimmen wird, muss ggf. über die Differenz (Fehlbetrag oder Überschuss nach Ausgleich mit der Kapitalrücklage) entschieden werden. Auch hier stehen dann die Möglichkeiten nach 11.5.2 zur Verfügung.

11.5.2.2 Behandlung einer Ergebnisabführung

Der tatsächliche **Überschuss** des Eigenbetriebs (Jahresüberschuss aus der Erfolgsrechnung) wird in der Jahresabschlussbilanz auf der Passivseite im Eigenkapital bei der Position V. Jahresüberschuss ausgewiesen. In der Praxis werden die Fälle von unterjährigen Vorauszahlungen des Eigenbetriebs auf einen geplanten Jahresüberschuss eher die Ausnahme sein. Üblicherweise wird erst mit dem Jahresabschluss unter Berücksichtigung des § 12 Abs. 2 EigBG (Erhalt des Sondervermögens) endgültig über die **Verwendung des Überschusses** und ggf. einer Abführung an den Haushalt der Gemeinde entschieden. Eine Gewinnabführung an die Gemeinde wird dann im Liquiditätsplan bzw. der Liquiditätsrechnung als Auszahlung aus Eigenkapitalherabsetzungen abgebildet.

11.6 Bilanz

11.6.1 Pflicht zur Bilanzerstellung

Mit jedem Jahresabschluss ist auch eine Jahresabschlussbilanz zu erstellen, die entsprechend den Mustern in den Anlagen 6 (EigBVO-HGB) und 10 (EigBVO-Doppik) aufgestellt werden muss. Mit jedem Jahresabschluss wird die Bilanz des Vorjahres fortgeschrieben.

11.6.2 Exkurs: Steuerbilanz

Die Steuerbilanz ist die Darstellung des Gewinns eines Unternehmens, durch den Steuern fällig werden. Die Steuerbilanz kommt also nur für **steuerpflichtige Eigenbetriebe** in Betracht. Die Regelungen zur Erstellung einer Steuerbilanz sind in den §§ 4–7 EStG festgelegt. Außerdem definiert der § 60 EST-DVO

Kapitel 11 — Jahresabschluss

(Einkommensteuer Durchführungsverordnung) die Steuerbilanz als „eine den steuerlichen Vorschriften entsprechende Bilanz". Sie wird nach Erstellung mit der Steuererklärung an das zuständige Finanzamt weitergeleitet, wo die Höhe der Steuern berechnet wird.

Die Steuerbilanz **ersetzt nicht** die Handelsbilanz, sondern wird ergänzend für das Finanzamt erstellt, aber aus der Handelsbilanz abgeleitet („Maßgeblichkeitsprinzip").

12 Jahresabschlussprüfung

12.1 Zweck der Prüfung

Die Prüfung soll dem Gemeinderat bei der Feststellung des Jahresabschlusses dazu dienen, die **Ordnungsmäßigkeit und Richtigkeit** beurteilen zu können. Durch die Pflicht zur örtlichen Prüfung (siehe 12.3) wird der Gemeinderat in seiner Kontrollfunktion entlastet.
Eigenbetriebe unterliegen nicht der Pflicht zur Jahresabschlussprüfung nach den §§ 316 ff. HGB. Allerdings ist zu beachten, dass **Energie- und Gasversorger** in der Rechtsform des Eigenbetriebs bundesrechtlich zur Durchführung einer Jahresabschlussprüfung verpflichtet sind (§ 6b EnWG)[29].

12.2 Zeitpunkt

Nach § 16 Abs. 2 EigBG sind der Jahresabschluss und der Lagebericht **innerhalb von sechs Monaten** nach Ende des Wirtschaftsjahres aufzustellen und dem Bürgermeister vorzulegen. Bei Gemeinden mit einer örtlichen Prüfung (§ 109 GemO) leitet der Bürgermeister diese Unterlagen unverzüglich der Prüfungseinrichtung zur örtlichen Prüfung (§ 111 GemO) zu. Die Prüfung soll innerhalb eines Zeitraums von **vier Monaten** abgeschlossen werden (§ 111 Abs. 1 Satz 2 GemO), so dass der Beschluss des Gemeinderats über die Feststellung des Jahresabschlusses **innerhalb eines Jahres** nach Ende des Wirtschaftsjahres gefasst werden kann (§ 16 Abs. 3 Satz 2 EigBG).

12.3 Örtliche Prüfung[30]

§ 111 Abs. 1 GemO regelt die **örtliche Prüfung** der Jahresabschlüsse der Eigenbetriebe. Eine örtliche Prüfung kann nur in den Gemeinden stattfinden, die ein eigenes Rechnungsprüfungsamt haben. Dies sind nach § 109 Abs. 1 GemO insbes. die Stadtkreise und Großen Kreisstädte.
Geprüft wird der nach § 16 Abs. 1 EigBG aufgestellte Jahresabschluss (Bilanz, Erfolgsrechnung, Liquiditätsrechnung und Anhang). Die Prüfung erfolgt in entsprechender Anwendung des § 110 Abs. 1 GemO und des § 13 Abs. 1 GemPrO. Demnach ist zu prüfen, ob
1. bei den Erträgen, Aufwendungen, Einzahlungen und Auszahlungen sowie bei der Vermögens- und Schuldenverwaltung nach dem Gesetz und den bestehenden Vorschriften verfahren worden ist,
2. die einzelnen Rechnungsbeträge sachlich und rechnerisch in vorschriftsmäßiger Weise begründet und belegt sind,
3. der Haushaltsplan eingehalten worden ist und

---

[29] Siehe auch Hafner, S. 218, RdNr. 14
[30] Siehe auch den sehr guten Kommentar zu § 111 GemO in: Kunze/Bronner/Katz, Gemeindeordnung für Baden-Württemberg, Kommentar; Kohlhammer

4. das Vermögen sowie die Schulden und Rückstellungen richtig nachgewiesen worden sind.

Der **Umfang** der Prüfung ist detailliert in § **11 GemPrO** geregelt.

Es handelt sich insgesamt um eine eher **förmliche Prüfung** auf sachliche und rechnerische Richtigkeit der in Bilanz, Erfolgsrechnung und Liquiditätsrechnung dargestellten Zahlen.

12.4 Überörtliche Prüfung

Prüfungsbehörde für Gemeinden bis 4.000 Einwohner sind die **Landratsämter**, für Gemeinden mit mehr als 4.000 Einwohner ist es die **Gemeindeprüfungsanstalt** (§ 113 Abs. 1 GemO).

Die überörtliche Prüfung erstreckt sich nach § 114 Abs. 1 GemO „darauf, ob bei der Haushalts-, Kassen- und Rechnungsführung, der Wirtschaftsführung und dem Rechnungswesen sowie der Vermögensverwaltung der Gemeinde sowie ihrer Sonder- und Treuhandvermögen die **gesetzlichen Vorschriften** eingehalten worden sind. Bei der Prüfung sind vorhandene Ergebnisse der örtlichen Prüfung des Jahresabschlusses und des Gesamtabschlusses (§ 110), **der Jahresabschlüsse der Eigenbetriebe**, Sonder- und Treuhandvermögen (§ 111) und einer **Jahresabschlussprüfung** zu berücksichtigen."

Die überörtliche Prüfung soll **innerhalb von vier Jahren** nach Ende des Haushaltsjahres unter Einbeziehung sämtlicher vorliegender Jahresabschlüsse, Gesamtabschlüsse und **Jahresabschlüsse der Eigenbetriebe**, Sonder- und Treuhandvermögen vorgenommen werden (§ 114 Abs. 3 Satz 1 GemO).

12.5 Jahresabschlussprüfung durch Wirtschaftsprüfer

Bis 1999 war es vorgeschrieben, bei wirtschaftlichen Unternehmen, die als Eigenbetrieb geführt werden, eine Jahresabschlussprüfung durch einen Wirtschaftsprüfer durchzuführen. Die Jahresabschlussprüfung durch Wirtschaftsprüfer gehen über den Standard der §§ 111 und 110 GemO i. V. m. § 11 GemPrO hinaus[31].

> **Praxistipp:** Insbesondere bei Gemeinden ohne eigenes Rechnungsprüfungsamt sollte eine Jahresabschlussprüfung durch einen Wirtschaftsprüfer beauftragt werden. **Eine Pflicht zur Jahresabschlussprüfung** besteht wie unter 12.1 erwähnt bei Energieversorger (Strom, Gas) nach § 6b EnWG.

12.6 Erweiterung des Prüfungsauftrags bei der örtlichen Prüfung

Wie unter 12.3 dargestellt, handelt es sich bei der örtlichen Prüfung um eine formale Prüfung der Rechtmäßigkeit und Ordnungsmäßigkeit. Es empfiehlt sich

---

31 Siehe Hafner, S. 218–220, RdNr. 15 und 16

insbes. bei größeren Gemeinden und Städten, den Prüfungsauftrag in Anlehnung an den IDW-Prüfungsstandard PS 720 zu erweitern.
Grundlage für eine **vertiefte Analyse** des Jahresabschlusses ist neben der Erfolgs- und Liquiditätsrechnung sowie der Jahresabschlussbilanz der von der Betriebsleitung erstellte Lagebericht (siehe 11.4.2). Geprüft wird, ob dieser Lagebericht plausibel ist und die von der Betriebsleitung im Lagebericht dargelegten Einschätzungen zutreffend sind. Insbesondere sollten auch die **Prognosen** zur Geschäftsentwicklung einschließlich künftiger **Chancen und Risiken** kritisch gewürdigt werden.
Durch die Neuregelung des § 12 EigBVO-HGB und -Doppik, wonach künftig Kennzahlen nach den individuellen Steuerungsbedürfnissen zu ermitteln, darzustellen und fortzuschreiben sind, können solche Kennzahlen und ihre Entwicklung auch in der Jahresabschlussprüfung aufgegriffen und kritisch gewürdigt werden (siehe auch 11.4.3).
Auch die Erweiterung der Prüfung um die Anforderungen nach **§ 53 HGrG**, die bei der Prüfung von Unternehmen in Privatrechtsform zur Anwendung kommen, würde die Qualität der Jahresabschlussprüfung steigern.

13 Exkurs: Anwendung des Eigenbetriebsrechts bei Zweckverbänden und Beteiligungsunternehmen

13.1 Zweckverbände und Eigenbetriebsrecht

Für die Zweckverbände gilt das Gesetz über die Kommunale Zusammenarbeit (GKZ).
Zweckverbände können ihr Rechnungswesen entweder nach der
- GemHVO (§ 18 GKZ) – Regelungen wie im Kernhaushalt,
- EigBVO-HGB (§ 20 GKZ) oder
- EigBVO-Doppik (§ 20 GKZ)

führen. Es ist in der **Verbandssatzung** zu regeln, welche Vorschriften zum Rechnungswesen und der Wirtschaftsführung zur Anwendung kommen sollen.
Die Finanzierung von Zweckverbänden erfolgt i. d. R. über **Verbandsumlagen** (§ 19 GKZ). Bei Zweckverbänden, die ihre Aufwendungen nicht durch eigene Erträge decken können, kann auch festgelegt werden, dass eine **Betriebskostenumlage** erhoben wird. Dabei handelt es sich – anders als bei einem Verlustausgleich bei dauerdefizitären Eigenbetrieben – um einen betrieblichen Ertrag, der im Erfolgsplan veranschlagt und gebucht wird.

13.2 Anwendung des Eigenbetriebsrechts bei kommunalen Beteiligungsunternehmen

Bei Unternehmen in einer privaten Rechtsform (GmbH, AG) gilt grundsätzlich das Handels- und Gesellschaftsrecht (HGB, GmbHG, AktG etc.). Im HGB, als dem maßgeblichen Gesetz für das Rechnungswesen privater Unternehmen, finden sich allerdings keine Regelungen zur Wirtschaftsplanung.
In § 103 Abs. 1 Nr. 5 a) GemO ist geregelt, dass die Kommunen bei Gesellschaften mit kommunaler Mehrheit, durch Regelung im **Gesellschaftsvertrag** sicherstellen müssen, dass *„in sinngemäßer Anwendung der für Eigenbetriebe geltenden Vorschriften für jedes Wirtschaftsjahr ein Wirtschaftsplan aufgestellt und der Wirtschaftsführung eine fünfjährige Finanzplanung zugrunde gelegt wird…"*.
Dies bedeutet, dass die Planung des Wirtschaftsplans analog den Regelungen im EigBG bzw. der EigBVO-HGB zu erfolgen hat.
Bei **mittelbaren Beteiligungen** („Enkel") gelten die Regelungen des Eigenbetriebsrechts nicht (kein Verweis in § 105a GemO auf den § 103 Abs. 1 Nr. 5 GemO). Dennoch empfiehlt sich, auch dort die Planungsregelungen der EigBVO-HGB anzuwenden (durch Regelung im Gesellschaftsvertrag).

13.3 Beteiligungsmanagement

Kommunale Selbstverwaltung bedeutet, dass **alle kommunalen Leistungsbereiche** in ihrer Gesamtheit in die von der Kommune gewollte Richtung **gesteuert** werden – unabhängig davon, ob sie innerhalb der Verwaltung und des Haushalts oder als Beteiligungen verselbstständigt mit eigenen Wirtschaftsplänen geführt werden. Die Steuerung der Beteiligungen ist damit Bestandteil der Gesamtsteuerung der Kommune[32].
Unter einer Beteiligung sind insbes. Beteiligungen an rechtlich selbstständigen Organisationsformen (Kapitalgesellschaften, Zweckverbände, Kommunalanstalten) zu verstehen. **Formal** handelt es sich bei einem Eigenbetrieb um **keine Beteiligung**, da der Eigenbetrieb rechtlich unselbstständig und als Sondervermögen Teil des Gemeindevermögens ist. Die Bildung von Eigenbetrieben führt aber dazu, dass kommunale Aufgaben außerhalb des Kernhaushalts mit eigenem Wirtschaftsplan, eigenem Jahresabschluss und eigener Bilanz abgebildet werden. In Kommunen mit mehreren ausgegliederten Aufgabenbereichen empfiehlt es sich deshalb, eine **Beteiligungsverwaltung** (i. d. R. bei der Kämmerei) zu implementieren, in welcher sichergestellt wird, dass diese ausgegliederten Aufgaben i. S. der Gesamtstrategie der Kommune gesteuert werden.
Zu diesem Thema steht ausreichend gute Fachliteratur zur Verfügung.[33]

---

[32] https://www.kgst.de/beteiligungsmanagement, zuletzt abgerufen am 28.3.2022
[33] Z.B. KGSt-Bericht B3/2012 „Steuerung kommunaler Beteiligungen" oder Deutscher Städtetag „Gute Unternehmenssteuerung" https://www.staedtetag.de/files/dst/docs/Publikationen/Weitere-Publikationen/Archiv/steuerung-staedtische-beteiligungen-positionspapier-2017.pdf, zuletzt abgerufen am 28.3.2022 sowie weitere Fachbücher

14 Nachwort

Der Autor war als Vertreter des Städtetags Baden-Württemberg Mitglied der Arbeitsgruppe zur Novellierung des Eigenbetriebsrechts beim Innenministerium Baden-Württemberg und hat viele Jahre sowohl als Lehrbeauftragter an der Hochschule für öffentliche Verwaltung in Ludwigsburg Eigenbetriebsrecht gelehrt, als auch bei den Verwaltungs- und Wirtschaftsakademien in Stuttgart und Karlsruhe Seminare zum Eigenbetriebsrecht gegeben. Als Mitarbeiter in der Haushaltsabteilung der Stadtkämmerei Stuttgart und als Kämmerer der Stadt Ludwigsburg hat er vielfältige praktische Erfahrungen im Umgang mit Eigenbetrieben gemacht. Gleichwohl nimmt er für sich nicht in Anspruch, allwissend zu sein und schließt nicht aus, dass der Leitfaden noch inhaltliche Mängel oder gar Fehler enthalten könnte. Zum Zeitpunkt der Erstellung dieses Leitfadens liegen zudem noch keine großen praktischen Erfahrungen mit dem neuen Eigenbetriebsrecht vor. Der Autor ist deshalb für Rückmeldungen zur Frage der Tauglichkeit für die Praxis dankbar und nimmt unter der unten angegebenen E-Mail-Adresse auch gerne Anregungen zur Verbesserung entgegen.

Ich danke den Kollegen/Kolleginnen, die das Skript kritisch durchgesehen und mir für die Endredaktion wertvolle Hinweise gegeben haben: Frau Petra Betz und Frau Cathrin Stehr (Stadt Ludwigsburg), Frau Birgit Strohbach (Stadt Esslingen), Frau Ulla Elschner (Stadt Göppingen), Frau Gabi Kopp (ehemals Stadt Böblingen), Herr Klaus Zisler (Stadt Stuttgart), Herr Thomas Schabsky (Stadt Schorndorf), Herr Ingo Wörner (Gemeindetag Baden-Württemberg) und Herr Dr. Martin Schelberg (Regierungspräsidium Stuttgart).

Ludwigsburg, Mai 2022
Ulrich Kiedaisch
u.kiedaisch@kabelbw.de

15 Anlagen

15.1 Literaturhinweise
15.2 Anzuwendende Vorschriften der Gemeindeordnung und der Gemeindehaushaltsverordnung
    15.2.1 Anzuwendende Regelungen der Gemeindeordnung
    15.2.2 Anzuwendende Regelungen der Gemeindehaushaltsverordnung
15.3 Eigenbetriebsgesetz für Baden-Württemberg
15.4 Eigenbetriebsverordnung-HGB
15.5 Eigenbetriebsverordnung-Doppik
15.6 Synopse der beiden Eigenbetriebsverordnungen
15.7 Beispiel einer Betriebssatzung
15.8 Beispiel einer Regelung zur Wahrung der Einheitlichkeit in der Verwaltung

15.1 Literaturhinweise

Ade, Klaus/Böhmer, Roland/Brettschneider, Dieter/u. a.:
Kommunales Wirtschaftsrecht in Baden-Württemberg, Richard Boorberg Verlag, 8. Auflage, Stuttgart 2011. Neuauflage ist vom Verlag bis Ende Mai 2022 angekündigt.
Gemeindeprüfungsanstalt Baden-Württemberg (GPA):
Geschäfts- und Kommunalfinanzbericht 2014, Info Verlag GmbH, Karlsruhe 2014.
Zitiert als „GPA-Bericht 2014".
https://www.gpabw.de/fileadmin/user_upload/pdf/Geschaefts_und_Kommunalfinanzberichte/gpa_kfb_2014.pdf
Gesetz zur Änderung des Eigenbetriebsgesetzes, des Gesetzes über kommunale Zusammenarbeit und der Gemeindeordnung
GBL. vom 25. Juni 2020, S. 443 ff.
Siehe hierzu auch den Gesetzesentwurf der Landesregierung Drucksache 16/8012 mit Begründung
https://im.baden-wuerttemberg.de/fileadmin/redaktion/m-im/intern/dateien/pdf/20201023_Gesetzentwurf_EigBG_mit_Begründung.pdf
Begründung zur Verordnung des Innenministeriums über die Wirtschaftsführung und das Rechnungswesen der Eigenbetriebe auf Grundlage des Handelsgesetzbuchs und der Kommunalen Doppik sowie zur Änderung der Gemeindehaushaltsverordnung und der Krankenhausrechnungsverordnung vom 1. Oktober 2020.
https://im.baden-wuerttemberg.de/fileadmin/redaktion/m-im/intern/dateien/pdf/20201023_Begründung_EigBVO_GemHVO_KrHRVO.pdf
Hafner, Wolfgang:
Gesetz über die Eigenbetriebe der Gemeinden in Baden-Württemberg (EigBG), Carl Link Kommunalverlag, Köln 2018.
Kiedaisch, Ulrich:
Änderung des Eigenbetriebsgesetzes, Die Fundstelle Baden-Württemberg 16/2020, Boorberg
Kiedaisch, Ulrich:
Die neuen Eigenbetriebsverordnungen, Die Fundstelle Baden-Württemberg 1 und 2/2021, Boorberg

Kapitel 15 — Anlagen

Kunze/Bronner/Katz
Gemeindeordnung für Baden-Württemberg, Kommentar, Verlag W. Kohlhammer
Dr. Schelberg, Martin:
Die Novellierung des Eigenbetriebsrechts in Baden-Württemberg, Der Gemeindehaushalt, Verlag W. Kohlhammer

15.2 Anzuwendende Regelungen der Gemeindeordnung und der Gemeindehaushaltsverordnung

15.2.1 Anzuwendende Regelungen der Gemeindeordnung

Über § 12 Abs. 4 EigBG werden bestimmte Regelungen der Gemeindeordnung angewendet:

(4) Für das Sondervermögen gelten aus dem Dritten Teil, 1. Abschnitt der Gemeindeordnung § 77 Absätze 1 und 2, §§ 78, 81 Absatz 2, §§ 83, 86 und § 87 Absatz 1 mit der Maßgabe, dass Kredite auch für die Rückführung von Eigenkapital an die Gemeinde aufgenommen werden dürfen, § 87 Absätze 2 bis 6, §§ 88, 89, 91 und 92 entsprechend.

Gemeindeordnung für Baden-Württemberg (Gemeindeordnung – GemO)

vom 24. Juli 2000, zuletzt geändert durch Artikel 2 des Gesetzes vom 2. Dezember 2020 (GBl. S. 1095, 1098)
– Auszug –

§ 77 Allgemeine Haushaltsgrundsätze

(1) Die Gemeinde hat ihre Haushaltswirtschaft so zu planen und zu führen, dass die stetige Erfüllung ihrer Aufgaben gesichert ist. Dabei ist den Erfordernissen des gesamtwirtschaftlichen Gleichgewichts grundsätzlich Rechnung zu tragen.
(2) Die Haushaltswirtschaft ist sparsam und wirtschaftlich zu führen.
(3) ...

§ 78 Grundsätze der Erzielung von Erträgen und Einzahlungen

(1) Die Gemeinde erhebt Abgaben nach den gesetzlichen Vorschriften.
(2) Die Gemeinde hat die zur Erfüllung ihrer Aufgaben erforderlichen Erträge und Einzahlungen
1. soweit vertretbar und geboten aus Entgelten für ihre Leistungen,
2. im Übrigen aus Steuern
zu beschaffen, soweit die sonstigen Erträge und Einzahlungen nicht ausreichen. Sie hat dabei auf die wirtschaftlichen Kräfte ihrer Abgabepflichtigen Rücksicht zu nehmen.
(3) Die Gemeinde darf Kredite nur aufnehmen, wenn eine andere Finanzierung nicht möglich ist oder wirtschaftlich unzweckmäßig wäre.

(4) Die Gemeinde darf zur Erfüllung ihrer Aufgaben nach § 1 Abs. 2 Spenden, Schenkungen und ähnliche Zuwendungen einwerben und annehmen oder an Dritte vermitteln, die sich an der Erfüllung von Aufgaben nach § 1 Abs. 2 beteiligen. Die Einwerbung und die Entgegennahme des Angebots einer Zuwendung obliegen ausschließlich dem Bürgermeister sowie den Beigeordneten. Über die Annahme oder Vermittlung entscheidet der Gemeinderat. Die Gemeinde erstellt jährlich einen Bericht, in welchem die Geber, die Zuwendungen und die Zuwendungszwecke anzugeben sind, und übersendet ihn der Rechtsaufsichtsbehörde.

§ 81 Erlass der Haushaltssatzung

(1) ...

(2) Die vom Gemeinderat beschlossene Haushaltssatzung ist der Rechtsaufsichtsbehörde vorzulegen; sie soll ihr spätestens einen Monat vor Beginn des Haushaltsjahres vorliegen.

(3) ...

§ 83 Vorläufige Haushaltsführung

(1) Ist die Haushaltssatzung bei Beginn des Haushaltsjahres noch nicht erlassen, darf die Gemeinde
1. finanzielle Leistungen nur erbringen, zu denen sie rechtlich verpflichtet ist oder die für die Weiterführung notwendiger Aufgaben unaufschiebbar sind; sie darf insbesondere Bauten, Beschaffungen und sonstige Leistungen des Finanzhaushalts, für die im Haushaltsplan eines Vorjahres Beträge vorgesehen waren, fortsetzen,
2. Steuern, deren Sätze nach § 79 Abs. 2 Nr. 5 festgesetzt werden, vorläufig nach den Sätzen des Vorjahres erheben und
3. Kredite umschulden.

(2) Reichen die Finanzierungsmittel für die Fortsetzung von Bauten, Beschaffungen und sonstigen Leistungen des Finanzhaushalts nach Absatz 1 Nr. 1 nicht aus, darf die Gemeinde mit Genehmigung der Rechtsaufsichtsbehörde Kredite für Investitionen und Investitionsförderungsmaßnahmen bis zu einem Viertel des durchschnittlichen Betrags der Kreditermächtigungen für die beiden Vorjahre aufnehmen. § 87 Abs. 2 Satz 2 gilt entsprechend.

(3) Der Stellenplan des Vorjahres gilt weiter, bis die Haushaltssatzung für das neue Jahr erlassen ist.

§ 86 Verpflichtungsermächtigungen

(1) Verpflichtungen zur Leistung von Auszahlungen für Investitionen und Investitionsförderungsmaßnahmen in künftigen Jahren dürfen unbeschadet des Absatzes 5 nur eingegangen werden, wenn der Haushaltsplan hierzu ermächtigt.

(2) Die Verpflichtungsermächtigungen dürfen zu Lasten der dem Haushaltsjahr folgenden drei Jahre veranschlagt werden, erforderlichenfalls bis zum Abschluss einer Maßnahme; sie sind nur zulässig, wenn ihre Finanzierung in künftigen Haushalten möglich ist.

(3) Die Verpflichtungsermächtigungen gelten weiter, bis die Haushaltssatzung für das folgende Jahr erlassen ist. In einer Haushaltssatzung für zwei Haushaltsjahre

Kapitel 15

kann bestimmt werden, dass nicht in Anspruch genommene Verpflichtungsermächtigungen des ersten Haushaltsjahres weiter bis zum Erlass der nächsten Haushaltssatzung gelten.

(4) Der Gesamtbetrag der Verpflichtungsermächtigungen bedarf im Rahmen der Haushaltssatzung insoweit der Genehmigung der Rechtsaufsichtsbehörde, als in den Jahren, zu deren Lasten sie veranschlagt sind, Kreditaufnahmen vorgesehen sind.

(5) Verpflichtungen im Sinne des Absatzes 1 dürfen überplanmäßig oder außerplanmäßig eingegangen werden, wenn ein dringendes Bedürfnis besteht und der in der Haushaltssatzung festgesetzte Gesamtbetrag der Verpflichtungsermächtigungen nicht überschritten wird.

§ 87 Kreditaufnahmen

(1) ...

(2) Der Gesamtbetrag der vorgesehenen Kreditaufnahmen für Investitionen und Investitionsförderungsmaßnahmen sowie für die Ablösung von inneren Darlehen nach Absatz 1 Satz 2 bedarf im Rahmen der Haushaltssatzung der Genehmigung der Rechtsaufsichtsbehörde (Gesamtgenehmigung). Die Genehmigung soll unter dem Gesichtspunkt einer geordneten Haushaltswirtschaft erteilt oder versagt werden; sie kann unter Bedingungen erteilt und mit Auflagen verbunden werden. Sie ist in der Regel zu versagen, wenn die Kreditverpflichtungen mit der dauernden Leistungsfähigkeit der Gemeinde nicht im Einklang stehen.

(3) Die Kreditermächtigung gilt weiter, bis die Haushaltssatzung für das übernächste Jahr erlassen ist.

(4) Die Aufnahme der einzelnen Kredite, deren Gesamtbetrag nach Absatz 2 genehmigt worden ist, bedarf der Genehmigung der Rechtsaufsichtsbehörde (Einzelgenehmigung), sobald nach § 19 des Gesetzes zur Förderung der Stabilität und des Wachstums der Wirtschaft die Kreditaufnahmen beschränkt worden sind. Die Einzelgenehmigung kann nach Maßgabe der Kreditbeschränkungen versagt werden.

(5) Die Begründung einer Zahlungsverpflichtung, die wirtschaftlich einer Kreditaufnahme gleichkommt, bedarf der Genehmigung der Rechtsaufsichtsbehörde. Absatz 2 Satz 2 und 3 gilt entsprechend. Eine Genehmigung ist nicht erforderlich für die Begründung von Zahlungsverpflichtungen im Rahmen der laufenden Verwaltung. Das Innenministerium kann die Genehmigung für Rechtsgeschäfte, die zur Erfüllung bestimmter Aufgaben dienen oder den Haushalt der Gemeinde nicht besonders belasten, allgemein erteilen.

(6) Die Gemeinde darf zur Sicherung des Kredits keine Sicherheiten bestellen. Die Rechtsaufsichtsbehörde kann Ausnahmen zulassen, wenn die Bestellung von Sicherheiten der Verkehrsübung entspricht.

§ 88 Sicherheiten und Gewährleistung für Dritte

(1) Die Gemeinde darf keine Sicherheiten zu Gunsten Dritter bestellen. Die Rechtsaufsichtsbehörde kann Ausnahmen zulassen.

(2) Die Gemeinde darf Bürgschaften und Verpflichtungen aus Gewährverträgen nur zur Erfüllung ihrer Aufgaben übernehmen. Die Rechtsgeschäfte bedürfen der Genehmigung der Rechtsaufsichtsbehörde, wenn sie nicht im Rahmen der laufenden Verwaltung abgeschlossen werden. § 87 Abs. 2 Satz 2 und 3 gilt entsprechend.

(3) Absatz 2 gilt entsprechend für Rechtsgeschäfte, die den in Absatz 2 genannten Rechtsgeschäften wirtschaftlich gleichkommen, insbesondere für die Zustimmung zu Rechtsgeschäften Dritter, aus denen der Gemeinde in künftigen Haushaltsjahren Verpflichtungen zu finanziellen Leistungen erwachsen können.

(4) Das Innenministerium kann die Genehmigung allgemein erteilen für Rechtsgeschäfte, die
1. von der Gemeinde zur Förderung des Städte- und Wohnungsbaus eingegangen werden,
2. den Haushalt der Gemeinde nicht besonders belasten.

§ 89 Liquiditätssicherung

(1) Die Gemeinde hat durch eine Liquiditätsplanung die Verfügbarkeit liquider Mittel für eine rechtzeitige Leistung der Auszahlungen sicherzustellen.

(2) Zur rechtzeitigen Leistung der Auszahlungen kann die Gemeinde Kassenkredite bis zu dem in der Haushaltssatzung festgesetzten Höchstbetrag aufnehmen, soweit für die Kasse keine anderen Mittel zur Verfügung stehen. Die Ermächtigung gilt weiter, bis die Haushaltssatzung für das folgende Jahr erlassen ist.

(3) Der Höchstbetrag der Kassenkredite bedarf im Rahmen der Haushaltssatzung der Genehmigung der Rechtsaufsichtsbehörde, wenn er ein Fünftel der im Ergebnishaushalt veranschlagten ordentlichen Aufwendungen übersteigt.

§ 91 Erwerb und Verwaltung von Vermögen, Wertansätze

(1) Die Gemeinde soll Vermögensgegenstände nur erwerben, wenn dies zur Erfüllung ihrer Aufgaben erforderlich ist.

(2) Die Vermögensgegenstände sind pfleglich und wirtschaftlich zu verwalten und ordnungsgemäß nachzuweisen. Bei Geldanlagen ist auf eine ausreichende Sicherheit zu achten; sie sollen einen angemessenen Ertrag bringen.

(3) Besondere Rechtsvorschriften für die Bewirtschaftung des Gemeindewalds bleiben unberührt.

(4) Vermögensgegenstände sind mit den Anschaffungs- oder Herstellungskosten, vermindert um Abschreibungen, anzusetzen. Verbindlichkeiten sind zu ihrem Rückzahlungsbetrag und Rückstellungen in Höhe des Betrags anzusetzen, der nach vernünftiger Beurteilung notwendig ist.

§ 92 Veräußerung von Vermögen

(1) Die Gemeinde darf Vermögensgegenstände, die sie zur Erfüllung ihrer Aufgaben nicht braucht, veräußern. Vermögensgegenstände dürfen in der Regel nur zu ihrem vollen Wert veräußert werden.

(2) Für die Überlassung der Nutzung eines Vermögensgegenstands gilt Absatz 1 entsprechend.

(3) Will die Gemeinde einen Vermögensgegenstand unter seinem vollen Wert veräußern, hat sie den Beschluss der Rechtsaufsichtsbehörde vorzulegen. Das Innenministerium kann von der Vorlagepflicht allgemein freistellen, wenn die Rechtsgeschäfte zur Erfüllung bestimmter Aufgaben dienen oder ihrer Natur nach regelmäßig wiederkehren oder wenn bestimmte Wertgrenzen oder Grundstücksgrößen nicht überschritten werden.

15.2.2 Anzuwendende Regelungen der Gemeindehaushaltsverordnung

Über **§ 16 beider Eigenbetriebsverordnungen** werden bestimme Regelungen der Gemeindehaushaltsverordnung angewendet:

Die § 10 Absätze 1 und 2, § 12, § 16 Absätze 1 bis 3 und 4 Satz 1, § 26, § 27 Absätze 1, 2, 3 Satz 1 und Absatz 4, §§ 31 bis 33 GemHVO gelten entsprechend.

Verordnung des Innenministeriums über die Haushaltswirtschaft der Gemeinden (Gemeindehaushaltsverordnung – GemHVO)

vom 11. Dezember 2009, zuletzt geändert durch Artikel 3 der Verordnung vom 4. Februar 2021 (GBl. S. 192, 195)
– Auszug –

§ 10 Allgemeine Planungsgrundsätze

(1) Die Erträge und Aufwendungen sind in ihrer voraussichtlichen Höhe in dem Haushaltsjahr zu veranschlagen, dem sie wirtschaftlich zuzurechnen sind. Die Einzahlungen und Auszahlungen sind in Höhe der im Haushaltsjahr voraussichtlich eingehenden oder zu leistenden Beträge zu veranschlagen. Sie sind sorgfältig zu schätzen, soweit sie nicht errechenbar sind.

(2) Die Erträge, Aufwendungen, Einzahlungen und Auszahlungen sind in voller Höhe und getrennt voneinander zu veranschlagen, soweit in dieser Verordnung nichts anderes bestimmt ist.

(3) ...

(4) ...

§ 12 Investitionen

(1) Bevor Investitionen von erheblicher finanzieller Bedeutung beschlossen werden, soll unter mehreren in Betracht kommenden Möglichkeiten durch einen Wirtschaftlichkeitsvergleich unter Einbeziehung der Folgekosten die für die Gemeinde wirtschaftlichste Lösung ermittelt werden.

(2) Auszahlungen und Verpflichtungsermächtigungen für Baumaßnahmen dürfen erst veranschlagt werden, wenn Pläne, Kostenberechnungen und Erläuterungen vorliegen, aus denen die Art der Ausführung, die Kosten der Maßnahme sowie die voraussichtlichen Jahresraten unter Angabe der Kostenbeteiligung Dritter und ein Bauzeitplan im Einzelnen ersichtlich sind. Den Unterlagen ist eine Schätzung der nach Fertigstellung der Maßnahme entstehenden jährlichen Haushaltsbelastungen beizufügen.

(3) Ausnahmen von Absatz 2 sind bei unbedeutenden Maßnahmen zulässig; eine Kostenberechnung muss jedoch stets vorliegen.

§ 16 Weitere Vorschriften für Erträge und Aufwendungen, Einzahlungen und Auszahlungen

(1) Die Rückzahlung zuviel eingegangener Beträge ist bei den Erträgen und Einzahlungen abzusetzen, wenn die Rückzahlung im selben Jahr vorgenommen wird, in dem der Betrag eingegangen ist. In den anderen Fällen sind die Rückzahlungen als Aufwendungen und Auszahlungen zu behandeln.

(2) Die Rückzahlung zuviel ausgezahlter Beträge ist bei den Aufwendungen und Auszahlungen abzusetzen, wenn die Rückzahlung im selben Jahr vorgenommen wird, in dem der Betrag ausgezahlt worden ist. Dasselbe gilt bei periodisch wiederkehrenden Aufwendungen und Auszahlungen, auch wenn die Rückzahlung erst im folgenden Jahr vorgenommen wird. In den anderen Fällen sind die Rückzahlungen als Erträge und Einzahlungen zu behandeln.

(3) Abgaben, abgabenähnliche Entgelte und allgemeine Zuweisungen, die die Gemeinde zurückzuzahlen hat, sind abweichend von Absatz 1 bei den Erträgen und Einzahlungen abzusetzen, auch wenn sie sich auf Erträge und Einzahlungen der Vorjahre beziehen. Dies gilt abweichend von Absatz 2 entsprechend für geleistete Umlagen, die an die Gemeinde zurückfließen; sie sind bei den Aufwendungen und Auszahlungen abzusetzen.

(4) Die Veranschlagung von Personalaufwendungen richtet sich nach den im Haushaltsjahr voraussichtlich besetzten Stellen. ...

(5) ...

§ 26 Überwachung der Erträge, Einzahlungen und Forderungen

Durch geeignete Maßnahmen ist sicherzustellen, dass die der Gemeinde zustehenden Erträge und Einzahlungen vollständig erfasst und Forderungen rechtzeitig eingezogen werden.

§ 27 Bewirtschaftung und Überwachung der Aufwendungen und Auszahlungen

(1) Die Haushaltsansätze sind so zu bewirtschaften, dass sie für die im Haushaltsjahr anfallenden Aufwendungen und Auszahlungen ausreichen; sie dürfen erst dann in Anspruch genommen werden, wenn die Erfüllung der Aufgaben es erfordert.

(2) Über Ansätze für Auszahlungen des Finanzhaushalts darf nur verfügt werden, soweit Deckungsmittel rechtzeitig bereitgestellt werden können. Dabei darf die Finanzierung anderer, bereits begonnener Maßnahmen nicht beeinträchtigt werden.

(3) Die Inanspruchnahme der Haushaltsansätze und der Ermächtigungen für Planabweichungen sind zu überwachen. ...

(4) Absätze 1 und 3 gelten für die Inanspruchnahme von Verpflichtungsermächtigungen entsprechend.

§ 31 Vergabe von Aufträgen

(1) Dem Abschluss von Verträgen über Lieferungen und Leistungen muss eine Öffentliche Ausschreibung oder eine Beschränkte Ausschreibung mit Teilnahmewettbewerb vorausgehen, sofern nicht die Natur des Geschäfts oder besondere Umstände eine Ausnahme rechtfertigen. Teilnahmewettbewerb ist ein Verfahren, bei

dem der öffentliche Auftraggeber nach vorheriger öffentlicher Aufforderung zur Teilnahme eine beschränkte Anzahl von geeigneten Unternehmen nach objektiven, transparenten und nichtdiskriminierenden Kriterien auswählt und zur Abgabe von Angeboten auffordert.

(2) Bei der Vergabe von Aufträgen und dem Abschluss von Verträgen sind die als verbindlich bekannt gegebenen Vergabegrundsätze anzuwenden.

§ 32 Stundung, Niederschlagung und Erlass

(1) Ansprüche dürfen ganz oder teilweise gestundet werden, wenn ihre Einziehung bei Fälligkeit eine erhebliche Härte für den Schuldner bedeuten würde und der Anspruch durch die Stundung nicht gefährdet erscheint. Gestundete Beträge sind in der Regel angemessen zu verzinsen.

(2) Ansprüche dürfen niedergeschlagen werden, wenn
1. zu erwarten ist, dass die Einziehung keinen Erfolg haben wird, oder
2. die Kosten der Einziehung außer Verhältnis zur Höhe des Anspruchs stehen.

(3) Ansprüche dürfen ganz oder zum Teil erlassen werden, wenn ihre Einziehung nach Lage des einzelnen Falles für den Schuldner eine besondere Härte bedeuten würde. Das Gleiche gilt für die Rückzahlung oder Anrechnung von geleisteten Beträgen.

(4) Besondere gesetzliche Vorschriften über Stundung, Niederschlagung und Erlass von Ansprüchen der Gemeinde bleiben unberührt.

§ 33 Kleinbeträge

Die Gemeinde kann davon absehen, Ansprüche von weniger als zehn Euro geltend zu machen, es sei denn, dass die Einziehung aus grundsätzlichen Erwägungen geboten ist; Letzteres gilt insbesondere für Gebühren. Wenn nicht die Einziehung des vollen Betrags aus grundsätzlichen Erwägungen geboten ist, können Ansprüche bis auf volle Euro abgerundet werden. Mit juristischen Personen des öffentlichen Rechts kann im Falle der Gegenseitigkeit etwas anderes vereinbart werden.

15.3   Eigenbetriebsgesetz für Baden-Württemberg

Gesetz über die Eigenbetriebe der Gemeinden (Eigenbetriebsgesetz – EigBG)

vom 8. Januar 1992, zuletzt mehrfach geändert durch Artikel 1 des Gesetzes vom 17. Juni 2020 (GBl. S. 403)

1. ABSCHNITT   Grundsätzliche Bestimmungen

§ 1   Anwendungsbereich

Die Gemeinden können Unternehmen, Einrichtungen und Hilfsbetriebe im Sinne des § 102 Abs. 1 und Abs. 4 Satz 1 Nr. 1 bis 3 der Gemeindeordnung als Eigenbetriebe führen, wenn deren Art und Umfang eine selbständige Wirtschaftsführung rechtfertigen.

§ 2 Zusammenfassung von Unternehmen, Einrichtungen und Hilfsbetrieben

Mehrere Unternehmen, Einrichtungen und Hilfsbetriebe im Sinne des § 1 können zu einem Eigenbetrieb zusammengefasst werden.

§ 3 Rechtsgrundlagen

(1) Für den Eigenbetrieb gelten die Vorschriften der Gemeindeordnung sowie die sonstigen für Gemeinden maßgebenden Vorschriften, soweit in diesem Gesetz oder auf Grund dieses Gesetzes durch Rechtsverordnung nichts anderes bestimmt ist.
(2) Die Rechtsverhältnisse des Eigenbetriebs sind im Rahmen der in Absatz 1 genannten Vorschriften durch Betriebssatzung zu regeln. In ihr sind unbeschadet des § 11 Abs. 1 auch solche Angelegenheiten des Eigenbetriebs zu regeln, die nach der Gemeindeordnung der Hauptsatzung vorbehalten sind. § 4 Abs. 2 der Gemeindeordnung gilt sinngemäß.

2. ABSCHNITT Verfassung und Verwaltung

§ 4 Betriebsleitung

(1) Für den Eigenbetrieb kann eine Betriebsleitung bestellt werden. Die Betriebssatzung kann bestimmen, dass die Betriebsleitung eine andere Bezeichnung führt.
(2) Die Betriebsleitung besteht aus einem oder mehreren Betriebsleitern. Die Betriebsleiter können auch in ein Beamtenverhältnis auf Zeit berufen werden; die Amtszeit beträgt acht Jahre. Der Gemeinderat kann einen Betriebsleiter zum Ersten Betriebsleiter bestellen.
(3) Bei Meinungsverschiedenheiten innerhalb der Betriebsleitung entscheidet der Erste Betriebsleiter, soweit die Betriebssatzung nichts anderes bestimmt. Ist kein Erster Betriebsleiter bestellt, bestimmt die Betriebssatzung, wie bei Meinungsverschiedenheiten zu verfahren ist.
(4) Die Geschäftsverteilung innerhalb der Betriebsleitung regelt der Bürgermeister mit Zustimmung des Betriebsausschusses durch eine Geschäftsordnung.

§ 5 Aufgaben der Betriebsleitung

(1) Die Betriebsleitung leitet den Eigenbetrieb, soweit in diesem Gesetz oder auf Grund dieses Gesetzes nichts anderes bestimmt ist. Ihr obliegt insbesondere die laufende Betriebsführung. Im Rahmen ihrer Zuständigkeit ist sie für die wirtschaftliche Führung des Eigenbetriebs verantwortlich.
(2) In Angelegenheiten des Eigenbetriebs wirkt die Betriebsleitung bei der Vorbereitung der Sitzungen des Gemeinderats und seiner Ausschüsse mit, nimmt an den Sitzungen mit beratender Stimme teil und vollzieht die Beschlüsse des Gemeinderats, seiner Ausschüsse und des Bürgermeisters.

Kapitel 15 — Anlagen

(3) Die Betriebsleitung hat den Bürgermeister über alle wichtigen Angelegenheiten des Eigenbetriebs rechtzeitig zu unterrichten. Sie hat ferner dem Fachbediensteten für das Finanzwesen oder dem sonst für das Finanzwesen der Gemeinde zuständigen Bediensteten (§ 116 der Gemeindeordnung) alle Maßnahmen mitzuteilen, welche die Finanzwirtschaft der Gemeinde berühren. Näheres ist durch Betriebssatzung zu regeln.

§ 6 Vertretungsberechtigung der Betriebsleitung

(1) Die Betriebsleitung vertritt die Gemeinde im Rahmen ihrer Aufgaben. Besteht die Betriebsleitung aus mehreren Betriebsleitern, sind zwei von ihnen gemeinschaftlich vertretungsberechtigt, soweit die Betriebssatzung nichts anderes bestimmt.

(2) Die Betriebsleitung kann Beamte und Arbeitnehmer in bestimmtem Umfang mit ihrer Vertretung beauftragen; in einzelnen Angelegenheiten kann sie rechtsgeschäftliche Vollmacht erteilen. Durch die Betriebssatzung kann bestimmt werden, dass die Beauftragung und die Erteilung rechtsgeschäftlicher Vollmachten der Zustimmung des Bürgermeisters bedürfen.

(3) Die Vertretungsberechtigten zeichnen unter dem Namen des Eigenbetriebs.

(4) Verpflichtungserklärungen (§ 54 der Gemeindeordnung) bedürfen der Schriftform oder müssen in elektronischer Form mit einer dauerhaft überprüfbaren Signatur versehen sein. Sie sind durch zwei Vertretungsberechtigte zu unterzeichnen; besteht die Betriebsleitung aus einem Betriebsleiter, kann dieser allein unterzeichnen. § 54 Abs. 4 der Gemeindeordnung gilt mit der Maßgabe, dass die Geschäfte der laufenden Betriebsführung den Geschäften der laufenden Verwaltung gleichstehen.

(5) Sind in Angelegenheiten des Eigenbetriebs Erklärungen Dritter gegenüber der Gemeinde abzugeben, genügt die Abgabe gegenüber einem Betriebsleiter.

§ 7 Betriebsausschuss

(1) Für die Angelegenheiten des Eigenbetriebs kann ein beratender oder beschließender Ausschuss des Gemeinderats (Betriebsausschuss) gebildet werden. Die Betriebssatzung kann bestimmen, dass der Betriebsausschuss eine andere Bezeichnung führt.

(2) Für mehrere Eigenbetriebe einer Gemeinde kann ein gemeinsamer Betriebsausschuss gebildet werden.

(3) Die Betriebsleitung ist auf Verlangen verpflichtet, zu den Beratungsgegenständen des Betriebsausschusses Stellung zu nehmen und Auskünfte zu erteilen.

§ 8 Aufgaben des Betriebsausschusses

(1) Der Betriebsausschuss berät alle Angelegenheiten des Eigenbetriebs vor, die der Entscheidung des Gemeinderats vorbehalten sind.

(2) Soweit nicht nach § 9 der Gemeinderat oder nach § 5 Abs. 1 Satz 2 die Betriebsleitung zuständig ist, entscheidet der beschließende Betriebsausschuss über

1. die Einstellung und Entlassung der beim Eigenbetrieb beschäftigten Arbeitnehmer, die nicht nur vorübergehende Übertragung einer anders bewerteten Tätigkeit bei einem Arbeitnehmer sowie die Festsetzung des Entgelts, sofern kein Anspruch auf Grund eines Tarifvertrags besteht,

2. die Verfügung über Vermögen des Eigenbetriebs,
3. den Abschluss von Verträgen,
4. die allgemeine Festsetzung von Tarifen,
5. die Festsetzung der allgemeinen Lieferbedingungen,
6. sonstige wichtige Angelegenheiten des Eigenbetriebs.

(3) Die Betriebssatzung kann
1. die Zuständigkeiten des Betriebsausschusses näher bestimmen,
2. Aufgaben nach Absatz 2 Nr. 1 bis 3 ganz oder teilweise dem Bürgermeister oder der Betriebsleitung übertragen,
3. Aufgaben nach Absatz 2 Nr. 4 bis 6 der Entscheidung des Gemeinderats vorbehalten,
4. bestimmen, dass der Betriebsausschuss in bestimmten Angelegenheiten andere Ausschüsse zu beteiligen hat.

§ 9 Aufgaben des Gemeinderats

(1) Der Gemeinderat entscheidet unbeschadet seiner Zuständigkeit in den Fällen des § 39 Abs. 2 der Gemeindeordnung über
1. die Gewährung von Darlehen des Eigenbetriebs an die Gemeinde,
2. die Entlastung der Betriebsleitung sowie die Verwendung des Jahresüberschusses oder die Behandlung des Jahresfehlbetrags,
3. die Bestimmung eines Abschlussprüfers im Fall einer Jahresabschlussprüfung.
Eine Übertragung dieser Aufgaben auf beschließende Ausschüsse ist ausgeschlossen.

(2) Ist für den Eigenbetrieb kein beschließender Betriebsausschuss gebildet, entscheidet der Gemeinderat auch in den nach diesem Gesetz dem beschließenden Betriebsausschuss obliegenden Angelegenheiten, soweit diese nicht durch Betriebssatzung auf andere beschließende Ausschüsse übertragen werden. Aufgaben nach § 8 Abs. 2 Nr. 1 bis 3 können durch Betriebssatzung auch auf den Bürgermeister oder die Betriebsleitung ganz oder teilweise übertragen werden.

§ 10 Stellung des Bürgermeisters

(1) Der Bürgermeister kann der Betriebsleitung Weisungen erteilen, um die Einheitlichkeit der Gemeindeverwaltung zu wahren, die Erfüllung der Aufgaben des Eigenbetriebs zu sichern und Missstande zu beseitigen.

(2) Der Bürgermeister muss anordnen, dass Maßnahmen der Betriebsleitung, die er für gesetzwidrig hält, unterbleiben oder rückgängig gemacht werden; er kann dies anordnen, wenn er der Auffassung ist, dass Maßnahmen für die Gemeinde nachteilig sind.

(3) Ist für den Eigenbetrieb keine Betriebsleitung bestellt, nimmt der Bürgermeister auch die nach diesem Gesetz der Betriebsleitung obliegenden Aufgaben wahr.

§ 11 Bedienstete beim Eigenbetrieb

(1) Die Zuständigkeit für die Ernennung und Entlassung der beim Eigenbetrieb beschäftigten Beamten richtet sich nach den Vorschriften der Gemeindeordnung.

(2) Soweit über die Einstellung und Entlassung der beim Eigenbetrieb beschäftigten Arbeitnehmer der Betriebsausschuss entscheidet, gilt § 24 Abs. 2 Satz 1 und 2 der

Kapitel 15 Anlagen

Gemeindeordnung entsprechend mit der Maßgabe, dass an die Stelle des Einvernehmens des Bürgermeisters das der Betriebsleitung tritt. Soweit darüber der Gemeinderat entscheidet, bleibt § 24 Abs. 2 Satz 1 und 2 der Gemeindeordnung unberührt.

(3) Die Betriebsleitung hat ein Vorschlagsrecht für die Ernennung und, soweit sie nicht selbst entscheidet, für die Einstellung und Entlassung der beim Eigenbetrieb beschäftigten Bediensteten. Soweit nicht das Einvernehmen der Betriebsleitung erforderlich ist, ist sie vorher zu hören, wenn von ihrem Vorschlag abgewichen werden soll.

(4) Absätze 2 und 3 gelten auch für die nicht nur vorübergehende Übertragung einer anders bewerteten Tätigkeit bei einem Arbeitnehmer sowie für die Festsetzung des Entgelts, sofern kein Anspruch auf Grund eines Tarifvertrags besteht.

(5) Die Betriebsleitung ist Vorgesetzter, der Bürgermeister Dienstvorgesetzter und oberste Dienstbehörde der beim Eigenbetrieb beschäftigten Bediensteten.

3. ABSCHNITT Wirtschaftsführung und Rechnungswesen

§ 12 Vermögen des Eigenbetriebs

(1) Der Eigenbetrieb ist finanzwirtschaftlich als Sondervermögen der Gemeinde gesondert zu verwalten und nachzuweisen. Dabei sind die Belange der gesamten Gemeindewirtschaft zu berücksichtigen.

(2) Auf die Erhaltung des Sondervermögens ist Bedacht zu nehmen. Die Gemeinde ist verpflichtet, den Eigenbetrieb mit den zur Aufgabenerledigung notwendigen Finanz- und Sachmitteln auszustatten und für die Dauer seines Bestehens funktionsfähig zu erhalten. Eigenkapital und Fremdkapital sollen in einem angemessenen Verhältnis zueinander stehen. Bei Unternehmen, Einrichtungen und Hilfsbetrieben im Sinne des § 102 Absatz 4 Satz 1 Nummern 1 bis 3 der Gemeindeordnung kann von der Ausstattung mit Eigenkapital abgesehen werden. Erhält der Eigenbetrieb ein Stammkapital, ist die Höhe des Stammkapitals in der Betriebssatzung festzusetzen.

(3) Der Eigenbetrieb hat Bücher zu führen, in denen nach Maßgabe dieses Gesetzes und den Grundsätzen ordnungsmäßiger Buchführung die Geschäftsvorfälle und die Vermögens-, Ertrags- und Finanzlage in der Form der doppelten Buchführung ersichtlich zu machen sind. In der Betriebssatzung ist festzulegen, ob die Wirtschaftsführung und das Rechnungswesen auf der Grundlage der Vorschriften des Handelsgesetzbuchs oder auf der Grundlage der für die Haushaltswirtschaft der Gemeinden geltenden Vorschriften für die Kommunale Doppik erfolgen.

(4) Für das Sondervermögen gelten aus dem Dritten Teil, 1. Abschnitt der Gemeindeordnung § 77 Absätze 1 und 2, §§ 78, 81 Absatz 2, §§ 83, 86 und § 87 Absatz 1 mit der Maßgabe, dass Kredite auch für die Rückführung von Eigenkapital an die Gemeinde aufgenommen werden dürfen, § 87 Absätze 2 bis 6, §§ 88, 89, 91 und 92 entsprechend.

§ 13 Wirtschaftsjahr

Wirtschaftsjahr des Eigenbetriebs ist das Haushaltsjahr der Gemeinde. Wenn die Art des Betriebs es erfordert, kann die Betriebssatzung ein hiervon abweichendes Wirtschaftsjahr bestimmen.

Eigenbetriebsgesetz für Baden-Württemberg　　　　　　**Kapitel 15**

§ 14 Wirtschaftsplan und Finanzplanung

(1) Für jedes Wirtschaftsjahr ist vor dessen Beginn ein Wirtschaftsplan aufzustellen. Der Wirtschaftsplan kann für zwei Wirtschaftsjahre, nach Jahren getrennt, aufgestellt werden. Er besteht aus dem Erfolgsplan, dem Liquiditätsplan mit Investitionsprogramm und der Stellenübersicht. Dem Wirtschaftsplan ist eine fünfjährige Finanzplanung zu Grunde zu legen.

(2) Finanzierungsmittel, die aus dem Haushalt der Gemeinde vorgesehen sind, und der vorgesehene Abfluss von Mitteln an diesen müssen mit den Ansätzen im Haushaltsplan der Gemeinde übereinstimmen.

(3) Der Beschluss des Gemeinderats über den Wirtschaftsplan enthält die Festsetzung
1. des Erfolgsplans unter Angabe des Gesamtbetrags der Erträge und Aufwendungen und deren Saldo als veranschlagtes Jahresergebnis,
2. des Liquiditätsplans unter Angabe des Gesamtbetrags
    a) der Einzahlungen und Auszahlungen aus laufender Geschäftstätigkeit sowie deren Saldo als Zahlungsmittelüberschuss oder -bedarf,
    b) der Einzahlungen und Auszahlungen aus Investitionstätigkeit und deren Saldo,
    c) aus den Salden nach Buchstaben a und b als Finanzierungsmittelüberschuss oder -bedarf,
    d) der Einzahlungen und Auszahlungen aus Finanzierungstätigkeit und deren Saldo,
    e) aus den Salden nach Buchstaben c und d als Saldo des Liquiditätsplans,
3. des Gesamtbetrags
    a) der vorgesehenen Kreditaufnahmen (Kreditmächtigung),
    b) der vorgesehenen Ermächtigungen zum Eingehen von Verpflichtungen, die künftige Wirtschaftsjahre mit Auszahlungen für Investitionen und Investitionsförderungsmaßnahmen belasten (Verpflichtungsermächtigungen),
4. des Höchstbetrags der Kassenkredite.

(4) Der Finanzplan ist mit dem Investitionsprogramm dem Gemeinderat spätestens mit dem Entwurf des Wirtschaftsplans vorzulegen und vom Gemeinderat spätestens mit dem Wirtschaftsplan zu beschließen.

§ 15 Änderung und Ausführung des Wirtschaftsplans

(1) Der Wirtschaftsplan ist zu ändern, wenn sich im Laufe des Wirtschaftsjahres zeigt, dass trotz Ausnutzung von Sparmöglichkeiten
1. das Jahresergebnis sich gegenüber dem Erfolgsplan erheblich verschlechtern wird,
2. zur Deckung des Liquiditätsbedarfs höhere Zuschüsse der Gemeinde oder höhere Kredite erforderlich werden,
3. weitere Verpflichtungsermächtigungen vorgesehen werden sollen,
4. eine erhebliche Vermehrung oder Hebung der in der Stellenübersicht vorgesehenen Stellen erforderlich wird; dies gilt nicht für eine vorübergehende Einstellung von Aushilfskräften.
Für die Änderung des Wirtschaftsplans gelten die Vorschriften für den Wirtschaftsplan entsprechend.

(2) Erfolgsgefährdende Mehraufwendungen des Erfolgsplans bedürfen der Zustimmung des Betriebsausschusses, sofern sie nicht unabweisbar sind. Das gleiche gilt

Kapitel 15 — Anlagen

für erhebliche Mehrausgaben bei einzelnen Investitionsvorhaben, sofern sie nicht unabweisbar sind.

§ 16 Jahresabschluss und Lagebericht

(1) Die Betriebsleitung hat für den Schluss eines jeden Wirtschaftsjahres einen aus der Bilanz, der Erfolgsrechnung, der Liquiditätsrechnung und dem Anhang bestehenden Jahresabschluss sowie einen Lagebericht aufzustellen.

(2) Der Jahresabschluss und der Lagebericht sind innerhalb von sechs Monaten nach Ende des Wirtschaftsjahres aufzustellen und dem Bürgermeister vorzulegen. Bei Gemeinden mit einer örtlichen Prüfung (§ 109 der Gemeindeordnung) leitet der Bürgermeister diese Unterlagen unverzüglich der Prüfungseinrichtung zur örtlichen Prüfung (§ 111 der Gemeindeordnung) zu.

(3) Der Bürgermeister hat den Jahresabschluss und den Lagebericht zusammen mit dem Bericht über die örtliche Prüfung und im Fall einer Jahresabschlussprüfung auch mit dem Bericht über diese zunächst dem Betriebsausschuss zur Vorberatung und sodann mit dem Ergebnis dieser Vorberatung dem Gemeinderat zur Feststellung zuzuleiten. Der Gemeinderat stellt den Jahresabschluss innerhalb eines Jahres nach Ende des Wirtschaftsjahres fest und beschließt dabei über
1. die Verwendung des Jahresüberschusses oder die Behandlung des Jahresfehlbetrags,
2. die Entlastung der Betriebsleitung; versagt er die Entlastung, hat er dafür die Gründe anzugeben.

(4) Der Beschluss über die Feststellung des Jahresabschlusses ist ortsüblich bekanntzugeben. In der ortsüblichen Bekanntgabe ist im Falle einer Jahresabschlussprüfung der Prüfungsvermerk des Abschlussprüfers anzugeben; ferner ist dabei die nach Absatz 3 Satz 2 beschlossene Verwendung des Jahresüberschusses oder die Behandlung des Jahresfehlbetrags anzugeben. Gleichzeitig sind der Jahresabschluss und der Lagebericht an sieben Tagen öffentlich auszulegen; in der Bekanntgabe ist auf die Auslegung hinzuweisen.

§ 17 Aufbau des Rechnungswesens

Alle Zweige des Rechnungswesens des Eigenbetriebs (Wirtschaftsplan, Buchführung, Kostenrechnung, Jahresabschluss, Lagebericht) sollen zusammengefasst verwaltet und, wenn die Betriebsleitung aus mehreren Betriebsleitern besteht, dem Geschäftskreis eines Betriebsleiters zugeteilt werden.

4. ABSCHNITT   Übergangs- und Schlussbestimmungen

§ 18 Durchführungsbestimmungen

(1) Das Innenministerium erlässt die Verwaltungsvorschriften zur Durchführung dieses Gesetzes, ferner Rechtsverordnungen über
1. den Nachweis und die Erhaltung des Sondervermögens, die Ausstattung mit Eigenkapital sowie die Bildung von Rücklagen, insbesondere für Erneuerungen und Erweiterungen,
2. die Kassenwirtschaft, insbesondere die Errichtung einer Sonderkasse und die gemeinsame Bewirtschaftung von Kassenmitteln durch die Gemeindekasse,

3. die Grundsätze für die Aufstellung, die Gliederung und den Inhalt des Wirtschafts- und Finanzplans sowie die Ausführung des Wirtschaftsplans,
4. die Grundsätze für die Buchführung und die Kostenrechnung,
5. den Jahresabschluss und den Lagebericht,
6. die Anforderungen an den Inhalt der Beschlüsse zur Feststellung des Jahresabschlusses und über die Verwendung des Jahresüberschusses oder die Behandlung des Jahresfehlbetrags.

(2) Das Innenministerium kann durch Rechtsverordnung die Wirtschaftsführung und das Rechnungswesen der nach § 38 Abs. 2 Nr. 1 des Landeskrankenhausgesetzes geführten Krankenhäuser und der Pflegeeinrichtungen bestimmen.

§ 19 Übergangsregelungen

(1) Für Wirtschaftsjahre, die vor dem 1. Januar 2023 beginnen, kann der Wirtschaftsplan nach dem bis zum Inkrafttreten des Gesetzes zur Änderung des Eigenbetriebsgesetzes, des Gesetzes über kommunale Zusammenarbeit und der Gemeindeordnung vom 17. Juni 2020 (GBl. S. 401, 403) geltenden Recht aufgestellt werden. Der Jahresabschluss muss auf der Basis des gleichen Rechtsstands wie die Wirtschaftsplanung erfolgen.

(2) Sofern eine Ergänzung oder Änderung der Betriebssatzung entsprechend § 12 Absatz 3 Satz 2 erforderlich ist, ist diese spätestens bei der nächsten Änderung oder einem Neuerlass der Betriebssatzung durchzuführen.

15.4 Eigenbetriebsverordnung-HGB

Verordnung des Innenministeriums über die Wirtschaftsführung und das Rechnungswesen der Eigenbetriebe auf Grundlage des Handelsgesetzbuchs (Eigenbetriebsverordnung-HGB – EigBVO-HGB)

Vom 1. Oktober 2020[34]

§ 1 Erfolgsplan

(1) Der Erfolgsplan muss alle voraussehbaren Erträge und Aufwendungen des Wirtschaftsjahres enthalten. Er ist unbeschadet einer weiteren Untergliederung entsprechend dem Muster in der Anlage 1 aufzustellen.

(2) Die veranschlagten wesentlichen Erträge und Aufwendungen sind zu begründen, insbesondere wenn sie von den Vorjahreszahlen erheblich abweichen. Den Ansätzen für das Planjahr sind die Plansätze für das laufende Jahr und die entsprechenden Ergebnisse des Vorjahres gegenüberzustellen.

---

[34] Verkündet als Artikel 1 der Verordnung des Innenministeriums über die Wirtschaftsführung und das Rechnungswesen der Eigenbetriebe auf Grundlage des Handelsgesetzbuchs und der Kommunalen Doppik sowie zur Änderung der Gemeindehaushaltsverordnung und der Krankenhausrechnungsverordnung vom 1. Oktober 2020 (GBl. S. 827).

Kapitel 15 Anlagen

§ 2 Liquiditätsplan mit Investitionsprogramm

(1) Der Liquiditätsplan muss enthalten
1. alle voraussichtlich eingehenden ergebnis- und vermögenswirksamen Einzahlungen und zu leistenden ergebnis- und vermögenswirksamen Auszahlungen aus laufender Geschäftstätigkeit, aus Investitionstätigkeit und aus Finanzierungstätigkeit sowie die jeweiligen Salden des Wirtschaftsjahres,
2. die notwendigen Verpflichtungsermächtigungen.

(2) Der Liquiditätsplan ist, wenn der Gegenstand des Betriebs keine abweichende Gliederung bedingt, die gleichwertig sein muss, unbeschadet einer weiteren Untergliederung entsprechend dem Muster in der Anlage 2 aufzustellen. Dem Liquiditätsplan ist eine Übersicht über die voraussichtliche Entwicklung der Liquidität entsprechend dem Muster in der Anlage 3 beizufügen. Der Bestand an inneren Darlehen ist für Abfallbetriebe entsprechend dem Muster in der Anlage 4 darzustellen.

(3) Der Finanzierungsbedarf und die Verpflichtungsermächtigungen für Investitionen sind nach Vorhaben getrennt zu veranschlagen und zu erläutern. Die Vorhaben sind entsprechend dem Muster in der Anlage 5 darzustellen.

(4) Die Mittel für die einzelnen Vorhaben sind übertragbar. Soweit nichts anderes bestimmt wird, sind die Ansätze für verschiedene Vorhaben gegenseitig deckungsfähig.

(5) Die Liquidität ist unter Berücksichtigung des Liquiditätsbestands des Vorjahres so zu planen, dass der Liquiditätsbestand am Ende des Wirtschaftsjahres nicht negativ und die Zahlungsfähigkeit jederzeit gegeben ist.

§ 3 Stellenübersicht

(1) Die Stellenübersicht muss die im Wirtschaftsjahr erforderlichen Stellen für Arbeitnehmerinnen und Arbeitnehmer enthalten. Beamtinnen und Beamte, die beim Eigenbetrieb beschäftigt werden, sind im Stellenplan der Gemeinde zu führen und in der Stellenübersicht nachrichtlich anzugeben.

(2) Die Stellenübersicht soll nach Betriebszweigen gegliedert werden. Zum Vergleich sind die Zahlen der im laufenden Wirtschaftsjahr vorgesehenen und der am 30. Juni des Vorjahres tatsächlich besetzten Stellen anzugeben. Erhebliche Abweichungen von der Stellenübersicht des laufenden Wirtschaftsjahres sind zu begründen.

§ 4 Finanzplanung

Der fünfjährige Finanzplan umfasst das laufende Wirtschaftsjahr, das Wirtschaftsjahr, für das der Wirtschaftsplan aufgestellt wird, und die folgenden drei Wirtschaftsjahre. Er besteht aus
1. einer Übersicht über die Entwicklung der Erträge und Aufwendungen in der für den Erfolgsplan vorgeschriebenen Ordnung und
2. einer Übersicht über die Entwicklung der Einzahlungen und Auszahlungen in der für den Liquiditätsplan vorgeschriebenen Ordnung.

In das dem Finanzplan zugrunde zu legende Investitionsprogramm sind die im Planungszeitraum vorgesehenen Investitionen nach Jahresabschnitten aufzunehmen. Jeder Jahresabschnitt soll die fortzuführenden und neuen Investitionen mit den auf das betreffende Jahr entfallenden Teilbeträgen wiedergeben. Unbedeutende Investitionen können zusammengefasst werden. Die Angaben nach Satz 2 können in die Muster der Anlagen 1 und 2, die Angaben nach Satz 3 in das Muster der Anlage 5 integriert werden.

Eigenbetriebsverordnung-HGB

§ 5 Sonderregelung

Sofern vorrangige Rechtsvorschriften eine abweichende Gliederung von Bilanz, Erfolgs- oder Liquiditätsrechnung bedingen, ist diese Gliederung für die Planung und den Jahresabschluss zugrunde zu legen.

§ 6 Buchführung und Kostenrechnung

(1) Die Vorschriften des Dritten Buchs des Handelsgesetzbuchs über Buchführung, Inventar und Aufbewahrung finden Anwendung, soweit in Satz 2 keine abweichende Regelung getroffen wird. Die § 35 Absätze 5 und 6, § 36 Absatz 4 und § 39 Absatz 2 Satz 1, Absätze 3 und 4 der Gemeindehaushaltsverordnung (GemHVO) gelten entsprechend.

(2) Einheitskontenrahmen sind anzuwenden, soweit sie für Zwecke der Finanzstatistik und der Vergleichbarkeit für verbindlich erklärt sind.

(3) Als Grundlage für die Verwaltungssteuerung sowie für die Beurteilung der Wirtschaftlichkeit und Leistungsfähigkeit des Eigenbetriebs sollen für alle Betriebszweige nach den örtlichen Bedürfnissen Kosten- und Leistungsrechnungen geführt werden. Die Kosten und Erlöse sind aus der Buchführung nachprüfbar herzuleiten.

§ 7 Eröffnungsbilanz und Jahresabschluss

(1) Für die Eröffnungsbilanz und den Jahresabschluss finden die allgemeinen Vorschriften, die Ansatzvorschriften, die Vorschriften über die Bilanz und die Gewinn- und Verlustrechnung, die Bewertungsvorschriften und die Vorschriften über den Anhang für den Jahresabschluss der großen Kapitalgesellschaften im Dritten Buch des Handelsgesetzbuchs entsprechend Anwendung, soweit sich aus dieser Verordnung nichts anderes ergibt. Bei den Rückstellungen kann auf eine Abzinsung des Erfüllungsbetrages verzichtet werden.

(2) Sofern keine vorrangigen Rechtsvorschriften entgegenstehen, darf der Eigenbetrieb keine Rückstellungen für Pensions- und Beihilfeverpflichtungen bilden, für die der Kommunale Versorgungsverband nach § 27 Absatz 5 des Gesetzes über den Kommunalen Versorgungsverband Baden-Württemberg Rückstellungen bildet. Bestehende Rückstellungen nach Satz 1 müssen längstens innerhalb von 15 Jahren einmalig oder in gleichen Jahresraten aufgelöst werden.

§ 8 Bilanz

(1) Die Bilanz ist unbeschadet einer weiteren Untergliederung entsprechend dem Muster in der Anlage 6 aufzustellen. Das Stammkapital ist als gezeichnetes Kapital auszuweisen. § 268 Absatz 1, §§ 270, 272 und 274 des Handelsgesetzbuchs finden keine Anwendung. Forderungen und Verbindlichkeiten gegenüber der Gemeinde und anderen Eigenbetrieben sind gesondert auszuweisen.

(2) Das Stammkapital ist mit seinem in der Betriebssatzung festgelegten Betrag anzusetzen.

(3) Von dem Eigenbetrieb geleistete Investitionszuschüsse können als Sonderposten in der Bilanz im Rahmen der aktiven Rechnungsabgrenzung separat ausgewiesen und entsprechend dem Zuwendungsverhältnis aufgelöst werden. Empfangene Investitionszuweisungen und Investitionsbeiträge sollen als Sonderposten in der Bilanz

Kapitel 15 Anlagen

ausgewiesen und entsprechend der voraussichtlichen Nutzungsdauer aufgelöst oder von den Anschaffungs- oder Herstellungskosten des bezuschussten Vermögensgegenstandes abgesetzt werden. Satz 2 gilt auch für Investitionszuweisungen der Gemeinde. Zu den Investitionsbeiträgen gehören auch vom Eigenbetrieb erhobene Baukostenzuschüsse auf Grund allgemeiner Lieferbedingungen oder Beiträge auf Grund einer Satzung. Kapitalzuschüsse der öffentlichen Hand, die die Gemeinde für den Eigenbetrieb erhalten hat, sind dem Eigenkapital zuzuführen.

§ 9 Erfolgsrechnung

Die Erfolgsrechnung ist als Gewinn- und Verlustrechnung unbeschadet einer weiteren Untergliederung mindestens wie der Erfolgsplan (§ 1 Absatz 1) zu gliedern.

§ 10 Liquiditätsrechnung

Die Liquiditätsrechnung ist als Kapitalflussrechnung unbeschadet einer weiteren Untergliederung entsprechend dem Muster in der Anlage 7 aufzustellen.

§ 11 Anhang

Für die Darstellung im Anhang gilt § 285 Nummern 9 und 10 des Handelsgesetzbuchs mit der Maßgabe, dass die Angaben
1. nach Nummer 9 über die vom Eigenbetrieb gewährten Leistungen für die Mitglieder der Betriebsleitung und des Betriebsausschusses sowie für sonstige für den Eigenbetrieb in leitender Funktion tätige Personen und
2. nach Nummer 10 für die Mitglieder der Betriebsleitung und des Betriebsausschusses zu machen sind; § 286 Absätze 2 und 3 des Handelsgesetzbuchs finden keine Anwendung.

Die Entwicklung der Liquidität ist entsprechend dem Muster in der Anlage 8 darzustellen.

§ 12 Lagebericht

Für den Lagebericht gilt § 289 des Handelsgesetzbuchs entsprechend. Kennzahlen sind nach den individuellen Steuerungsbedürfnissen zu ermitteln, darzustellen und fortzuschreiben.

§ 13 Feststellung des Jahresabschlusses und Behandlung des Jahresergebnisses

Die Beschlüsse über die Feststellung des Jahresabschlusses und über die Verwendung des Jahresüberschusses oder die Behandlung des Jahresfehlbetrags müssen die Angaben entsprechend dem Muster in der Anlage 9 enthalten.

§ 14 Besondere Vorschriften über die Erhaltung des Sondervermögens

Sämtliche Lieferungen, Leistungen und Kredite, auch im Verhältnis zwischen dem Eigenbetrieb und der Gemeinde, einem anderen Eigenbetrieb der Gemeinde oder einer Gesellschaft, an der die Gemeinde beteiligt ist, sind angemessen zu vergüten. Der Eigenbetrieb kann jedoch abweichend von Satz 1

1. Wasser für den Brandschutz, für die Reinigung von Straßen und Abwasseranlagen sowie für öffentliche Zier- und Straßenbrunnen unentgeltlich oder verbilligt liefern,
2. Anlagen für die Löschwasserversorgung unentgeltlich oder verbilligt zur Verfügung stellen,
3. auf die Tarifpreise für Leistungen von Elektrizität, Gas, Wasser und Wärme einen Preisnachlass gewähren, soweit dieser steuerrechtlich anerkannt ist.

§ 15 Kassenwirtschaft

Die Bürgermeisterin oder der Bürgermeister bestimmt nach Anhörung der Betriebsleitung, inwieweit der Eigenbetrieb seine vorübergehend nicht benötigten Kassenmittel selbst bewirtschaftet oder inwieweit sie durch die Gemeindekasse zusammen mit ihren Kassenmitteln bewirtschaftet werden. Dabei ist auf die Zahlungsbereitschaft des Eigenbetriebs Rücksicht zu nehmen.

§ 16 Weitere anzuwendende Vorschriften der Gemeindehaushaltsverordnung

Die § 10 Absätze 1 und 2, §§ 12 und 26, § 27 Absätze 1, 2, 3 Satz 1 und Absatz 4, §§ 31 bis 33 GemHVO gelten entsprechend.

§ 17 Muster

Die anzuwendenden Muster können bei Bedarf ergänzt und gestalterisch angepasst werden, müssen jedoch mindestens die in den Mustern vorgeschriebenen Angaben enthalten. In den Mustern sind diejenigen Werte auszuweisen, die zum Zeitpunkt der Planung oder Buchung gültig sind beziehungsweise in Vorjahren gültig waren. Nullwerte müssen nicht dargestellt werden; Tabellenzeilen und -spalten ohne Wertangaben können entfallen. Wenn die Finanzplanung nicht in den Erfolgsplan, den Liquiditätsplan und die Einzeldarstellung der Investitionsmaßnahmen integriert wird, können in den Mustern der Anlagen 1, 2 und 5 die Spalten der drei Finanzplanungsjahre, die auf das Wirtschaftsjahr folgen, für das der Wirtschaftsplan aufgestellt wird, entfallen.

§ 18 Umstellung der Wirtschaftsführung und des Rechnungswesens

Bei einer Umstellung der Wirtschaftsführung und des Rechnungswesens von der entsprechenden Anwendung der für die Haushaltswirtschaft der Gemeinden geltenden Vorschriften (Kommunale Doppik) gemäß § 12 Absatz 1 Satz 3 des Eigenbetriebsgesetzes (EigBG) in der bis zum 25. Juni 2020 geltenden Fassung in Verbindung mit § 77 Absatz 3 der Gemeindeordnung (GemO) oder von der Eigenbetriebsverordnung-Doppik auf die Vorschriften dieser Verordnung ist eine Eröffnungsbilanz entsprechend § 7 Absatz 1 aufzustellen. In den Spalten der anzuwendenden Muster für den Wirtschaftsplan, die Eröffnungsbilanz und den Jahresabschluss müssen Werte für Vorjahre nicht angegeben werden; vom Abdruck dieser Spalten kann abgesehen werden.

Kapitel 15 Anlagen

§ 19 Übergangsregelungen

(1) Abweichungen bei der Gliederung des Jahresabschlusses, die sich aus der erstmaligen Anwendung dieser Verordnung ergeben, sind im Anhang anzugeben und entsprechend zu erläutern.

(2) In den Spalten der anzuwendenden Muster müssen Werte für Vorjahre, für die die Wirtschaftsführung und das Rechnungswesen nicht nach dieser Verordnung erfolgten, nicht angegeben werden; vom Abdruck dieser Spalten kann abgesehen werden.

(3) Wird die Übergangsregelung des § 19 Absatz 1 EigBG angewandt, gilt die Eigenbetriebsverordnung vom 7. Dezember 1992 (GBl. S. 776) für die Übergangszeit weiter.

Eigenbetriebsverordnung-HGB

Kapitel 15

Anlage 1
(zu § 1 Absatz 1 Satz 2 und § 4 i. V. m. § 14 EigBG)

Erfolgsplan einschließlich Finanzplanung

Nr.		Ergebnis Vorvorjahr EUR 1	Ansatz Vorjahr EUR 2[1]	Ansatz Wirtschaftsjahr EUR 3	Planung Wirtschaftsjahr +1 EUR 4[2]	Planung Wirtschaftsjahr +2 EUR 5	Planung Wirtschaftsjahr +3 EUR 6
1.	Umsatzerlöse						
2.	Erhöhung oder Verminderung des Bestands an fertigen und unfertigen Erzeugnissen						
3.	andere aktivierte Eigenleistungen						
4.	sonstige betriebliche Erträge						
5.	Materialaufwand:						
	a) Aufwendungen für Roh-, Hilfs- und Betriebstoffe und für bezogene Waren						
	b) Aufwendungen für bezogene Leistungen						
6.	Personalaufwand:						
	a) Löhne und Gehälter						
	b) soziale Abgaben und Aufwendungen für Altersversorgung und für Unterstützung,						
	davon für Altersversorgung:						
7.	Abschreibungen:						
	a) auf immaterielle Vermögensgegenstände des Anlagevermögens und Sachanlagen						
	b) auf Vermögensgegenstände des Umlaufvermögens, soweit diese die in dem Unternehmen, der Einrichtung oder dem Hilfsbetrieb üblichen Abschreibungen überschreiten						
8.	sonstige betriebliche Aufwendungen						
9.	Erträge aus Beteiligungen,						
	davon aus verbundenen Unternehmen						
10.	Erträge aus anderen Wertpapieren und Ausleihungen des Finanzanlagevermögens,						
	davon aus verbundenen Unternehmen						
11.	sonstige Zinsen und ähnliche Erträge,						
	davon aus verbundenen Unternehmen						
12.	Abschreibungen auf Finanzanlagen und auf Wertpapiere des Umlaufvermögens						
13.	Zinsen und ähnliche Aufwendungen,						
	davon an verbundene Unternehmen						
14.	Steuern vom Einkommen und vom Ertrag						
15.	Ergebnis nach Steuern						
16.	sonstige Steuern						
17.	**Jahresüberschuss/Jahresfehlbetrag**						
	nachrichtlich						
18.	Vorauszahlungen der Gemeinde auf die spätere Fehlbetragsabdeckung						
19.	Vorauszahlungen an die Gemeinde auf die spätere Überschussabführung						

[1] Ansatz einschließlich aller Änderungen des Wirtschaftsplans
[2] Bei einem Doppelwirtschaftsplan lautet die Spaltenüberschrift "Ansatz Wirtschaftsjahr +1".

Kapitel 15

Anlagen

Anlage 2
(zu § 2 Absatz 2 Satz 1 und § 4 i. V. m. § 14 EigBG)

Liquiditätsplan einschließlich Finanzplanung

Nr.		Ergebnis Vorvorjahr EUR	Ansatz Vorjahr EUR	Ansatz Wirtschaftsjahr EUR	Verpflichtungsermächtigungen Wirtschaftsjahr EUR	Planung Wirtschaftsjahr + 1 EUR	Verpflichtungsermächtigungen Wirtschaftsjahr + 1 EUR	Planung Wirtschaftsjahr + 2 EUR	Planung Wirtschaftsjahr + 3 EUR
		1[2, 3]	2	3	4[4]	5[5]	6[3]	7	8
1	Einzahlungen von Kunden für den Verkauf von Erzeugnissen, Waren und Dienstleistungen[1]								
2	Sonstige Einzahlungen, die nicht der Investitions- oder der Finanzierungstätigkeit zuzuordnen sind[1]								
3	Ertragsteuerrückzahlungen[1]								
4	**Einzahlungen aus laufender Geschäftstätigkeit (Summe aus Nummern 1 bis 3)**								
5	Auszahlungen an Lieferanten und Beschäftigte[1]								
6	Sonstige Auszahlungen, die nicht der Investitions- oder der Finanzierungstätigkeit zuzuordnen sind[1]								
7	Ertragsteuerzahlungen[1]								

Eigenbetriebsverordnung-HGB **Kapitel 15**

8	**Auszahlungen aus laufender Geschäftstätigkeit (Summe aus Nummern 5 bis 7)**	
9	**Zahlungsmittelüberschuss/-bedarf aus laufender Geschäftstätigkeit (Saldo aus Nummern 4 und 8)**	
10	Einzahlungen aus Abgängen von Gegenständen des immateriellen Anlagevermögens	
11	Einzahlungen aus Abgängen von Gegenständen des Sachanlagevermögens	
12	Einzahlungen aus Abgängen von Gegenständen des Finanzanlagevermögens	
13	Einzahlungen aus der Rückzahlung geleisteter Investitionszuschüsse durch Dritte	
14	Erhaltene Zinsen	
15	Erhaltene Dividenden	
16	**Einzahlungen aus Investitionstätigkeit (Summe aus Nummern 10 bis 15)**	
17	Auszahlungen für Investitionen in das immaterielle Anlagevermögen	
18	Auszahlungen für Investitionen in das Sachanlagevermögen	

Kapitel 15

Anlagen

19	Auszahlungen für Investitionen in das Finanzanlagevermögen
20	Auszahlungen für geleistete Investitionszuschüsse an Dritte
21	**Auszahlungen aus Investitionstätigkeit (Summe aus Nummern 17 bis 20)**
22	**Veranschlagter Finanzierungsmittelüberschuss/-bedarf aus Investitionstätigkeit (Saldo aus Nummern 16 und 21)**
23	**Veranschlagter Finanzierungsmittelüberschuss/-bedarf (Saldo aus Nummern 9 und 22)**
24	Einzahlungen aus Eigenkapitalzuführungen[6]
25	Einzahlungen aus der Aufnahme von Investitionskrediten und wirtschaftlich vergleichbaren Vorgängen für Investitionen bei der Gemeinde und anderen Eigenbetrieben[7]
26	Einzahlungen aus der Aufnahme von Investitionskrediten und wirtschaftlich vergleichbaren Vorgängen für Investitionen bei Dritten[8]
27	Einzahlungen aus Investitionsbeiträgen

Eigenbetriebsverordnung-HGB **Kapitel 15**

#		
28	Einzahlungen aus Investitionszuweisungen der Gemeinde	
29	Einzahlungen aus Investitionszuweisungen Dritter	
30	**Einzahlungen aus Finanzierungstätigkeit (Summe aus Nummern 24 bis 29)**	
31	Auszahlungen aus Eigenkapitalherabsetzungen[9]	
32	Auszahlungen aus der Tilgung von Investitionskrediten und wirtschaftlich vergleichbaren Vorgängen für Investitionen gegenüber der Gemeinde und anderen Eigenbetrieben[10]	
33	Auszahlungen aus der Tilgung von Investitionskrediten und wirtschaftlich vergleichbaren Vorgängen für Investitionen gegenüber Dritten[11]	
34	Auszahlungen aus der Rückzahlung von Investitionsbeiträgen	
35	Auszahlungen aus der Rückzahlung von Investitionszuweisungen der Gemeinde	
36	Auszahlungen aus der Rückzahlung von Investitionszuweisungen Dritter	
37	Gezahlte Zinsen	
38	**Auszahlungen aus Finanzierungstätigkeit (Summe aus Nummern 31 bis 37)**	

Kapitel 15   Anlagen

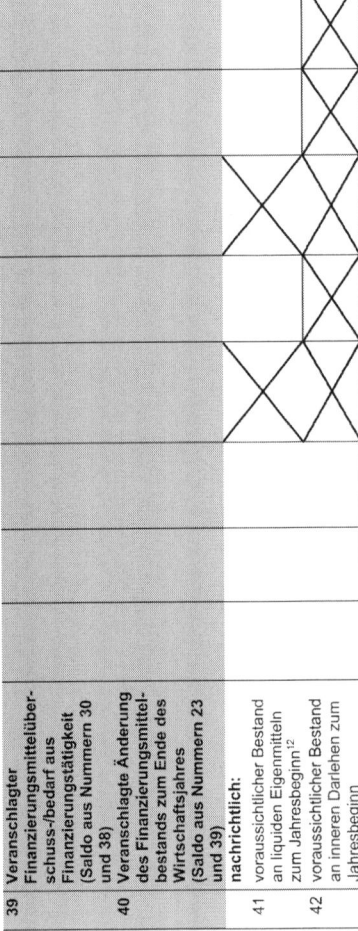

39	**Veranschlagter Finanzierungsmittelüberschuss-/bedarf aus Finanzierungstätigkeit (Saldo aus Nummern 30 und 38)**
40	**Veranschlagte Änderung des Finanzierungsmittelbestands zum Ende des Wirtschaftsjahres (Saldo aus Nummern 23 und 39)**
	nachrichtlich:
41	voraussichtlicher Bestand an liquiden Eigenmitteln zum Jahresbeginn[12]
42	voraussichtlicher Bestand an inneren Darlehen zum Jahresbeginn

---

[1] Eigenbetriebe, die die Liquiditätsrechnung nach der indirekten Methode erstellen, sowie kommunale Mehrheitsbeteiligungen (§ 103 Abs. 1 Satz 1 Nr. 5 Buchst. a GemO), Kommunalanstalten (§ 102a Abs. 6 Satz 2 GemO) und sonstige Anstalten und Körperschaften, die für die Wirtschaftsführung und das Rechnungswesen die Vorschriften des Handelsgesetzbuchs anwenden und eigenbetriebsrechtliche Planungsvorgaben beachten müssen, dürfen auf Einträge in den Zeilen 1 bis 3 und 5 bis 7 verzichten.

[2] Kommunale Mehrheitsbeteiligungen (§ 103 Abs. 1 Satz 1 Nr. 5 Buchst. a GemO) und Kommunalanstalten (§ 102a Abs. 6 Satz 2 GemO) sowie sonstige Körperschaften, die für die Wirtschaftsführung und das Rechnungswesen die Vorschriften des Handelsgesetzbuchs anwenden und eigenbetriebsrechtliche Planungsvorgaben beachten müssen, dürfen auf die Angabe der Ergebnisse VVJ (Spalte 1) verzichten.

[3] Eigenbetriebe, die die Liquiditätsrechnung nach der indirekten Methode erstellen, dürfen bezüglich der Angabe der Ergebnisse VVJ (Spalte 1) auf entsprechende Einträge in den Zeilen 4 und 8 verzichten.

[4] Falls bei einem Doppelwirtschaftsplan Verpflichtungsermächtigungen dargestellt werden, ist neben Spalte 4 auch Spalte 6 zu bedienen.

[5] Bei einem Doppelwirtschaftsplan lautet die Spaltenüberschrift "Ansatz Wirtschaftsjahr +1".

[6] Einschließlich der Einzahlungen aus Fehlbetragsübernahmen der Gemeinde (auch Vorauszahlungen)

[7] Nur Investitionskredite, keine Einzahlungen aus der Aufnahme von Kassenkrediten

[8] Nur Investitionskredite, keine Einzahlungen aus der Aufnahme von Kassenkrediten

[9] Einschließlich der Auszahlungen für Überschussabführungen an die Gemeinde (auch Vorauszahlungen)

[10] Nur Investitionskredite, keine Auszahlungen aus der Tilgung von Kassenkrediten

[11] Nur Investitionskredite, keine Auszahlungen aus der Tilgung von Kassenkrediten

[12] Die Ermittlung des voraussichtlichen Bestands an liquiden Eigenmitteln zum Jahresbeginn hat entsprechend der Vorgaben des Musters in der Anlage 3 zu erfolgen.

Eigenbetriebsverordnung-HGB

Kapitel 15

Anlage 3
(zu § 2 Absatz 2 Satz 2)

Voraussichtliche Entwicklung der Liquidität

Nr.	Einzahlungs- und Auszahlungsarten[1]	Liquiditätsplan			Finanzplanung	
		Vorjahr EUR	Wirtschaftsjahr EUR	Wirtschaftsjahr +1 EUR	Wirtschaftsjahr +2 EUR	Wirtschaftsjahr +3 EUR
		1	2	3	4	5
1	Zahlungsmittelbestand zum Jahresbeginn[2]					
2a +	Sonstige Einlagen aus Kassenmitteln zum Jahresbeginn					
2b +	Investmentzertifikate, Kapitalmarktpapiere, Geldmarktpapiere und sonstige Wertpapiere					
2c +	Forderungen aus Liquiditätsbeziehungen zum Kernhaushalt, zu verbundenen Unternehmen, Beteiligungen, selbstständigen Kommunalanstalten und anderen Eigenbetrieben der Gemeinde					
3a −	Bestand an Kassenkrediten zum Jahresbeginn					
3b −	Verbindlichkeiten aus Liquiditätsbeziehungen zum Kernhaushalt, zu verbundenen Unternehmen, Beteiligungen, selbstständigen Kommunalanstalten und anderen Eigenbetrieben der Gemeinde					
4 =	liquide Eigenmittel zum Jahresbeginn					
5 −	mittelübertragungsbedingter Liquiditätsbedarf (§ 2 Absatz 4 EigBVO-HGB)					
6 +/−	veranschlagte Änderung des Finanzierungsmittelbestands (§ 2 i. V. m. Anlage 2 Nummer 40 EigBVO-HGB)[3]					
7 =	voraussichtliche liquide Eigenmittel zum Jahresende					
8 −	davon für bestimmte Zwecke gebunden[4]					
9 =	vorauss. liquide Eigenmittel zum Jahresende ohne gebundene Mittel					

[1] Die Zeile 8 (Gesamtsumme der gebundenen Mittel) kann bedarfsgerecht weiter unterteilt werden
[2] Aus der Liquiditätsrechnung (§ 10 i. V. m. Anlage 7 Nr. 48 indirekte Methode bzw. Nr. 52 indirekte Methode EigBVO-HGB)
[3] Sofern verfügbar sollen in Spalte 1, statt der veranschlagten Änderung des Finanzierungsmittelbestands, aktuelle Prognosewerte aufgenommen werden.
[4] Hierunter können z.B. auch Rückstellungen fallen.

Kapitel 15

Anlagen

Anlage 4
(zu § 2 Absatz 2 Satz 3)

Bestand an inneren Darlehen[1]

		zum 01.01. EUR	zum 31.12. EUR
		1	2
1	Rückstellung für die Stilllegung und Nachsorge von Abfalldeponien nach § 7 Absatz 1 EigBVO-HGB		
2	+ Sonstige Rückstellungen ohne die Rückstellung für die Stilllegung und Nachsorge von Abfalldeponien		
3	= **Mittelbestand bei Erwirtschaftung aller Rückstellungen und Ansammlung der Mittel**[2]		
4	Liquide Mittel		
5	- Kassenkreditmittel		
6	+ angelegte Mittel		
7	= **tatsächlicher erwirtschafteter Mittelbestand**[3]		
8	Differenz (Zeile 3 abzüglich Zeile 7)		
9	**Bestand an inneren Darlehen**[4]		
10	nachrichtlich: Eigenkapitalquote[5] im Jahr der Aufnahme inneren Darlehens, hilfsweise am Stichtag der Eröffnungsbilanz in vom Hundert		
11	nachrichtlich: Eigenkapitalquote[5] im aktuellen Wirtschaftsjahr in vom Hundert		

[1] Sofern Ausgangsgrößen für die Berechnung noch nicht vorliegen, sind diese qualifiziert zu schätzen.
[2] Summe Zeile 1 zuzüglich Zeile 2
[3] Zeile 4 abzüglich Zeile 5 zuzüglich Zeile 6
[4] Sofern der Wert in Zeile 8 positiv ist, der niedrigere Wert aus Zeile 1 oder Zeile 8
[5] Eigenkapitalquote = Eigenkapital nach § 8 Abs. 1 EigBVO-HGB, Posten A Passiva in Anlage 6 / Bilanzsumme * 100

Eigenbetriebsverordnung-HGB

Kapitel 15

Anlage 5
(zu § 2 Absatz 3 Satz 2 und § 4)

Einzeldarstellung der Investitionsmaßnahmen

Maßnahme: _____ (gemäß § 2 Absatz 3 EigBVO-HGB)

Nr.		Gesamtangaben zur Maßnahme -nachrichtlich- EUR 1[1]	Bisher finanziert EUR 2[2]	Mittel- übertragungen aus Vorjahren EUR 3[3]	Ergebnis Vorvorjahr EUR 4	Ansatz Vorjahr EUR 5[3]	Ansatz Wirtschaftsjahr EUR 6	Verpflichtungs- ermächtigungen Wirtschaftsjahr EUR 7	Planung Wirtschaftsjahr +1 EUR 8[4]	Verpflichtungs- ermächtigungen Wirtschaftsjahr +1 EUR 9[5]	Planung Wirtschaftsjahr +2 EUR 10	Planung Wirtschaftsjahr +3 EUR 11	Finanzbedarf weitere Jahre -nachrichtlich- EUR 12[6]
1	Einzahlungen aus Investitionszuwendungen												
2	Einzahlungen aus Investitionsbeiträgen und ähnlichen Entgelten für Investitionstätigkeit												
3	Einzahlungen aus der Veräußerung von Sachvermögen												
4	Einzahlungen aus der Veräußerung von Finanzvermögen												
5	Einzahlungen für sonstige Investitionstätigkeit												
6	**Summe der Einzahlungen aus Investitionstätigkeit und Finanzierungstätigkeit (Summe aus Nummer 1 bis 5)**												
7	Auszahlungen für den Erwerb von Grundstücken und Gebäuden												
8	Auszahlungen für Baumaßnahmen												
9	Auszahlungen für den Erwerb von beweglichem Sachvermögen												
10	Auszahlungen für den Erwerb von Finanzvermögen												
11	Auszahlungen für Investitionsförderungsmaßnahmen												
12	Auszahlungen für den Erwerb von immateriellen Vermögensgegenständen												
13	**Summe der Auszahlungen aus Investitionstätigkeit (Summe aus Nummer 7 bis 12)**												
14	**Saldo aus Investitionstätigkeit und Finanzierungstätigkeit (Saldo aus Nummer 6 und 13)**												
15	Aktivierte Eigenleistungen												
16	**Gesamtkosten der Maßnahme (Summe aus Nummer 13 und 15)**												
17	Schätzung der nach Fertigstellung der Maßnahme entstehenden jährlichen Ergebnisbelastungen[7]												

[1] In dieser Spalte werden die insgesamt zu der Maßnahme geplanten Beträge (vgl. § 2 Absatz 3 EigBVO-HGB) nachrichtlich angegeben (Beträge müssen ggf. in einer Nebenrechnung ermittelt werden); bei Ein-Jahres-Vorhaben ist diese Spalte entbehrlich.
[2] Rechnungsergebnisse aus Vorvorjahren (einschließlich Spalte 4); bei Ein-Jahres-Vorhaben ist diese Spalte entbehrlich.
[3] Spalten können zu Spalte „Ansatz Vorjahr" zzgl. Mittelübertragungen aus Vorvorjahr" zusammengefasst werden.
[4] Bei einem Doppelwirtschaftsplan lautet die Spaltenüberschrift „Ansatz Wirtschaftsjahr +1".
[5] Die nicht in Spalte 7 zusätzliche Spalte 9 zum Ausweis der Verpflichtungsermächtigungen im Wirtschaftsjahr +1 ist nur bis zu einem Doppelwirtschaftsplan erforderlich.
[6] Spalte optional bei Vorhaben mit einer Laufzeit über den Finanzplanungszeitraum hinaus.
[7] Wertangaben können mit Erläuterungen unterlegt werden.

Kapitel 15 — Anlagen

Anlage 6
(zu § 8 Absatz 1 Satz 1 i. V. m. § 16 Absatz 1 EigBG)

Bilanz

Bilanz des Eigenbetriebs zum

	Aktivseite	Wirtschaftsjahr -Euro-	Vorjahr -Euro-		Passivseite	Wirtschaftsjahr -Euro-	Vorjahr -Euro-
A.	**Anlagevermögen**			A.	**Eigenkapital**		
I.	**Immaterielle Vermögensgegenstände**			I.	Gezeichnetes Kapital		
1.	Konzessionen, gewerbliche Schutzrechte und ähnliche Rechte und Werte sowie Lizenzen an solchen Rechten und Werten			II.	Kapitalrücklagen		
2.	Geleistete Anzahlungen			III.	Gewinnrücklagen		
II.	**Sachanlagen**			IV.	Gewinnvortrag/Verlustvortrag		
1.	Grundstücke, grundstücksgleiche Rechte und Bauten einschließlich der Bauten auf fremden Grundstücken			V.	Jahresüberschuss/Jahresfehlbetrag		
2.	technische Anlagen und Maschinen			B.	**Sonderposten**		
3.	andere Anlagen, Betriebs- und Geschäftsausstattung			I.	für Investitionszuweisungen		
4.	geleistete Anzahlungen und Anlagen im Bau			1.	von der Gemeinde		
III.	**Finanzanlagen**			2.	von Dritten		
1.	Anteile an verbundenen Unternehmen			II.	für Investitionsbeiträge		
2.	Ausleihungen an verbundene Unternehmen			III.	für Sonstiges		
3.	Beteiligungen			C.	**Rückstellungen**		
4.	Ausleihungen an Unternehmen, mit denen ein Beteiligungsverhältnis besteht			1.	Lohn-, Gehalts- und Pensionsrückstellungen[1] und ähnliche Verpflichtungen		
5.	Wertpapiere des Anlagevermögens			2.	Steuerrückstellungen		
6.	sonstige Ausleihungen						

Eigenbetriebsverordnung-HGB **Kapitel 15**

B.	**Umlaufvermögen**			3.	sonstige Rückstellungen	
	I.	Vorräte		D.	**Verbindlichkeiten**	
	1.	Roh-, Hilfs- und Betriebsstoffe		1.	Anleihen	
	2.	unfertige Erzeugnisse, unfertige Leistungen		2.	davon konvertibel Verbindlichkeiten aus Kreditaufnahmen	
	3.	fertige Erzeugnisse und Waren		2.1	gegenüber der Gemeinde	
	4.	geleistete Anzahlungen		2.2	gegenüber anderen Eigenbetrieben der Gemeinde	
	II.	Forderungen und sonstige Vermögensgegenstände		2.3	gegenüber Dritten	
	1.	Forderungen aus Lieferungen und Leistungen		3.	erhaltene Anzahlungen auf Bestellungen	
	1.1	gegenüber der Gemeinde		4.	Verbindlichkeiten aus Lieferungen und Leistungen	
	1.2	gegenüber anderen Eigenbetrieben der Gemeinde		4.1	gegenüber der Gemeinde	
	1.3	gegenüber Dritten		4.2	gegenüber anderen Eigenbetrieben der Gemeinde	
	2.	Forderungen gegen verbundene Unternehmen		4.3	gegenüber Dritten	
	3.	Forderungen gegen Unternehmen, mit denen ein Beteiligungsverhältnis besteht		5.	Verbindlichkeiten aus der Annahme gezogener Wechsel und der Ausstellung eigener Wechsel	
	4.	sonstige Vermögensgegenstände		6.	Verbindlichkeiten gegenüber verbundenen Unternehmen	
	III.	Wertpapiere		7.	Verbindlichkeiten gegenüber Unternehmen, mit denen ein Beteiligungsverhältnis besteht	
	1.	Anteile an verbundenen Unternehmen		8.	sonstige Verbindlichkeiten	
	2.	sonstige Wertpapiere		8.1	gegenüber der Gemeinde	
	IV.	Kassenbestand, Bundesbankguthaben, Guthaben bei Kreditinstituten und Schecks		8.2	gegenüber anderen Eigenbetrieben der Gemeinde	
C.	**Rechnungsabgrenzungsposten**			8.3	gegenüber Dritten	
D.	**Aktiver Unterschiedsbetrag aus der Vermögensverrechnung**			E.	**Rechnungsabgrenzungsposten**	
	Bilanzsumme				**Bilanzsumme**	

[1] vgl. § 7 Absatz 2 EigBVO-HGB

Kapitel 15

Anlagen

Anlage 7
(zu § 10 i. V. m. § 16 Absatz 1 EigBG)

Liquiditätsrechnung

Nr.		Ergebnis Vorjahr EUR 1	Fortge-schriebener Ansatz Wirtschafts-jahr EUR 2¹	Ergebnis Wirtschafts-jahr EUR 3	Vergleich Ergebnis/ Ansatz (Spalten 3 - 2) EUR 4
	Mindestgliederungsschema I (>>Direkte Methode<<)				
1	Einzahlungen von Kunden für den Verkauf von Erzeugnissen, Waren und Dienstleistungen				
2	Sonstige Einzahlungen, die nicht der Investitions- oder der Finanzierungstätigkeit zuzuordnen sind				
3	Ertragsteuerrückzahlungen				
4	**Summe der Einzahlungen aus laufender Geschäftstätigkeit (Summe aus Nummern 1 bis 3)**				
5	Auszahlungen an Lieferanten und Beschäftigte				
6	Sonstige Auszahlungen, die nicht der Investitions- oder der Finanzierungstätigkeit zuzuordnen sind				
7	Ertragsteuerzahlungen				
8	**Summe der Auszahlungen aus laufender Geschäftstätigkeit (Summe aus Nummern 5 bis 7)**				
9	**Zahlungsmittelüberschuss/-bedarf aus laufender Geschäftstätigkeit (Saldo aus Nummern 4 und 8)**				

Eigenbetriebsverordnung-HGB **Kapitel 15**

10	Einzahlungen aus Abgängen von Gegenständen des immateriellen Anlagevermögens
11	Einzahlungen aus Abgängen von Gegenständen des Sachanlagevermögens
12	Einzahlungen aus Abgängen von Gegenständen des Finanzanlagevermögens
13	Einzahlungen aus der Rückzahlung geleisteter Investitionszuschüsse durch Dritte
14	Erhaltene Zinsen
15	Erhaltene Dividenden
16	**Summe der Einzahlungen aus Investitionstätigkeit (Summe aus Nummern 10 bis 15)**
17	Auszahlungen für Investitionen in das immaterielle Anlagevermögen
18	Auszahlungen für Investitionen in das Sachanlagevermögen
19	Auszahlungen für Investitionen in das Finanzanlagevermögen
20	Auszahlungen für geleistete Investitionszuschüsse an Dritte
21	**Summe der Auszahlungen aus Investitionstätigkeit (Summe aus Nummern 17 bis 20)**
22	Finanzierungsmittelüberschuss/-bedarf aus Investitionstätigkeit (Saldo aus Nummern 16 und 21)
23	**Finanzierungsmittelüberschuss/-bedarf (Summe aus Nummern 9 und 22)**
24	Einzahlungen aus Eigenkapitalzuführungen[2]
25	Einzahlungen aus der Aufnahme von Investitionskrediten und wirtschaftlich vergleichbaren Vorgängen für Investitionen bei der Gemeinde und anderen Eigenbetrieben

Kapitel 15

Anlagen

26	Einzahlungen aus der Aufnahme von Investitionskrediten und wirtschaftlich vergleichbaren Vorgängen für Investitionen bei Dritten
27	Einzahlungen aus Investitionsbeiträgen
28	Einzahlungen aus Investitionszuweisungen der Gemeinde
29	Einzahlungen aus Investitionszuweisungen Dritter
30	**Summe der Einzahlungen aus Finanzierungstätigkeit (Summe aus Nummern 24 bis 29)**
31	Auszahlungen aus Eigenkapitalherabsetzungen[3]
32	Auszahlungen aus der Tilgung von Investitionskrediten und wirtschaftlich vergleichbaren Vorgängen für Investitionen gegenüber der Gemeinde und anderen Eigenbetrieben
33	Auszahlungen aus der Tilgung von Investitionskrediten und wirtschaftlich vergleichbaren Vorgängen für Investitionen gegenüber Dritten
34	Auszahlungen aus der Rückzahlung von Investitionsbeiträgen
35	Auszahlungen aus der Rückzahlung von Investitionszuweisungen der Gemeinde
36	Auszahlungen aus der Rückzahlung von Investitionszuweisungen Dritter
37	Gezahlte Zinsen
38	**Summe der Auszahlungen aus Finanzierungstätigkeit (Summe aus Nummern 31 bis 37)**
39	**Finanzierungsmittelüberschuss-/bedarf aus Finanzierungstätigkeit (Saldo aus Nummern 30 und 38)**
40	**Änderung des Finanzierungsmittelbestands zum Ende des Wirtschaftsjahres (Summe aus Nummern 23 und 39)**

Eigenbetriebsverordnung-HGB **Kapitel 15**

41	Einzahlungen aufgrund von Finanzmittelanlagen im Rahmen der kurzfristigen Finanzdisposition		
42	Einzahlungen aus der Aufnahme von Kassenkrediten		
43	Auszahlungen aufgrund von Finanzmittelanlagen im Rahmen der kurzfristigen Finanzdisposition		
44	Auszahlungen aus der Rückzahlung von Kassenkrediten		
45	**Überschuss/Bedarf aus wirtschaftsplanunwirksamen Einzahlungen und Auszahlungen (Saldo aus Nummern 41 bis 44)**		
46	Anfangsbestand an Zahlungsmitteln[4]		
47	Veränderung des Bestands an Zahlungsmitteln (Summe aus Nummern 40 und 45)		
48	**Endbestand an Zahlungsmitteln am Ende des Wirtschaftsjahres[4] (Saldo aus den Summen Nummern 46 und 47)**		
	nachrichtlich:		
49	Endbestand an liquiden Eigenmitteln zum Jahresende[5]		
50	voraussichtlicher Bestand an inneren Darlehen zum Jahresende		

[1] Ansatz inklusive aller Nachtragswirtschaftspläne
[2] Einschließlich der Einzahlungen aus Fehlbetragsübernahmen der Gemeinde (auch Vorauszahlungen)
[3] Einschließlich der Auszahlungen für Überschussabführungen an die Gemeinde (auch Vorauszahlungen)
[4] Anfangs- und Endbestand an Zahlungsmitteln sind keine Planungsgrößen.
[5] Die Ermittlung des Endbestands an liquiden Eigenmitteln zum Jahresende hat entsprechend den Vorgaben des Musters in der Anlage 8 zu erfolgen.

Kapitel 15

Anlagen

Nr.		Mindestgliederungsschema II (>>Indirekte Methode<<)	Ergebnis Vorjahr EUR 1	Fortgeschriebener Ansatz Wirtschaftsjahr EUR 2[1]	Ergebnis Wirtschaftsjahr EUR 3	Vergleich Ergebnis/Ansatz (Spalten 3 - 2) EUR 4
1		Periodenergebnis (Jahresüberschuss/-fehlbetrag)				
2	+/-	Abschreibungen/Zuschreibungen auf Gegenstände des Anlagevermögens				
3	+/-	Zunahme/Abnahme der Rückstellungen				
4	+/-	Sonstige zahlungsunwirksame Aufwendungen/Erträge				
5	-/+	Zunahme/Abnahme der Vorräte, der Forderungen aus Lieferungen und Leistungen sowie anderer Aktiva, die nicht der Investitions- oder Finanzierungstätigkeit zuzuordnen sind				
6	+/-	Zunahme/Abnahme der Verbindlichkeiten aus Lieferungen und Leistungen sowie anderer Passiva, die nicht der Investitions- oder Finanzierungstätigkeit zuzuordnen sind				
7	-/+	Gewinn/Verlust aus dem Abgang von Gegenständen des Anlagevermögens				
8	+/-	Zinsaufwendungen/Zinserträge				
9	-	Sonstige Beteiligungserträge				
10	+/-	Aufwendungen/Erträge von außergewöhnlicher Größenordnung oder außergewöhnlicher Bedeutung				
11	+/-	Ertragsteueraufwand/-ertrag				
12	-/+	Ertragsteuerzahlungen				

Eigenbetriebsverordnung-HGB

Kapitel 15

13	Zahlungsmittelüberschuss/-bedarf aus laufender Geschäftstätigkeit (Saldo aus Nummern 1 bis 12)	
14	Einzahlungen aus Abgängen von Gegenständen des immateriellen Anlagevermögens	
15	Einzahlungen aus Abgängen von Gegenständen des Sachanlagevermögens	
16	Einzahlungen aus Abgängen von Gegenständen des Finanzanlagevermögens	
17	Einzahlungen aus der Rückzahlung geleisteter Investitionszuschüsse durch Dritte	
18	Erhaltene Zinsen	
19	Erhaltene Dividenden	
20	Summe der Einzahlungen aus Investitionstätigkeit (Summe aus Nummern 14 bis 19)	
21	Auszahlungen für Investitionen in das immaterielle Anlagevermögen	
22	Auszahlungen für Investitionen in das Sachanlagevermögen	
23	Auszahlungen für Investitionen in das Finanzanlagevermögen	
24	Auszahlungen für geleistete Investitionszuschüsse an Dritte	
25	Summe der Auszahlungen aus Investitionstätigkeit (Summe aus Nummern 21 bis 24)	
26	Finanzierungsmittelüberschuss/-bedarf aus Investitionstätigkeit (Saldo aus Nummern 20 und 25)	
27	Finanzierungsmittelüberschuss/-bedarf (Summe aus Nummern 13 und 26)	
28	Einzahlungen Eigenkapitalzuführungen[2]	

Kapitel 15

Anlagen

29	Einzahlungen aus der Aufnahme von Investitionskrediten und wirtschaftlich vergleichbaren Vorgängen für Investitionen bei der Gemeinde und anderen Eigenbetrieben	
30	Einzahlungen aus der Aufnahme von Investitionskrediten und wirtschaftlich vergleichbaren Vorgängen für Investitionen bei Dritten	
31	Einzahlungen aus Investitionsbeiträgen	
32	Einzahlungen aus Investitionszuweisungen der Gemeinde	
33	Einzahlungen aus Investitionszuweisungen Dritter	
34	**Summe der Einzahlungen aus Finanzierungstätigkeit (Summe aus Nummern 28 bis 33)**	
35	Auszahlungen aus Eigenkapitalherabsetzungen[3]	
36	Auszahlungen aus der Tilgung von Investitionskrediten und wirtschaftlich vergleichbaren Vorgängen für Investitionen gegenüber der Gemeinde und anderen Eigenbetrieben	
37	Auszahlungen aus der Tilgung von Investitionskrediten und wirtschaftlich vergleichbaren Vorgängen für Investitionen gegenüber Dritten	
38	Auszahlungen aus der Rückzahlung von Investitionsbeiträgen	
39	Auszahlungen aus der Rückzahlung von Investitionszuweisungen der Gemeinde	
40	Auszahlungen aus der Rückzahlung von Investitionszuweisungen Dritter	
41	Gezahlte Zinsen	
42	**Summe der Auszahlungen aus Finanzierungstätigkeit (Summe aus Nummern 35 bis 41)**	
43	**Finanzierungsmittelüberschuss-/bedarf aus Finanzierungstätigkeit (Saldo aus Nummern 34 und 42)**	

Eigenbetriebsverordnung-HGB   **Kapitel 15**

44	**Änderung des Finanzierungsmittelbestands zum Ende des Wirtschaftsjahres (Summe aus Nummern 27 und 43)**		
45	Einzahlungen aufgrund von Finanzmittelanlagen im Rahmen der kurzfristigen Finanzdisposition		
46	Einzahlungen aus der Aufnahme von Kassenkrediten		
47	Auszahlungen aufgrund von Finanzmittelanlagen im Rahmen der kurzfristigen Finanzdisposition		
48	Auszahlungen aus der Rückzahlung von Kassenkrediten		
49	**Überschuss/Bedarf aus wirtschaftsplanunwirksamen Einzahlungen und Auszahlungen (Saldo aus Nummern 45 bis 48)**		
50	Anfangsbestand an Zahlungsmitteln[4]		
51	Veränderung des Bestands an Zahlungsmitteln (Summe aus Nummern 44 und 49)		
52	**Endbestand an Zahlungsmitteln am Ende des Wirtschaftsjahres[4] (Saldo aus den Summen Nummern 50 und 51)**		
	nachrichtlich:		
53	Endbestand an liquiden Eigenmitteln zum Jahresende[5]		
54	voraussichtlicher Bestand an inneren Darlehen zum Jahresende		

[1] Ansatz inklusive aller Nachtragswirtschaftspläne
[2] Einschließlich der Einzahlungen aus Fehlbetragsübernahmen der Gemeinde (auch Vorauszahlungen)
[3] Einschließlich der Auszahlungen für Überschussabführungen an die Gemeinde (auch Vorauszahlungen)
[4] Anfangs- und Endbestand an Zahlungsmitteln sind keine Planungsgrößen.
[5] Die Ermittlung des Endbestands an liquiden Eigenmitteln zum Jahresende hat entsprechend den Vorgaben des Musters in der Anlage 8 zu erfolgen.

Kapitel 15 — Anlagen

Anlage 8
(zu § 11 Satz 2)

Entwicklung der Liquidität zum Jahresabschluss

Nr.		Einzahlungs- und Auszahlungsarten[1]	Liquiditätsrechnung	
			Vorjahr EUR	Rechnungsjahr EUR
			1	2
1		Zahlungsmittelbestand zum Jahresbeginn[2]		
2	+/-	Zahlungsmittelüberschuss/-bedarf aus laufender Geschäftstätigkeit (§ 10 i. V. m. Anlage 7 Nr. 9 direkte Methode bzw. Nr. 13 indirekte Methode EigBVO-HGB)		
3	+/-	Finanzierungsmittelüberschuss/-bedarf aus Investitionstätigkeit (§ 10 i. V. m. Anlage 7 Nr. 22 direkte Methode bzw. Nr. 26 indirekte Methode EigBVO-HGB)		
4	+/-	Finanzierungsmittelüberschuss/-bedarf aus Finanzierungstätigkeit (§ 10 i. V. m. Anlage 7 Nr. 39 direkte Methode bzw. Nr. 43 indirekte Methode EigBVO-HGB)		
5	+/-	Überschuss oder Bedarf aus wirtschaftsplanunwirksamen Einzahlungen und Auszahlungen (§ 10 i. V. m. Anlage 7 Nr. 45 direkte Methode bzw. Nr. 49 indirekte Methode EigBVO-HGB)		
6	=	**Endbestand an Zahlungsmitteln am Jahresende** (§ 10 i. V. m. Anlage 7 Nr. 48 direkte Methode bzw. Nr. 52 indirekte Methode EigBVO-HGB)		
7a	+	Sonstige Einlagen aus Kassenmitteln zum Jahresende		
7b	+	Investmentzertifikate, Kapitalmarktpapiere, Geldmarktpapiere und sonstige Wertpapiere		
7c	+	Forderungen aus Liquiditätsbeziehungen zum Kernhaushalt, zu verbundenen Unternehmen, Beteiligungen, selbstständigen Kommunalanstalten und anderen Eigenbetrieben der Gemeinde		
8a	-	Bestand an Kassenkrediten zum Jahresende[3]		
8b	-	Verbindlichkeiten aus Liquiditätsbeziehungen zum Kernhaushalt, zu verbundenen Unternehmen, Beteiligungen, selbstständigen Kommunalanstalten und anderen Eigenbetrieben der Gemeinde		
9	=	**liquide Eigenmittel zum Jahresende**		
10	-	mittelübertragungsbedingter Liquiditätsbedarf (§ 2 Absatz 4 EigBVO-HGB)		
11	=	**bereinigte liquide Eigenmittel zum Jahresende**		
12	-	für bestimmte Zwecke gebunden[4]		
13	=	**bereinigte liquide Eigenmittel zum Jahresende ohne gebundene Mittel**		

[1] Die Zeile 12 (Gesamtsumme der gebundenen Mittel) kann bedarfsgerecht weiter unterteilt werden.
[2] Aus der Liquiditätsrechnung (§ 10 i. V. m. Anlage 7 Nr. 46 direkte Methode bzw Nr. 50 indirekte Methode EigBVO-HGB).
[3] Die Aufnahme von Kassenkrediten führt zu einer Veränderung des Zahlungsmittelbestands. Kassenkredite sind nur zur kurzfristigen Liquiditätsüberbrückung erlaubt und müssen zeitnah zurückbezahlt werden, daher ist der Wert an Kassenkrediten hier zu berücksichtigen.
[4] Hierunter können z.B. auch Rückstellungen fallen.

Eigenbetriebsverordnung-HGB

Kapitel 15

Anlage 9
(zu § 13 i. V. m. § 16 Absatz 3 Satz 2 EigBG)

Feststellungsbeschluss

Auf Grund von § 16 Absatz 3 des Eigenbetriebsgesetzes stellt der Gemeinderat am [Datum des Beschlusses] den Jahresabschluss des [Name des Eigenbetriebs] für das Jahr [Wirtschaftsjahr, für das der Beschluss gilt] mit folgenden Werten fest:

		Euro
1.	**Erfolgsrechnung**	
1.1	Summe Erträge	
1.2	Summe Aufwendungen	
1.3	Jahresüberschuss/Jahresfehlbetrag (Saldo aus 1.1 und 1.2)[1)]	
	nachrichtlich:	
	Vorauszahlungen der Gemeinde auf die spätere Fehlbetragsabdeckung	
	Vorauszahlungen an die Gemeinde auf die spätere Überschussabführung	
2.	**Liquiditätsrechnung**	
2.1	**Zahlungsmittelüberschuss/-bedarf aus laufender Geschäftstätigkeit**	
2.2	**Finanzierungsmittelüberschuss/-bedarf aus Investitionstätigkeit**	
2.3	**Finanzierungsmittelüberschuss/-bedarf** (Saldo aus 2.1 und 2.2)	
2.4	**Finanzierungsmittelüberschuss/-bedarf aus Finanzierungstätigkeit**	
2.5	**Änderung des Finanzierungsmittelbestands zum Ende des Wirtschaftsjahres** (Saldo aus 2.3 und 2.4)[2)]	
2.6	**Überschuss/Bedarf aus wirtschaftsplanunwirksamen Einzahlungen und Auszahlungen**	
3.	**Bilanzsumme**	

Verwendung des Jahresüberschusses/Behandlung des Jahresfehlbetrags
Verwendung des Jahresüberschusses:
(a) Verrechnung mit Verlustvortrag
(b) Einstellung in Rücklagen
(c) Abführung an den Haushalt der Gemeinde
(d) Vortrag auf neue Rechnung
Behandlung des Jahresfehlbetrags:
(a) Verrechnung mit Gewinnvortrag
(b) Entnahme aus Rücklagen
(c) Ausgleich aus dem Haushalt der Gemeinde
(d) Vortrag auf neue Rechnung

Fußnoten
[1] Betrag muss mit dem Posten Jahresüberschuss/Jahresfehlbetrag in der Bilanz auf der Passivseite übereinstimmen.
[2] Einschließlich der Einzahlungen aus Fehlbetragsübernahmen der Gemeinde bzw. der Auszahlungen für Überschussabführungen an die Gemeinde (auch Vorauszahlungen).

15.5 Eigenbetriebsverordnung-Doppik

Verordnung des Innenministeriums über die Wirtschaftsführung und das Rechnungswesen der Eigenbetriebe auf Grundlage der Kommunalen Doppik (Eigenbetriebsverordnung-Doppik – EigBVO-Doppik)

Vom 1. Oktober 2020[35]

§ 1 Erfolgsplan

(1) Der Erfolgsplan muss alle voraussehbaren Erträge und Aufwendungen des Wirtschaftsjahres enthalten. Er ist unbeschadet einer weiteren Untergliederung entsprechend dem Muster in der Anlage 1 aufzustellen.

(2) Die veranschlagten wesentlichen Erträge und Aufwendungen sind zu begründen, insbesondere wenn sie von den Vorjahreszahlen erheblich abweichen. Den Ansätzen für das Planjahr sind die Planansätze für das laufende Jahr und die entsprechenden Ergebnisse des Vorjahres gegenüberzustellen.

(3) Ansätze für Aufwendungen können ganz oder teilweise für übertragbar erklärt werden.

§ 2 Liquiditätsplan mit Investitionsprogramm

(1) Der Liquiditätsplan muss enthalten
1. alle voraussichtlich eingehenden ergebnis- und vermögenswirksamen Einzahlungen und zu leistenden ergebnis- und vermögenswirksamen Auszahlungen aus laufender Geschäftätigkeit, aus Investitionstätigkeit und aus Finanzierungstätigkeit sowie die jeweiligen Salden des Wirtschaftsjahres,
2. die notwendigen Verpflichtungsermächtigungen.

(2) Der Liquiditätsplan ist, wenn der Gegenstand des Betriebs keine abweichende Gliederung bedingt, die gleichwertig sein muss, entsprechend dem Muster in der Anlage 2 aufzustellen. Dem Liquiditätsplan sind eine Übersicht über die voraussichtliche Entwicklung der Liquidität entsprechend dem Muster in der Anlage 3, eine Übersicht über die aus Verpflichtungsermächtigungen in den einzelnen Jahren voraussichtlich fällig werdenden Auszahlungen entsprechend dem Muster in der Anlage 4 und eine Übersicht über den voraussichtlichen Stand der Schulden entsprechend dem Muster in der Anlage 5 beizufügen. Der Bestand an inneren Darlehen ist für Abfallbetriebe entsprechend dem Muster in der Anlage 6 darzustellen.

(3) Der Finanzierungsbedarf und die Verpflichtungsermächtigungen für Investitionen sind nach Vorhaben getrennt zu veranschlagen und zu erläutern. Die Vorhaben sind entsprechend dem Muster in der Anlage 7 darzustellen.

---

35 Verkündet als Artikel 2 der Verordnung des Innenministeriums über die Wirtschaftsführung und das Rechnungswesen der Eigenbetriebe auf Grundlage des Handelsgesetzbuchs und der Kommunalen Doppik sowie zur Änderung der Gemeindehaushaltsverordnung und der Krankenhausrechnungsverordnung vom 1. Oktober 2020 (GBl. S. 827).

(4) Die Mittel für die einzelnen Vorhaben sind übertragbar. Soweit nichts anderes bestimmt wird, sind die Ansätze für verschiedene Vorhaben gegenseitig deckungsfähig. § 1 Absatz 3 gilt für Auszahlungen des Erfolgsplans entsprechend.

(5) Die Liquidität ist unter Berücksichtigung des Liquiditätsbestands des Vorjahres so zu planen, dass der Liquiditätsbestand am Ende des Wirtschaftsjahres nicht negativ und die Zahlungsfähigkeit jederzeit gegeben ist.

§ 3 Stellenübersicht

(1) Die Stellenübersicht muss die im Wirtschaftsjahr erforderlichen Stellen für Arbeitnehmerinnen und Arbeitnehmer enthalten. Beamtinnen und Beamte, die beim Eigenbetrieb beschäftigt werden, sind im Stellenplan der Gemeinde zu führen und in der Stellenübersicht nachrichtlich anzugeben.

(2) Die Stellenübersicht soll nach Betriebszweigen gegliedert werden. Zum Vergleich sind die Zahlen der im laufenden Wirtschaftsjahr vorgesehenen und der am 30. Juni des Vorjahres tatsächlich besetzten Stellen anzugeben. Erhebliche Abweichungen von der Stellenübersicht des laufenden Wirtschaftsjahres sind zu begründen.

§ 4 Finanzplanung

Der fünfjährige Finanzplan umfasst das laufende Wirtschaftsjahr, das Wirtschaftsjahr, für das der Wirtschaftsplan aufgestellt wird, und die folgenden drei Wirtschaftsjahre. Er besteht aus
1. einer Übersicht über die Entwicklung der Erträge und Aufwendungen in der für den Erfolgsplan vorgeschriebenen Ordnung und
2. einer Übersicht über die Entwicklung der Einzahlungen und Auszahlungen in der für den Liquiditätsplan vorgeschriebenen Ordnung.

In das dem Finanzplan zugrunde zu legende Investitionsprogramm sind die im Planungszeitraum vorgesehenen Investitionen nach Jahresabschnitten aufzunehmen. Jeder Jahresabschnitt soll die fortzuführenden und neuen Investitionen mit den auf das betreffende Jahr entfallenden Teilbeträgen wiedergeben. Unbedeutende Investitionen können zusammengefasst werden. Die Angaben nach Satz 2 können in die Muster der Anlagen 1 und 2, die Angaben nach Satz 3 in das Muster der Anlage 7 integriert werden; ansonsten sind die Muster in den Anlagen 8 oder 9 zu verwenden.

§ 5 Sonderregelung

Sofern vorrangige Rechtsvorschriften eine abweichende Gliederung von Bilanz, Erfolgs- oder Liquiditätsrechnung bedingen, ist diese Gliederung für die Planung und den Jahresabschluss zugrunde zu legen.

§ 6 Buchführung und Kostenrechnung

(1) Die Vorschriften des Siebten Abschnitts der Gemeindehaushaltsverordnung (GemHVO) über Buchführung und Inventar finden Anwendung. Von § 35 Absatz 4 Satz 1 GemHVO kann abgewichen werden.

(2) Einheitskontenrahmen sind anzuwenden, soweit sie für Zwecke der Finanzstatistik und der Vergleichbarkeit für verbindlich erklärt sind.

Kapitel 15 Anlagen

(3) Als Grundlage für die Verwaltungssteuerung sowie für die Beurteilung der Wirtschaftlichkeit und Leistungsfähigkeit des Eigenbetriebs sollen für alle Betriebszweige nach den örtlichen Bedürfnissen Kosten- und Leistungsrechnungen geführt werden. Die Kosten und Erlöse sind aus der Buchführung nachprüfbar herzuleiten.

§ 7 Eröffnungsbilanz und Jahresabschluss

(1) Zu Beginn des ersten Wirtschaftsjahres ist eine Eröffnungsbilanz aufzustellen. Auf die Eröffnungsbilanz sind die für den Jahresabschluss geltenden Vorschriften entsprechend anzuwenden, soweit sie sich auf die Bilanz beziehen. Die Werte in der Eröffnungsbilanz sind mit den Restbuchwerten anzusetzen, die im bisherigen Rechnungswesen nachgewiesen sind.

(2) Für den Jahresabschluss finden die Vorschriften des Achten und Neunten Abschnitts sowie § 63 Absätze 1 und 3 GemHVO entsprechend Anwendung, soweit sich aus dieser Verordnung nichts anderes ergibt; § 63 Absatz 2 GemHVO gilt mit der Maßgabe, dass der Gewinn oder Verlust aus Berichtigungen der Eröffnungsbilanz entweder mit dem Eigenkapital oder mit einem Trägerdarlehen, sofern dieses in der Eröffnungsbilanz residual gebildet wurde, zu verrechnen ist.

(3) Sofern keine vorrangigen Rechtsvorschriften entgegenstehen, darf der Eigenbetrieb keine Rückstellungen für Pensions- und Beihilfeverpflichtungen bilden, für die der Kommunale Versorgungsverband nach § 27 Absatz 5 des Gesetzes über den Kommunalen Versorgungsverband Baden-Württemberg Rückstellungen bildet. Bestehende Rückstellungen nach Satz 1 müssen längstens innerhalb von 15 Jahren einmalig oder in gleichen Jahresraten aufgelöst werden.

§ 8 Bilanz

(1) Die Bilanz ist unbeschadet einer weiteren Untergliederung entsprechend dem Muster in der Anlage 10 aufzustellen. Das Stammkapital ist als gezeichnetes Kapital auszuweisen. Forderungen und Verbindlichkeiten gegenüber der Gemeinde und anderen Eigenbetrieben sind gesondert auszuweisen.

(2) Das Stammkapital ist mit seinem in der Betriebssatzung festgelegten Betrag anzusetzen.

(3) Von dem Eigenbetrieb geleistete Investitionszuschüsse sollen als Sonderposten in der Bilanz ausgewiesen und entsprechend dem Zuwendungsverhältnis aufgelöst werden. Empfangene Investitionszuweisungen und Investitionsbeiträge sollen als Sonderposten in der Bilanz ausgewiesen und entsprechend der voraussichtlichen Nutzungsdauer aufgelöst oder von den Anschaffungs- oder Herstellungskosten des bezuschussten Vermögensgegenstandes abgesetzt werden. Satz 2 gilt auch für Investitionszuweisungen der Gemeinde. Zu den Investitionsbeiträgen gehören auch vom Eigenbetrieb erhobene Baukostenzuschüsse auf Grund allgemeiner Lieferbedingungen oder Beiträge auf Grund einer Satzung. Kapitalzuschüsse der öffentlichen Hand, die die Gemeinde für den Eigenbetrieb erhalten hat, sind dem Eigenkapital zuzuführen.

§ 9 Erfolgsrechnung

Die Erfolgsrechnung ist als Ergebnisrechnung unbeschadet einer weiteren Untergliederung entsprechend dem Muster in der Anlage 11 aufzustellen.

§ 10 Liquiditätsrechnung

Die Liquiditätsrechnung ist als Finanzrechnung unbeschadet einer weiteren Untergliederung entsprechend dem Muster in der Anlage 12 aufzustellen.

§ 11 Anhang

Für die Darstellung im Anhang gilt § 53 GemHVO mit der Maßgabe, dass
1. die Angabe nach Absatz 2 Nummer 4 entfallen kann,
2. die Angaben nach Absatz 2 Nummer 8 für die Mitglieder der Betriebsleitung und des Betriebsausschusses zu machen sind und
3. zusätzlich nach § 285 Nummer 9 des Handelsgesetzbuchs Angaben über die vom Eigenbetrieb gewährten Leistungen für die Mitglieder der Betriebsleitung und des Betriebsausschusses sowie für sonstige für den Eigenbetrieb in leitender Funktion tätige Personen zu machen sind; § 286 Absatz 4 des Handelsgesetzbuchs gilt entsprechend.

Die Entwicklung der Liquidität ist entsprechend dem Muster in der Anlage 13 darzustellen.
Dem Anhang sind als Anlagen beizufügen
1. die Vermögensübersicht entsprechend dem Muster in der Anlage 14 und
2. die Schuldenübersicht entsprechend dem Muster in der Anlage 15.

§ 12 Lagebericht

Als Lagebericht ist ein Rechenschaftsbericht entsprechend § 54 GemHVO zu erstellen. Abweichend von § 54 Absatz 2 Nummer 6 GemHVO sind Kennzahlen nach den individuellen Steuerungsbedürfnissen zu ermitteln, darzustellen und fortzuschreiben.

§ 13 Feststellung des Jahresabschlusses und Behandlung des Jahresergebnisses

Die Beschlüsse über die Feststellung des Jahresabschlusses und über die Verwendung des Jahresüberschusses oder die Behandlung des Jahresfehlbetrags müssen die Angaben entsprechend dem Muster in der Anlage 16 enthalten.

§ 14 Besondere Vorschriften über die Erhaltung des Sondervermögens

Sämtliche Lieferungen, Leistungen und Kredite, auch im Verhältnis zwischen dem Eigenbetrieb und der Gemeinde, einem anderen Eigenbetrieb der Gemeinde oder einer Gesellschaft, an der die Gemeinde beteiligt ist, sind angemessen zu vergüten. Der Eigenbetrieb kann jedoch abweichend von Satz 1
1. Wasser für den Brandschutz, für die Reinigung von Straßen und Abwasseranlagen sowie für öffentliche Zier- und Straßenbrunnen unentgeltlich oder verbilligt liefern,
2. Anlagen für die Löschwasserversorgung unentgeltlich oder verbilligt zur Verfügung stellen,
3. auf die Tarifpreise für Leistungen von Elektrizität, Gas, Wasser und Wärme einen Preisnachlass gewähren, soweit dieser steuerrechtlich anerkannt ist.

Kapitel 15 — Anlagen

§ 15 Kassenwirtschaft

Die Bürgermeisterin oder der Bürgermeister bestimmt nach Anhörung der Betriebsleitung, inwieweit der Eigenbetrieb seine vorübergehend nicht benötigten Kassenmittel selbst bewirtschaftet oder inwieweit sie durch die Gemeindekasse zusammen mit ihren Kassenmitteln bewirtschaftet werden. Dabei ist auf die Zahlungsbereitschaft des Eigenbetriebs Rücksicht zu nehmen.

§ 16 Weitere anzuwendende Vorschriften der Gemeindehaushaltsverordnung

Die § 10 Absätze 1 und 2, § 12, § 16 Absätze 1 bis 3 und 4 Satz 1, § 26, § 27 Absätze 1, 2, 3 Satz 1 und Absatz 4, §§ 31 bis 33 GemHVO gelten entsprechend.

§ 17 Muster

Die anzuwendenden Muster können bei Bedarf ergänzt und gestalterisch angepasst werden, müssen jedoch mindestens die in den Mustern vorgeschriebenen Angaben enthalten. In den Mustern sind diejenigen Werte auszuweisen, die zum Zeitpunkt der Planung oder Buchung gültig sind beziehungsweise in Vorjahren gültig waren. Nullwerte müssen nicht dargestellt werden; Tabellenzeilen und -spalten ohne Wertangaben können entfallen. Wenn die Finanzplanung nicht in den Erfolgsplan, den Liquiditätsplan und in die Einzeldarstellung der Investitionsmaßnahmen integriert wird, können in den Mustern der Anlagen 1, 2 und 7 die Spalten der drei Finanzplanungsjahre, die auf das Wirtschaftsjahr folgen, für das der Wirtschaftsplan aufgestellt wird, entfallen.

§ 18 Umstellung der Wirtschaftsführung und des Rechnungswesens

Bei einer Umstellung der Wirtschaftsführung und des Rechnungswesens von den Vorschriften der Eigenbetriebsverordnung vom 7. Dezember 1992 (GBl. S. 776) oder der Eigenbetriebsverordnung-HGB auf die Vorschriften dieser Verordnung ist eine Eröffnungsbilanz entsprechend § 7 Absatz 1 aufzustellen. In den Spalten der anzuwendenden Muster für den Wirtschaftsplan, die Eröffnungsbilanz und den Jahresabschluss müssen Werte für Vorjahre nicht angegeben werden; vom Abdruck dieser Spalten kann abgesehen werden.

§ 19 Übergangsregelungen

(1) Die im bisherigen Rechnungswesen in entsprechender Anwendung der für die Haushaltswirtschaft der Gemeinden geltenden Vorschriften (Kommunale Doppik) gemäß § 12 Absatz 1 Satz 3 des Eigenbetriebsgesetzes (EigBG) in der bis zum 25. Juni 2020 geltenden Fassung in Verbindung mit § 77 Absatz 3 der Gemeindeordnung (GemO) nachgewiesenen Restbuchwerte sind unter Berücksichtigung der Ansatzvorschriften dieser Verordnung zu übernehmen. Die bisherigen Posten des Eigenkapitals nach § 52 Absatz 4 Nummer 1 GemHVO sind auf die Posten des Eigenkapitals nach Anlage 10 überzuleiten. Die Ergebnisrücklagen gehen hierbei in den Gewinnrücklagen und Fehlbeträge im Posten Verlustvortrag auf. Ein unter Berücksichtigung des gezeichneten Kapitals nach § 8 Absatz 1 Satz 2 verbleibender positiver Differenzbetrag ist in der Kapitalrücklage auszuweisen; ein negativer Differenzbetrag im Posten Verlustvortrag. Abweichungen bei der Gliederung des Jahres-

abschlusses, die sich aus der erstmaligen Anwendung dieser Verordnung ergeben, sind im Anhang anzugeben und entsprechend zu erläutern.

(2) In den Spalten der anzuwendenden Muster müssen Werte für Vorjahre, für die die Wirtschaftsführung und das Rechnungswesen nicht nach dieser Verordnung erfolgte, nicht angegeben werden; vom Abdruck dieser Spalten kann abgesehen werden.

Kapitel 15

Anlagen

Anlage 1
(zu § 1 Absatz 1 Satz 2 und § 4 i. V. m. § 14 EigBG)

Erfolgsplan einschließlich Finanzplanung

Nr.		Ergebnis Vorvorjahr EUR 1	Ansatz Vorjahr EUR 2[1]	Ansatz Wirtschaftsjahr EUR 3	Planung Wirtschaftsjahr +1 EUR 4[2]	Planung Wirtschaftsjahr +2 EUR 5	Planung Wirtschaftsjahr +3 EUR 6
1	Steuern und ähnliche Abgaben						
2	Zuweisungen und Zuwendungen, Umlagen						
3	Aufgelöste Investitionszuwendungen und -beiträge						
4	Sonstige Transfererträge						
5	Entgelte für öffentliche Leistungen oder Einrichtungen						
6	Sonstige privatrechtliche Leistungsentgelte						
7	Kostenerstattungen und Kostenumlagen						
8	Zinsen und ähnliche Erträge						
9	Aktivierte Eigenleistungen und Bestandsveränderungen						
10	Sonstige Erträge						
11	**Erträge (Summe aus Nummern 1 bis 10)**						
12	Personalaufwendungen						
13	Versorgungsaufwendungen						
14	Aufwendungen für Sach- und Dienstleistungen						
15	Abschreibungen						
16	Zinsen und ähnliche Aufwendungen						
17	Transferaufwendungen						
18	Sonstige Aufwendungen						
19	**Aufwendungen (Summe aus Nummern 12 bis 18)**						
20	**Veranschlagtes Ergebnis (Saldo aus Nummern 11 und 19)**						
	nachrichtlich						
21	Vorauszahlungen der Gemeinde auf die spätere Fehlbetragsabdeckung						
22	Vorauszahlungen an die Gemeinde auf die spätere Überschussabführung						

[1] Ansatz einschließlich aller Änderungen des Wirtschaftsplans
[2] Bei einem Doppelwirtschaftsplan lautet die Spaltenüberschrift "Ansatz Wirtschaftsjahr +1".

Eigenbetriebsverordnung-Doppik

Kapitel 15

Anlage 2
(zu § 2 Absatz 2 Satz 1 und § 4 i. V. m. § 14 EigBG)

Liquiditätsplan einschließlich Finanzplanung

Nr.		Ergebnis Vorvorjahr EUR 1	Ansatz Vorjahr EUR 2	Ansatz Wirtschaftsjahr EUR 3	Verpflichtungs- ermächtigungen Wirtschaftsjahr EUR 4	Planung Wirtschaftsjahr +1 EUR 5¹⁾	Verpflichtungs- ermächtigungen Wirtschaftsjahr +1 EUR 6²⁾	Planung Wirtschaftsjahr +2 EUR 7	Planung Wirtschaftsjahr +3 EUR 8
1	Steuern und ähnliche Abgaben								
2	Zuweisungen und Zuwendungen und allgemeine Umlagen								
3	Sonstige Transfereinzahlungen								
4	Entgelte für öffentliche Leistungen oder Einrichtungen								
5	Sonstige privatrechtliche Leistungsentgelte								
6	Kostenerstattungen und Kostenumlagen								
7	Zinsen und ähnliche Einzahlungen								
8	Sonstige ergebniswirksame Einzahlungen								
9	**Einzahlungen aus laufender Geschäftstätigkeit (Summe aus Nummern 1 bis 8)**								
10	Personalauszahlungen								
11	Versorgungsauszahlungen								
12	Auszahlungen für Sach- und Dienstleistungen								
13	Zinsen und ähnliche Auszahlungen								
14	Transferauszahlungen (ohne Investitionszuschüsse)								
15	Sonstige ergebniswirksame Auszahlungen								
16	**Auszahlungen aus laufender Geschäftstätigkeit (Summe aus Nummern 10 bis 15)**								
17	**Zahlungsmittelüberschuss/-bedarf des Erfolgsplans (Saldo aus Nummern 9 und 16)**								
18	Einzahlungen aus Investitionszuwendungen								
19	Einzahlungen aus Investitionsbeiträgen und ähnlichen Entgelten für Investitionstätigkeit								
20	Einzahlungen aus der Veräußerung von Sachvermögen								
21	Einzahlungen aus der Veräußerung von Finanzvermögen								
22	Einzahlungen für sonstige Investitionstätigkeit								

Kapitel 15

Anlagen

23	**Einzahlungen aus Investitionstätigkeit (Summe aus Nummern 18 bis 22)**					╳
24	Auszahlungen für den Erwerb von Grundstücken und Gebäuden					
25	Auszahlungen für Baumaßnahmen					
26	Auszahlungen für den Erwerb von beweglichem Sachvermögen					
27	Auszahlungen für den Erwerb von Finanzvermögen					
28	Auszahlungen für Investitionsförderungsmaßnahmen					
29	Auszahlungen für den Erwerb von immateriellen Vermögensgegenständen					
30	**Auszahlungen aus Investitionstätigkeit (Summe aus Nummern 24 bis 29)**					╳
31	**Veranschlagter Finanzmittelüberschuss/-bedarf aus Investitionstätigkeit (Saldo aus Nummern 23 und 30)**					
32	**Veranschlagter Finanzierungsmittelüberschuss/-bedarf (Saldo aus Nummern 17 und 31)**					
33	Einzahlungen aus der Aufnahme von Krediten und wirtschaftlich vergleichbaren Vorgängen für Investitionen					
33a	Einzahlungen aus der Veränderung des Eigenkapitals[3]					
34	Auszahlungen für die Tilgung von Krediten und wirtschaftlich vergleichbaren Vorgängen für Investitionen					
34a	Auszahlungen aus der Veränderung des Eigenkapitals[4]					
35	**Veranschlagter Finanzierungsmittelüberschuss/-bedarf aus Finanzierungstätigkeit (Saldo aus Nummern 33, 33a, 34 und 34a)**					╳
36	**Veranschlagte Änderung des Finanzmittelbestands zum Ende des Wirtschaftsjahres (Saldo aus Nummern 32 und 35)**					
	nachrichtlich:					
37	den voraussichtlichen Bestand an liquiden Eigenmitteln zum Jahresbeginn					
38	den voraussichtlichen Bestand an inneren Darlehen zum Jahresbeginn					

[1] Bei einem Doppelwirtschaftsplan lautet die Spaltenüberschrift "Ansatz Wirtschaftsjahr +1".
[2] Bei einem Doppelwirtschaftsplan ist neben Spalte 4 auch Spalte 6 zu bedienen.
[3] Einschließlich der Einzahlungen aus Fehlbetragsübernahmen der Gemeinde (auch Vorauszahlungen)
[4] Einschließlich der Auszahlungen für Überschussabführungen an die Gemeinde (auch Vorauszahlungen)

Eigenbetriebsverordnung-Doppik

Kapitel 15

Anlage 3
(zu § 2 Absatz 2 Satz 2)

Voraussichtliche Entwicklung der Liquidität

Nr.	Einzahlungs- und Auszahlungsarten[1]	Liquiditätsplan			Finanzplanung	
		Vorjahr EUR 1	Wirtschaftsjahr EUR 2	Wirtschaftsjahr +1 EUR 3	Wirtschaftsjahr +2 EUR 4	Wirtschaftsjahr +3 EUR 5
1	Zahlungsmittelbestand zum Jahresbeginn[2]					
2a +	Sonstige Einlagen aus Kassenmitteln zum Jahresbeginn					
2b +	Investmentzertifikate, Kapitalmarktpapiere, Geldmarktpapiere und sonstige Wertpapiere					
2c +	Forderungen aus Liquiditätsbeziehungen zum Kernhaushalt, zu verbundenen Unternehmen, Beteiligungen, selbstständigen Kommunalanstalten und anderen Eigenbetrieben der Gemeinde					
3a −	Bestand an Kassenkrediten zum Jahresbeginn					
3b −	Verbindlichkeiten aus Liquiditätsbeziehungen zum Kernhaushalt, zu verbundenen Unternehmen, Beteiligungen, selbstständigen Kommunalanstalten und anderen Eigenbetrieben der Gemeinde					
4 =	**liquide Eigenmittel zum Jahresbeginn**					
5 −	Auszahlungen aufgrund von übertragenen Mitteln für einzelne Vorhaben der Vorvorjahre (§ 2 Absatz 4 EigBVO-Doppik)					
6 +	Einzahlungen aus nicht in Anspruch genommenen Kreditermächtigungen für Investitionen und Investitionsfördermaßnahmen aus Vorvorjahren[3]					
7 +	Einzahlungen aufgrund von übertragenen Mitteln für einzelne Vorhaben der Vorvorjahre (§ 2 Absatz 4 EigBVO-Doppik)					
8 +/−	veranschlagte Änderung des Finanzierungsmittelbestands (§ 2 i. V. m. Anlage 2 Nummer 36 EigBVO-Doppik)[4]					
9 =	**voraussichtliche liquide Eigenmittel zum Jahresende**					
10 −	davon für bestimmte Zwecke gebunden[5]					
11 =	**vorauss. liquide Eigenmittel zum Jahresende ohne gebundene Mittel**					

[1] Die Zeile 10 (Gesamtsumme der gebundenen Mittel) kann bedarfsgerecht weiter unterteilt werden.
[2] Aus der Liquiditätsrechnung (§ 10 i. V. m. Anlage 12 Nr. 42 EigBVO-Doppik).
[3] Die Kreditermächtigung gilt weiter, bis der Beschluss über den Wirtschaftsplan für das übernächste Jahr gefasst ist (vgl. § 12 Absatz 4 EigBG i. V. m. § 87 Absatz 3 GemO).
[4] Sofern verfügbar sollen in Spalte 1, statt der veranschlagten Änderung des Finanzierungsmittelbestands, aktuelle Prognosewerte aufgenommen werden.
[5] Hierunter können z.B. auch Rückstellungen fallen.

Kapitel 15

Anlagen

Anlage 4
(zu § 2 Absatz 2 Satz 2)

Übersicht über die aus Verpflichtungsermächtigungen voraussichtlich fällig werdenden Auszahlungen

Verpflichtungsermächtigungen im Wirtschaftsplan	davon voraussichtlich fällige Auszahlungen[2]			
Jahr	20..	20..	20..	20..
TEUR[1]	TEUR	TEUR	TEUR	TEUR
1	2	3	4	5
20..				
20..				
20..				
20..				
Summe:				
Nachrichtlich im Finanzplan vorgesehene Kreditaufnahmen:				

[1] In Spalte 1 ist der jeweilige Gesamtbetrag der Verpflichtungsermächtigungen für das Wirtschaftsjahr und alle früheren Jahre aufzuführen, in denen Verpflichtungsermächtigungen veranschlagt waren und aus deren Inanspruchnahme noch Auszahlungen in den kommenden Jahren fällig werden.

[2] In Spalte 2 sind das dem Wirtschaftsjahr folgende Jahr, in Spalten 3 bis 5 die sich anschließenden Jahre einzusetzen.

Eigenbetriebsverordnung-Doppik

Kapitel 15

Anlage 5
(zu § 2 Absatz 2 Satz 2)

Übersicht über den voraussichtlichen Stand der Schulden

Art der Schulden	voraussichtlicher Stand zu Beginn des Wirtschaftsjahres	voraussichtlicher Stand zum Ende des Wirtschaftsjahres
	TEUR	
1. Anleihen		
2. Verbindlichkeiten aus Krediten für Investitionen		
2.1 Bund		
2.2 Land		
2.3 Gemeinden und Gemeindeverbände		
davon Kernhaushalt		
2.4 Zweckverbände und dergleichen		
2.5 Kreditinstitute		
2.6 sonstige Bereiche		
3. Kassenkredite		
4. Verbindlichkeiten aus kreditähnlichen Rechtsgeschäften		
Voraussichtliche Gesamtschulden		

Kapitel 15

Anlage 6
(zu § 2 Absatz 2 Satz 3)

Bestand an inneren Darlehen[1]

			zum 01.01. EUR 1	zum 31.12. EUR 2
1		Rückstellung für die Stilllegung und Nachsorge von Abfalldeponien nach § 7 Absatz 2 EigBVO-Doppik i.V.m. § 41 Absatz 1 Nr. 3 GemHVO		
2	+	Sonstige Rückstellungen ohne die Rückstellung für die Stilllegung und Nachsorge von Abfalldeponien		
3	=	**Mittelbestand bei Erwirtschaftung aller Rückstellungen und Ansammlung der Mittel**[2]		
4		Liquide Mittel		
5	-	Kassenkreditmittel		
6	+	angelegte Mittel		
7	=	**tatsächlicher erwirtschafteter Mittelbestand**[3]		
8		Differenz (Zeile 3 abzüglich Zeile 7)		
9		**Bestand an inneren Darlehen**[4]		
10		nachrichtlich: Eigenkapitalquote[5] im Jahr der Aufnahme inneren Darlehens, hilfsweise am Stichtag der Eröffnungsbilanz in vom Hundert		
11		nachrichtlich: Eigenkapitalquote[5] im aktuellen Wirtschaftsjahr in vom Hundert		

[1] Sofern Ausgangsgrößen für die Berechnung noch nicht vorliegen, sind diese qualifiziert zu schätzen.
[2] Summe Zeile 1 zuzüglich Zeile 2
[3] Zeile 4 abzüglich Zeile 5 zuzüglich Zeile 6
[4] Sofern der Wert in Zeile 8 positiv ist, der niedrigere Wert aus Zeile 1 oder Zeile 8.
[5] Eigenkapitalquote = Eigenkapital nach § 8 Absatz 1 EigBVO-Doppik, Nr. 1 Passiva in Anlage 10 / Bilanzsumme * 100

Eigenbetriebsverordnung-Doppik **Kapitel 15**

Anlage 7
(zu § 2 Absatz 3 Satz 2 und § 4)

Einzeldarstellung der Investitionsmaßnahmen

Maßnahme: _____ (gemäß § 2 Absatz 3 EigBVO-Doppik)

Nr.		Gesamtangaben zur Maßnahme -nachrichtlich- EUR [1]	Bisher finanziert EUR [2]	Mittelübertragungen aus Vorjahr EUR [3]	Ergebnis Vorvorjahr EUR 4	Ansatz Vorjahr EUR [5]	Ansatz Wirtschaftsjahr EUR 6	Verpflichtungsermächtigungen Wirtschaftsjahr EUR 7	Planung Wirtschaftsjahr +1 EUR [8]	Verpflichtungsermächtigungen Wirtschaftsjahr +1 EUR [9]	Planung Wirtschaftsjahr +2 EUR 10	Planung Wirtschaftsjahr +3 EUR 11	Finanzbedarf weitere Jahre -nachrichtlich- EUR [12]
1	Einzahlungen aus Investitionszuwendungen												
2	Einzahlungen aus Investitionsbeiträgen und ähnlichen Entgelten für Investitionstätigkeit												
3	Einzahlungen aus der Veräußerung von Sachvermögen												
4	Einzahlungen aus der Veräußerung von Finanzvermögen												
5	Einzahlungen für sonstige Investitionstätigkeit												
6	**Summe der Einzahlungen aus Investitionstätigkeit (Summe aus Nummer 1 bis 5)**												
7	Auszahlungen für den Erwerb von Grundstücken und Gebäuden												
8	Auszahlungen für Baumaßnahmen												
9	Auszahlungen für den Erwerb von beweglichem Sachvermögen												
10	Auszahlungen für den Erwerb von Finanzvermögen												
11	Auszahlungen für Investitionsförderungsmaßnahmen												
12	Auszahlungen für den Erwerb von immateriellen Vermögensgegenständen												
13	**Summe der Auszahlungen aus Investitionstätigkeit (Summe aus Nummer 7 bis 12)**												
14	**Saldo aus Investitionstätigkeit (Saldo aus Nummer 6 und 13)**												
15	Aktivierte Eigenleistungen												
16	**Gesamtkosten der Maßnahme (Summe aus Nummer 13 und 15)**												
17	Schätzung der nach Fertigstellung der Maßnahme entstehenden jährlichen Ergebnisbelastungen [7]												

[1] In dieser Spalte werden die insgesamt zu der Maßnahme geplanten Beträge (vgl. § 2 Absatz 3 EigBVO-Doppik) nachrichtlich angegeben (Beträge müssen ggf. in einer Nebenrechnung ermittelt werden); bei Ein-Jahres-Vorhaben ist diese Spalte entbehrlich.
[2] Rechnungsergebnisse aus Vorvorjahren (einschließlich Spalte 4); bei Ein-Jahres-Vorhaben ist diese Spalte entbehrlich.
[3] Spalten können zu Spalte „Ansatz Vorjahr" zzgl. Mittelübertragungen aus Vorvorjahr" zusammengefasst werden.
[4] Bei einem Doppelwirtschaftsplan lautet die Spaltenüberschrift „Ansatz Wirtschaftsjahr +1".
[5] Die neben Spalte 7 zusätzliche Spalte 9 zum Ausweis der Verpflichtungsermächtigungen im Wirtschaftsjahr +1 ist nur bei einem Doppelwirtschaftsplan erforderlich.
[6] Spalte optional bei Vorhaben mit einer Laufzeit über den Finanzplanungszeitraum hinaus.
[7] Wertangaben können mit Erläuterungen untersetzt werden.

Kapitel 15 Anlagen

Anlage 8
(zu § 4 Satz 6)

Finanzplan

Nr.	Finanzplan Erfolgsplan[1] Ertrags- und Aufwandsarten	Ansatz Vorjahr EUR 1[2]	Ansatz Wirtschaftsjahr EUR 2	Planung Wirtschaftsjahr +1 EUR 3	Planung Wirtschaftsjahr +2 EUR 4	Planung Wirtschaftsjahr +3 EUR 5
1	Steuern und ähnliche Abgaben					
2	Zuweisungen und Zuwendungen, Umlagen					
3	Aufgelöste Investitionszuwendungen und -beiträge					
4	Sonstige Transfererträge					
5	Entgelte für öffentliche Leistungen oder Einrichtungen					
6	Sonstige privatrechtliche Leistungsentgelte					
7	Kostenerstattungen und Kostenumlagen					
8	Zinsen und ähnliche Erträge					
9	Aktivierte Eigenleistungen und Bestandsveränderungen					
10	Sonstige Erträge					
11	**Summe der Erträge (Summe aus Nummern 1 bis 10)**					
12	Personalaufwendungen					
13	Versorgungsaufwendungen					
14	Aufwendungen für Sach- und Dienstleistungen					
15	Abschreibungen					
16	Zinsen und ähnliche Aufwendungen					
17	Transferaufwendungen					
18	Sonstige Aufwendungen					

Eigenbetriebsverordnung-Doppik **Kapitel 15**

19 Summe der Aufwendungen (Summe aus Nummern 12 bis 18)	
20 **Veranschlagtes Ergebnis** (Saldo aus Nummern 11 und 19)	
nachrichtlich	
21 Vorauszahlungen der Gemeinde auf die spätere Fehlbetragsabdeckung	
22 Vorauszahlungen an die Gemeinde auf die spätere Überschussabführung	

[1] Anlage ist bei Integration der Finanzplanungsjahre in den Erfolgsplan (Anlage 1) und den Liquiditätsplan (Anlage 2) entbehrlich.
[2] Ansatz inklusive aller Änderungen des Wirtschaftsplans.

Kapitel 15

Nr.	Finanzplan Liquiditätsplan[1)] Einzahlungs- und Auszahlungsarten	Ansatz Vorjahr EUR 1[2)]	Ansatz Wirtschafts- jahr EUR 2	Planung Wirtschafts- jahr +1 EUR 3	Planung Wirtschafts- jahr +2 EUR 4	Planung Wirtschafts- jahr +3 EUR 5
1	Steuern und ähnliche Abgaben					
2	Zuweisungen und Zuwendungen und allgemeine Umlagen					
3	sonstige Transfereinzahlungen					
4	Entgelte für öffentliche Leistungen oder Einrichtungen					
5	Sonstige privatrechtliche Leistungsentgelte					
6	Kostenerstattungen und Kostenumlagen					
7	Zinsen und ähnliche Einzahlungen					
8	Sonstige ergebniswirksame Einzahlungen					
9	**Einzahlungen aus laufender Geschäftstätigkeit (Summe aus Nummern 1 bis 8)**					
10	Personalauszahlungen					
11	Versorgungsauszahlungen					
12	Auszahlungen für Sach- und Dienstleistungen					
13	Zinsen und ähnliche Auszahlungen					
14	Transferauszahlungen (ohne Investitionszuschüsse)					
15	Sonstige ergebniswirksame Auszahlungen					
16	**Auszahlungen aus laufender Geschäftstätigkeit (Summe aus Nummern 10 bis 15)**					
17	**Zahlungsmittelüberschuss/-bedarf des Erfolgsplans (Saldo aus Nummern 9 und 16)**					
18	Einzahlungen aus Investitionszuwendungen					
19	Einzahlungen aus Investitionsbeiträgen und ähnlichen Entgelten für Investitionstätigkeit					
20	Einzahlungen aus der Veräußerung von Sachvermögen					
21	Einzahlungen aus der Veräußerung von Finanzvermögen					
22	Einzahlungen für sonstige Investitionstätigkeit					

Eigenbetriebsverordnung-Doppik   **Kapitel 15**

23	**Einzahlungen aus Investitionstätigkeit (Summe aus Nummern 18 bis 22)**
24	Auszahlungen für den Erwerb von Grundstücken und Gebäuden
25	Auszahlungen für Baumaßnahmen
26	Auszahlungen für den Erwerb von beweglichem Sachvermögen
27	Auszahlungen für den Erwerb von Finanzvermögen
28	Auszahlungen für Investitionsförderungsmaßnahmen
29	Auszahlungen für den Erwerb von immateriellen Vermögensgegenständen
30	**Auszahlungen aus Investitionstätigkeit (Summe aus Nummern 24 bis 29)**
31	**Veranschlagter Finanzierungsmittelüberschuss/-bedarf aus Investitionstätigkeit (Saldo aus Nummern 23 und 30)**
32	**Veranschlagter Finanzierungsmittelüberschuss/-bedarf (Saldo aus Nummern 17 und 31)**
33	Einzahlungen aus der Aufnahme von Krediten und wirtschaftlich vergleichbaren Vorgängen für Investitionen
33a	Einzahlungen aus der Veränderung des Eigenkapitals
34	Auszahlungen für die Tilgung von Krediten und wirtschaftlich vergleichbaren Vorgängen für Investitionen
34a	Auszahlungen aus der Veränderung des Eigenkapitals
35	**Veranschlagter Finanzierungsmittelüberschuss/-bedarf aus Finanzierungstätigkeit (Saldo aus Nummern 33, 33a, 34 und 34a)**
36	**Veranschlagte Änderung des Finanzierungsmittelbestands zum Ende des Wirtschaftsjahres (Saldo aus Nummern 32 und 35)**
	nachrichtlich:
37	den voraussichtlichen Bestand an liquiden Eigenmitteln zum Jahresbeginn
38	den voraussichtlichen Bestand an inneren Darlehen zum Jahresbeginn

[1] Anlage ist bei Integration der Finanzplanungsjahre in den Erfolgsplan (Anlage 1) und den Liquiditätsplan (Anlage 2) entbehrlich.
[2] Ansatz inklusive aller Änderungen des Wirtschaftsplans

Kapitel 15

Anlagen

Anlage 9
(zu § 4 Satz 6)

Investitionsprogramm[1]

Nr.	Gesamtangaben zur Maßnahme -nachrichtlich-	Bisher finanziert	Mittelübertragungen aus Vorvorjahr	Ansatz Vorjahr	Ansatz Wirtschaftsjahr	Planung Wirtschaftsjahr +1	Planung Wirtschaftsjahr +2	Planung Wirtschaftsjahr +3	Finanzbedarf weitere Jahre -nachrichtlich-
	EUR 1[2]	EUR 2[2]	EUR 3[3]	EUR 4	EUR 5[4]	EUR 6[5]	EUR 7	EUR 8	EUR 9[6]
Maßnahme: ...									
1 Einzahlungen aus Investitionszuwendungen									
2 Einzahlungen aus Investitionsbeiträgen und ähnlichen Entgelten für Investitionstätigkeit									
3 Einzahlungen aus der Veräußerung von Sachvermögen									
4 Einzahlungen aus der Veräußerung von Finanzvermögen									
5 Einzahlungen für sonstige Investitionstätigkeit									
6 **Summe der Einzahlungen aus Investitionstätigkeit (Summe aus Nummern 1 bis 5)**									
7 Auszahlungen für den Erwerb von Grundstücken und Gebäuden									
8 Auszahlungen für Baumaßnahmen									
9 Auszahlungen für den Erwerb von beweglichem Sachvermögen									
10 Auszahlungen für den Erwerb von Finanzvermögen									
11 Auszahlungen für Investitionsförderungsmaßnahmen									
12 Auszahlungen für den Erwerb von immateriellen Vermögensgegenständen									
13 **Summe der Auszahlungen aus Investitionstätigkeit (Summe aus Nummern 7 bis 12)**									
14 **Saldo aus Investitionstätigkeit (Saldo aus Nummern 6 und 13)**									
15 Aktivierte Eigenleistungen									
16 **Gesamtkosten der Maßnahme (Summe aus Nummern 13 und 15)**									

[1] Anlage ist bei Integration der Finanzplanungsjahre in die Einzeldarstellung der Investitionsmaßnahmen (Anlage 7) entbehrlich.
[2] In dieser Spalte werden die insgesamt zu der Maßnahme geplanten Beträge nachrichtlich angegeben (Beträge müssen ggf. in einer Nebenrechnung ermittelt werden); bei Ein-Jahres-Vorhaben ist diese Spalte entbehrlich.
[3] Rechnungsergebnisse aus Vorvorjahr; bei Ein-Jahres-Vorhaben ist diese Spalte entbehrlich.
[4] Spalten können zu Spalte "Ansatz Vorjahr" zzgl. Mittelübertragungen aus Vorvorjahr" i.S. des § 2 Absatz 4 EigBVO-Doppik zusammengefasst werden.
[5] Bei einem Doppelwirtschaftsplan lautet die Spaltenüberschrift "Ansatz Wirtschaftsjahr +1".
[6] Spalte optional bei Vorhaben mit einer Laufzeit über den Finanzplanungszeitraum hinaus.

Eigenbetriebsverordnung-Doppik **Kapitel 15**

Anlage 10
(zu § 8 Absatz 1 Satz 1 i. V. m. § 16 Absatz 1 EigBG)

Bilanz

Bilanz des Eigenbetriebs zum

	Aktivseite	Vorjahr -Euro-	Wirtschafts- jahr -Euro-		Passivseite	Vorjahr -Euro-	Wirtschafts- jahr -Euro-
1.	**Vermögen**			1.	**Eigenkapital**		
1.1	Immaterielle Vermögensgegenstände			1.1	Gezeichnetes Kapital		
1.1.1	Konzessionen, gewerbliche Schutzrechte und ähnliche Rechte und Werte sowie Lizenzen an solchen Rechten und Werten			1.2	Kapitalrücklagen		
1.1.2	Geleistete Anzahlungen			1.3	Gewinnrücklagen		
1.2	**Sachvermögen**			1.4	Gewinnvortrag/Verlustvortrag		
1.2.1	Unbebaute Grundstücke und grundstücksgleiche Rechte			1.5	Jahresüberschuss/Jahresfehlbetrag		
1.2.2	Bebaute Grundstücke und grundstücksgleiche Rechte			2.	**Sonderposten**		
1.2.3	Infrastrukturvermögen			2.1	für Investitionszuweisungen		
1.2.4	Bauten auf fremden Grundstücken			2.1.1	von der Gemeinde		
1.2.5	Kunstgegenstände, Kulturdenkmäler			2.1.2	von Dritten		
1.2.6	Maschinen und technische Anlagen, Fahrzeuge			2.2	für Investitionsbeiträge		
1.2.7	Betriebs- und Geschäftsausstattung			2.3	für Sonstiges		
1.2.8	Vorräte			3.	**Rückstellungen**		
1.2.9	Geleistete Anzahlungen, Anlagen im Bau			3.1	Lohn-, Gehalts- und Pensionsrückstellungen und ähnliche Verpflichtungen		
1.3	**Finanzvermögen**			3.2	Unterhaltsvorschussrückstellungen		
1.3.1	Anteile an verbundenen Unternehmen			3.3	Stilllegungs- und Nachsorgerückstellungen für Abfalldeponien		
1.3.2	Sonstige Beteiligungen und Kapitaleinlagen in Zweckverbänden oder anderen kommunalen Zusammenschlüssen						

Kapitel 15   Anlagen

1.3.3	Ausleihungen	
1.3.4	Wertpapiere	
1.3.5	Öffentlich-rechtliche Forderungen, Forderungen aus Transferleistungen	
1.3.5.1	gegenüber der Gemeinde	
1.3.5.2	gegenüber anderen Eigenbetrieben der Gemeinde	
1.3.5.3	gegenüber Dritten	
1.3.6	Privatrechtliche Forderungen	
1.3.6.1	gegenüber der Gemeinde	
1.3.6.2	gegenüber anderen Eigenbetrieben der Gemeinde	
1.3.6.3	gegenüber Dritten	
1.3.7	Liquide Mittel	
2.	**Abgrenzungsposten**	
2.1	Aktive Rechnungsabgrenzungsposten	
2.2	Sonderposten für geleistete Investitionszuschüsse	
3	**Nettoposition** (nicht gedeckter Fehlbetrag)	
	Bilanzsumme	
3.4	Gebührenüberschussrückstellungen	
3.5	Altlastensanierungsrückstellungen	
3.6	Rückstellungen für drohende Verpflichtungen aus Bürgschaften und Gewährleistungen	
3.7	Sonstige Rückstellungen	
4.	**Verbindlichkeiten**	
4.1	Anleihen	
4.2	Verbindlichkeiten aus Kreditaufnahmen	
4.2.1	gegenüber der Gemeinde	
4.2.2	gegenüber anderen Eigenbetrieben der Gemeinde	
4.2.3	gegenüber Dritten	
4.3	Verbindlichkeiten, die Kreditaufnahmen wirtschaftlich	
4.4	Verbindlichkeiten aus Lieferungen und Leistungen	
4.4.1	gegenüber der Gemeinde	
4.4.2	gegenüber anderen Eigenbetrieben der Gemeinde	
4.4.3	gegenüber Dritten	
4.5	Verbindlichkeiten aus Transferleistungen	
4.5.1	gegenüber der Gemeinde	
4.5.2	gegenüber anderen Eigenbetrieben der Gemeinde	
4.5.3	gegenüber Dritten	
4.6	Sonstige Verbindlichkeiten	
4.6.1	gegenüber der Gemeinde	
4.6.2	gegenüber anderen Eigenbetrieben der Gemeinde	
4.6.2	gegenüber Dritten	
5.	**Passive** Rechnungsabgrenzungsposten	
	Bilanzsumme	

Vorbelastungen künftiger Wirtschaftsjahre nach § 42 GemHVO (in Euro).

[1] vgl. § 7 Absatz 3 ErgBVO-Doppik

Eigenbetriebsverordnung-Doppik

Kapitel 15

Anlage 11
(zu § 9 i. V. m. § 16 Absatz 1 EigBG)

Erfolgsrechnung

Nr.		Ergebnis Vorjahr EUR 1	Fortgeschrieb. Ansatz Wirtschaftsjahr EUR 2[1]	Ergebnis Wirtschaftsjahr EUR 3	Vergleich Ergebnis/Ansatz (Spalten 3 - 2) EUR 4	Ergänzende Festlegungen im WP-Vollzug EUR 5[2]	Mittelübertragung aus Vorjahr EUR 6	verfügbare Mittel abzüglich Ergebnis EUR 7[3]	Mittelübertragung ins Folgejahr EUR 8[4]
1	Steuern und ähnliche Abgaben								
2	Zuweisungen und Zuwendungen, Umlagen								
3	Aufgelöste Investitionszuwendungen und -beiträge								
4	Sonstige Transfererträge								
5	Entgelte für öffentliche Leistungen oder Einrichtungen								
6	Sonstige privatrechtliche Leistungsentgelte								
7	Kostenerstattungen und Kostenumlagen								
8	Zinsen und ähnliche Erträge								
9	Aktivierte Eigenleistungen und Bestandsveränderungen								
10	Sonstige Erträge								
11	**Erträge** (Summe aus Nummern 1 bis 10)								
12	Personalaufwendungen								
13	Versorgungsaufwendungen								
14	Aufwendungen für Sach- und Dienstleistungen								
15	Abschreibungen								
16	Zinsen und ähnliche Aufwendungen								
17	Transferaufwendungen								
18	Sonstige Aufwendungen								
19	**Aufwendungen** (Summe aus Nummern 12 bis 18)								
20	**Ergebnis** (Saldo aus Nummern 11 und 19)								
	nachrichtlich								
21	Vorauszahlungen der Gemeinde auf die spätere Fehlbetragsabdeckung								
22	Vorauszahlungen an die Gemeinde auf die spätere Überschussabführung								

1) Ansatz inkl. aller Änderungen des Wirtschaftsplans
2) Unabweisbare Mehraufwendungen nach § 15 Absatz 2 EigBG
3) = verfügbare Mittel (Spalte 2 + 5 + 6) - Ergebnis (Spalte 3)
4) Übertragbarkeit nach § 1 Absatz 3 EigBVO-Doppik festzustellen

Kapitel 15

Anlagen

Anlage 12
(zu § 10 i. V. m. § 16 Absatz 1 EigBG)

Liquiditätsrechnung

Nr.		Ergebnis Vorjahr EUR 1	Fortgeschrieb. Ansatz Wirtschaftsjahr EUR 2[1]	Ergebnis Wirtschaftsjahr EUR 3	Vergleich Ergebnis/Ansatz (Spalten 3 - 2) EUR 4	Ergänzende Festlegungen im WP-Vollzug EUR 5[2]	Mittelübertragung aus Vorjahr EUR 6	verfügbare Mittel abzüglich Ergebnis EUR 7[3]	Mittelübertragung ins Folgejahr EUR 8[1]
1	Steuern und ähnliche Abgaben								
2	Zuweisungen und Zuwendungen und allgemeine Umlagen								
3	Sonstige Transfereinzahlungen								
4	Entgelte für öffentliche Leistungen oder Einrichtungen								
5	Sonstige privatrechtliche Leistungsentgelte								
6	Kostenerstattungen und Kostenumlagen								
7	Zinsen und ähnliche Einzahlungen								
8	Sonstige ergebniswirksame Einzahlungen								
9	**Summe der Einzahlungen aus laufender Geschäftstätigkeit (Summe aus Nummern 1 bis 8)**								
10	Personalauszahlungen								
11	Versorgungsauszahlungen								
12	Auszahlungen für Sach- und Dienstleistungen								
13	Zinsen und ähnliche Auszahlungen								
14	Transferauszahlungen (ohne Investitionszuschüsse)								
15	Sonstige ergebniswirksame Auszahlungen								
16	**Summe der Auszahlungen aus laufender Geschäftstätigkeit (Summe aus Nummern 10 bis 15)**								
17	**Zahlungsmittelüberschuss/-bedarf der Erfolgsrechnung (Saldo aus Nummern 9 und 16)**[4]								
18	Einzahlungen aus Investitionszuwendungen								
19	Einzahlungen aus Investitionsbeiträgen und ähnlichen Entgelten für Investitionstätigkeit								
20	Einzahlungen aus der Veräußerung von Sachvermögen								
21	Einzahlungen aus der Veräußerung von Finanzvermögen								
22	Einzahlungen für sonstige Investitionstätigkeit								
23	**Summe der Einzahlungen aus Investitionstätigkeit (Summe aus Nummern 18 bis 22)**								
24	Auszahlungen für den Erwerb von Grundstücken und Gebäuden								
25	Auszahlungen für Baumaßnahmen								

Eigenbetriebsverordnung-Doppik

Kapitel 15

26 Auszahlungen für den Erwerb von beweglichem Sachvermögen
27 Auszahlungen für den Erwerb von Finanzvermögen
28 Auszahlungen für Investitionsförderungsmaßnahmen
29 Auszahlungen für den Erwerb von immateriellen Vermögensgegenständen
30 **Summe der Auszahlungen aus Investitionstätigkeit (Summe aus Nummern 24 bis 29)**
31 **Finanzierungsmittelüberschuss/-bedarf aus Investitionstätigkeit (Saldo aus Nummern 23 und 30)**
32 **Finanzierungsmittelüberschuss/-bedarf (Summe aus Nummern 17 und 31)**
33 Einzahlungen aus der Aufnahme von Krediten und wirtschaftlich vergleichbaren Vorgängen für Investitionen
33a Einzahlungen aus der Veränderung des Eigenkapitals[5]
34 Auszahlungen für die Tilgung von Krediten und wirtschaftlich vergleichbaren Vorgängen für Investitionen
34a Auszahlungen aus der Veränderung des Eigenkapitals[6]
35 **Finanzierungsmittelüberschuss/-bedarf aus Finanzierungstätigkeit (Saldo aus Nummern 33, 33a, 34 und 34a)**
36 **Änderung des Finanzierungsmittelbestands zum Ende des Wirtschaftsjahres (Summe aus Nummern 32 und 35)**
37 Wirtschaftsplanunwirksame Einzahlungen (u.a. durchlaufende Finanzmittel, Rückzahlung von angelegten Kassenmitteln, Aufnahme von Kassenkrediten)
38 Wirtschaftsplanunwirksame Auszahlungen (u.a. durchlaufende Finanzmittel, Anlagung von Kassenmitteln, Rückzahlung von Kassenkrediten)
39 **Überschuss/Bedarf aus wirtschaftsplanunwirksamen Einzahlungen und Auszahlungen (Saldo aus Nummern 37 und 38)**
40 Anfangsbestand an Zahlungsmitteln[7]
41 Veränderung des Bestands an Zahlungsmitteln (Summe aus Nummer 36 und 39)
42 **Endbestand an Zahlungsmitteln am Ende des Wirtschaftsjahres 5)**
     (Saldo aus den Summen Nummern 40 und 41)
43 nachrichtlich: voraussichtlicher Bestand an inneren Darlehen zum Jahresende

[1] Ansatz inkl. aller Änderungen des Wirtschaftsplans (übertragene Ermächtigungen und die Nutzung der Deckungsfähigkeit nach § 2 Absatz 4 EigBVO-Doppik berühren den Ansatz nicht)
[2] Auszahlungen aufgrund unabweisbarer Mehrauszahlungen nach § 15 Absatz 2 EigBG
[3] = verfügbare Mittel (Spalte 2 + 5 + 6) - Ergebnis (Spalte 3)
[4] Übertragbarkeit nach § 2 Absatz 4 Satz 1 EigBVO-Doppik festzustellen
[5] Einschließlich der Einzahlungen aus Fehlbetragsübernahmen der Gemeinde (auch Vorauszahlungen)
[6] Einschließlich der Auszahlungen für Überschussabführungen an die Gemeinde (auch Vorauszahlungen)
[7] Anfangs- und Endbestand an Zahlungsmitteln sind keine Planungsgrößen

Kapitel 15

Anlagen

Anlage 13
(zu § 11 Satz 2)

Entwicklung der Liquidität zum Jahresabschluss

Nr.		Einzahlungs- und Auszahlungsarten[1]	Liquiditätsrechnung	
			Vorjahr EUR	Rechnungsjahr EUR
			1	2
1		Zahlungsmittelbestand zum Jahresbeginn[2]		
2	+/-	Zahlungsmittelüberschuss/-bedarf der Erfolgsrechnung (§ 10 i. V. m. Anlage 12 Nr. 17 EigBVO-Doppik)		
3	+/-	Finanzierungsmittelüberschuss/-bedarf aus Investitionstätigkeit (§ 10 i. V. m. Anlage 12 Nr. 31 EigBVO-Doppik)		
4	+/-	Finanzierungsmittelüberschuss/-bedarf aus Finanzierungstätigkeit (§ 10 i. V. m. Anlage 12 Nr. 35 EigBVO-Doppik)		
5	+/-	Überschuss oder Bedarf aus wirtschaftsplanunwirksamen Einzahlungen und Auszahlungen (§ 10 i. V. m. Anlage 12 Nr. 39 EigBVO-Doppik)		
6	=	**Endbestand an Zahlungsmitteln am Jahresende** (§ 10 i. V. m. **Anlage 12 Nr. 42 EigBVO-Doppik**)		
7a	+	Sonstige Einlagen aus Kassenmitteln zum Jahresende		
7b	+	Investmentzertifikate, Kapitalmarktpapiere, Geldmarktpapiere und sonstige Wertpapiere		
7c	+	Forderungen aus Liquiditätsbeziehungen zum Kernhaushalt, zu verbundenen Unternehmen, Beteiligungen, selbstständigen Kommunalanstalten und anderen Eigenbetrieben der Gemeinde		
8a	-	Bestand an Kassenkrediten zum Jahresende[3]		
8b	-	Verbindlichkeiten aus Liquiditätsbeziehungen zum Kernhaushalt, zu verbundenen Unternehmen, Beteiligungen, selbstständigen Kommunalanstalten und anderen Eigenbetrieben der Gemeinde		
9	=	**liquide Eigenmittel zum Jahresende**		
10	-	Auszahlungen aufgrund von übertragenen Mitteln für einzelne Vorhaben der Vorvorjahre (§ 2 Absatz 4 EigBVO-Doppik)		
11	+	nicht in Anspruch genommene Kreditermächtigungen (auch aus Vorjahren) für Investitionen und Investitionsfördermaßnahmen[4]		
12	+	Einzahlungen aufgrund von übertragenen Mitteln für einzelne Vorhaben der Vorvorjahre (§ 2 Absatz 4 EigBVO-Doppik)		
13	=	**bereinigte liquide Eigenmittel zum Jahresende**		
14	-	für bestimmte Zwecke gebunden[5]		
15	=	**bereinigte liquide Eigenmittel zum Jahresende ohne gebundene Mittel**		

[1] Die Zeile 14 (Gesamtsumme der gebundenen Mittel) kann bedarfsgerecht weiter unterteilt werden.
[2] Aus der Liquiditätsrechnung (§ 10 i. V. m. Anlage 12 Nr. 42 EigBVO-Doppik).
[3] Die Aufnahme von Kassenkrediten führt zu einer Veränderung des Zahlungsmittelbestands. Kassenkredite sind nur zur kurzfristigen Liquiditätsüberbrückung erlaubt und müssen zeitnah zurückbezahlt werden, daher ist der Wert an Kassenkrediten hier zu berücksichtigen.
[4] Die Kreditermächtigung eines Wirtschaftsjahres gilt weiter, bis der Beschluss über den Wirtschaftsplan für das übernächste Jahr gefasst ist (vgl. § 12 Absatz 4 EigBG i. V .m. § 87 Absatz 3 GemO).
[5] Hierunter können z.B. auch Rückstellungen fallen.

Eigenbetriebsverordnung-Doppik

Kapitel 15

Anlage 14
(zu § 11 Satz 3 Nummer 1)

Vermögensübersicht

Vermögen	Stand zum 01.01. des Wirtschaftsjahres[1]	Vermögensveränderungen im Wirtschaftsjahr					Stand am 31.12. des Wirtschaftsjahres (Σ Spalten 2 bis 7)
		Vermögenszugänge	Vermögensabgänge[2]	Umbuchungen	Zuschreibungen	Abschreibungen	
				EUR			
1	2	3	4	5[3]	6	7	8
1. Immaterielle Vermögensgegenstände							
2. Sachvermögen (ohne Vorräte)							
2.1. Unbebaute Grundstücke und grundstücksgleiche Rechte							
2.2. Bebaute Grundstücke und grundstücksgleiche Rechte							
2.3. Infrastrukturvermögen							
2.4. Bauten auf fremden Grundstücken							
2.5. Kunstgegenstände, Kulturdenkmäler							
2.6. Maschinen und technische Anlagen, Fahrzeuge							
2.7. Betriebs- und Geschäftsausstattung							
2.8. Geleistete Anzahlungen, Anlagen im Bau							
3. Finanzvermögen (ohne Forderungen und liquide Mittel)							
3.1. Anteile an verbundenen Unternehmen							
3.2. Sonstige Beteiligungen und Kapitaleinlagen in Zweckverbänden oder anderen kommunalen Zusammenschlüssen							
3.3. Ausleihungen							
3.4. Wertpapiere							
insgesamt							

[1] Entspricht Stand zum 31.12. des Vorjahres
[2] Beinhaltet die Abgänge von Restbuchwerten aufgrund von Veräußerungen, Schenkungen, Umstufungen/Umwidmungen von Straßen, Sacheinlagen in Beteiligungen usw.
[3] In dieser Spalte werden Umgliederungen bereits vorhandener Vermögensgegenstände auf andere Positionen der Übersicht abgebildet (z. B. von Nr. 2.8 nach Fertigstellung nach Nr. 2.3).

Kapitel 15   Anlagen

Anlage 15
(zu § 11 Satz 3 Nummer 2)

Schuldenübersicht

Art der Schulden	am 01.01. des Wirtschaftsjahres[1]	zum 31.12. des Wirtschaftsjahres	davon Tilgungszahlungen mit einem Zahlungsziel			Mehr (+) weniger (−)[5]
			bis zu 1 Jahr[2]	über 1 bis 5 Jahre[3]	mehr als 5 Jahre[4]	
			EUR			
1	2	3	4	5	6	7
1. **Anleihen**						
2. **Verbindlichkeiten aus Krediten für Investitionen**						
2.1 Bund						
2.2 Land						
2.3 Gemeinden und Gemeindeverbände						
davon Kernhaushalt						
2.4 Zweckverbände und dergleichen						
2.5 Kreditinstitute						
2.6 sonstige Bereiche						
3. **Kassenkredite**						
4. **Verbindlichkeiten aus kreditähnlichen Rechtsgeschäften**						
Gesamtschulden						

[1] Entspricht Stand zum 31.12. des Vorjahres
[2] Tilgungsraten im 1. Folgejahr
[3] Tilgungsraten im 2. bis 5. Folgejahr
[4] Tilgungsraten ab dem 6. Folgejahr
[5] Spalte 3 minus Spalte 2

Eigenbetriebsverordnung-Doppik **Kapitel 15**

Anlage 16
(zu § 13 i. V. m. § 16 Absatz 3 Satz 2 EigBG)

Feststellungsbeschluss

Auf Grund von § 16 Absatz 3 des Eigenbetriebsgesetzes stellt der Gemeinderat am [Datum des Beschlusses] den Jahresabschluss des [Name des Eigenbetriebs] für das Jahr [Wirtschaftsjahr, für das der Beschluss gilt] mit folgenden Werten fest:

		Euro
1.	**Erfolgsrechnung**	
1.1	Summe Erträge	
1.2	Summe Aufwendungen	
1.3	Jahresüberschuss/Jahresfehlbetrag (Saldo aus 1.1 und 1.2) [1)]	
	nachrichtlich:	
	Vorauszahlungen der Gemeinde auf die spätere Fehlbetragsabdeckung	
	Vorauszahlungen an die Gemeinde auf die spätere Überschussabführung	
2.	**Liquiditätsrechnung**	
2.1	**Zahlungsmittelüberschuss/-bedarf der Erfolgsrechnung**	
2.2	**Finanzierungsmittelüberschuss/-bedarf aus Investitionstätigkeit**	
2.3	**Finanzierungsmittelüberschuss/-bedarf** (Saldo aus 2.1 und 2.2)	
2.4	**Finanzierungsmittelüberschuss/-bedarf aus Finanzierungstätigkeit**	
2.5	**Änderung des Finanzierungsmittelbestands zum Ende des Wirtschaftsjahres** (Saldo aus 2.3 und 2.4) [2)]	
2.6	**Überschuss/Bedarf aus wirtschaftsplanunwirksamen Einzahlungen und Auszahlungen**	
3.	**Bilanzsumme**	

Verwendung des Jahresüberschusses/Behandlung des Jahresfehlbetrags
Verwendung des Jahresüberschusses:
(a) Verrechnung mit Verlustvortrag
(b) Einstellung in Rücklagen
(c) Abführung an den Haushalt der Gemeinde
(d) Vortrag auf neue Rechnung
Behandlung des Jahresfehlbetrags:
(a) Verrechnung mit Gewinnvortrag
(b) Entnahme aus Rücklagen
(c) Ausgleich aus dem Haushalt der Gemeinde
(d) Vortrag auf neue Rechnung
Fußnoten
[1] Betrag muss mit dem Posten Jahresüberschuss/Jahresfehlbetrag in der Bilanz auf der Passivseite übereinstimmen.
[2] Einschließlich der Einzahlungen aus Fehlbetragsübernahmen der Gemeinde bzw. der Auszahlungen für Überschussabführungen an die Gemeinde (auch Vorauszahlungen)

Kapitel 15 — Anlagen

15.6 Synopse der beiden Eigenbetriebsverordnungen

EigBVO-HGB	EigBVO-Doppik
§ 1 Erfolgsplan (1) Der Erfolgsplan muss alle voraussehbaren Erträge und Aufwendungen des Wirtschaftsjahres enthalten. Er ist unbeschadet einer weiteren Untergliederung entsprechend dem Muster in der Anlage 1 aufzustellen. (2) Die veranschlagten wesentlichen Erträge und Aufwendungen sind zu begründen, insbesondere wenn sie von den Vorjahreszahlen erheblich abweichen. Den Ansätzen für das Planjahr sind die Planansätze für das laufende Jahr und die entsprechenden Ergebnisse des Vorjahres gegenüberzustellen.	**§ 1 Erfolgsplan** (1) Der Erfolgsplan muss alle voraussehbaren Erträge und Aufwendungen des Wirtschaftsjahres enthalten. Er ist unbeschadet einer weiteren Untergliederung entsprechend dem Muster in der Anlage 1 aufzustellen. (2) Die veranschlagten wesentlichen Erträge und Aufwendungen sind zu begründen, insbesondere wenn sie von den Vorjahreszahlen erheblich abweichen. Den Ansätzen für das Planjahr sind die Planansätze für das laufende Jahr und die entsprechenden Ergebnisse des Vorjahres gegenüberzustellen. (3) Ansätze für Aufwendungen können ganz oder teilweise für übertragbar erklärt werden.
§ 2 Liquiditätsplan mit Investitionsprogramm (1) Der Liquiditätsplan muss enthalten 1. alle voraussichtlich eingehenden ergebnis- und vermögenswirksamen Einzahlungen und zu leistenden ergebnis- und vermögenswirksamen Auszahlungen aus laufender Geschäftstätigkeit, aus Investitionstätigkeit und aus Finanzierungstätigkeit sowie die jeweiligen Salden des Wirtschaftsjahres, 2. die notwendigen Verpflichtungsermächtigungen. (2) Der Liquiditätsplan ist, wenn der Gegenstand des Betriebs keine abweichende Gliederung bedingt, die gleichwertig sein muss, unbeschadet einer weiteren Untergliederung entsprechend dem Muster in der Anlage 2 aufzustellen. Dem Liquiditätsplan ist eine Übersicht über die voraussichtliche Entwicklung der Liquidität entsprechend dem Muster in der Anlage 3 beizufügen. Der Bestand an inneren Darlehen ist für Abfallbetriebe entsprechend dem Muster in der Anlage 4 darzustellen. (3) Der Finanzierungsbedarf und die Verpflichtungsermächtigungen für Investitionen sind nach Vorhaben getrennt zu veranschlagen und zu erläutern. Die Vorhaben sind entsprechend dem Muster in der Anlage 5 darzustellen. (4) Die Mittel für die einzelnen Vorhaben sind übertragbar. Soweit nichts anderes bestimmt wird, sind die Ansätze für verschiedene Vorhaben gegenseitig deckungsfähig.	**§ 2 Liquiditätsplan mit Investitionsprogramm** (1) Der Liquiditätsplan muss enthalten 1. alle voraussichtlich eingehenden ergebnis- und vermögenswirksamen Einzahlungen und zu leistenden ergebnis- und vermögenswirksamen Auszahlungen aus laufender Geschäftstätigkeit, aus Investitionstätigkeit und aus Finanzierungstätigkeit sowie die jeweiligen Salden des Wirtschaftsjahres, 2. die notwendigen Verpflichtungsermächtigungen. (2) Der Liquiditätsplan ist, wenn der Gegenstand des Betriebs keine abweichende Gliederung bedingt, die gleichwertig sein muss, entsprechend dem Muster in der Anlage 2 aufzustellen. Dem Liquiditätsplan ist eine Übersicht über die voraussichtliche Entwicklung der Liquidität entsprechend dem Muster in der Anlage 3, eine Übersicht über die aus Verpflichtungsermächtigungen in den einzelnen Jahren voraussichtlich fällig werdenden Auszahlungen entsprechend dem Muster in der Anlage 4 und eine Übersicht über den voraussichtlichen Stand der Schulden entsprechend dem Muster in der Anlage 5 beizufügen. Der Bestand an inneren Darlehen ist für Abfallbetriebe entsprechend dem Muster in der Anlage 6 darzustellen. (3) Der Finanzierungsbedarf und die Verpflichtungsermächtigungen für Investitionen sind nach Vorhaben getrennt zu veranschlagen und zu erläutern. Die Vorhaben sind entsprechend dem Muster in der Anlage 7 darzustellen. (4) Die Mittel für die einzelnen Vorhaben sind übertragbar. Soweit nichts anderes bestimmt wird, sind die Ansätze für verschiedene Vorhaben gegenseitig deckungsfähig. § 1 Absatz 3 gilt für Auszahlungen des Erfolgsplans entsprechend.

Synopse der beiden Eigenbetriebsverordnungen

EigBVO-HGB	EigBVO-Doppik
(5) Die Liquidität ist unter Berücksichtigung des Liquiditätsbestands des Vorjahres so zu planen, dass der Liquiditätsbestand am Ende des Wirtschaftsjahres nicht negativ und die Zahlungsfähigkeit jederzeit gegeben ist.	(5) Die Liquidität ist unter Berücksichtigung des Liquiditätsbestands des Vorjahres so zu planen, dass der Liquiditätsbestand am Ende des Wirtschaftsjahres nicht negativ und die Zahlungsfähigkeit jederzeit gegeben ist.
§ 3 Stellenübersicht (1) Die Stellenübersicht muss die im Wirtschaftsjahr erforderlichen Stellen für Arbeitnehmerinnen und Arbeitnehmer enthalten. Beamtinnen und Beamte, die beim Eigenbetrieb beschäftigt werden, sind im Stellenplan der Gemeinde zu führen und in der Stellenübersicht nachrichtlich anzugeben. (2) Die Stellenübersicht soll nach Betriebszweigen gegliedert werden. Zum Vergleich sind die Zahlen der im laufenden Wirtschaftsjahr vorgesehenen und der am 30. Juni des Vorjahres tatsächlich besetzten Stellen anzugeben. Erhebliche Abweichungen von der Stellenübersicht des laufenden Wirtschaftsjahres sind zu begründen.	**§ 3 Stellenübersicht** (1) Die Stellenübersicht muss die im Wirtschaftsjahr erforderlichen Stellen für Arbeitnehmerinnen und Arbeitnehmer enthalten. Beamtinnen und Beamte, die beim Eigenbetrieb beschäftigt werden, sind im Stellenplan der Gemeinde zu führen und in der Stellenübersicht nachrichtlich anzugeben. (2) Die Stellenübersicht soll nach Betriebszweigen gegliedert werden. Zum Vergleich sind die Zahlen der im laufenden Wirtschaftsjahr vorgesehenen und der am 30. Juni des Vorjahres tatsächlich besetzten Stellen anzugeben. Erhebliche Abweichungen von der Stellenübersicht des laufenden Wirtschaftsjahres sind zu begründen.
§ 4 Finanzplanung Der fünfjährige Finanzplan umfasst das laufende Wirtschaftsjahr, das Wirtschaftsjahr, für das der Wirtschaftsplan aufgestellt wird, und die folgenden drei Wirtschaftsjahre. Er besteht aus 1. einer Übersicht über die Entwicklung der Erträge und Aufwendungen in der für den Erfolgsplan vorgeschriebenen Ordnung und 2. einer Übersicht über die Entwicklung der Einzahlungen und Auszahlungen in der für den Liquiditätsplan vorgeschriebenen Ordnung. In das dem Finanzplan zugrunde zu legende Investitionsprogramm sind die im Planungszeitraum vorgesehenen Investitionen nach Jahresabschnitten aufzunehmen. Jeder Jahresabschnitt soll die fortzuführenden und neuen Investitionen mit den auf das betreffende Jahr entfallenden Teilbeträgen wiedergeben. Unbedeutende Investitionen können zusammengefasst werden. Die Angaben nach Satz 2 können in die Muster der Anlagen 1 und 2, die Angaben nach Satz 3 in das Muster der Anlage 5 integriert werden.	**§ 4 Finanzplanung** Der fünfjährige Finanzplan umfasst das laufende Wirtschaftsjahr, das Wirtschaftsjahr, für das der Wirtschaftsplan aufgestellt wird, und die folgenden drei Wirtschaftsjahre. Er besteht aus 1. einer Übersicht über die Entwicklung der Erträge und Aufwendungen in der für den Erfolgsplan vorgeschriebenen Ordnung und 2. einer Übersicht über die Entwicklung der Einzahlungen und Auszahlungen in der für den Liquiditätsplan vorgeschriebenen Ordnung. In das dem Finanzplan zugrunde zu legende Investitionsprogramm sind die im Planungszeitraum vorgesehenen Investitionen nach Jahresabschnitten aufzunehmen. Jeder Jahresabschnitt soll die fortzuführenden und neuen Investitionen mit den auf das betreffende Jahr entfallenden Teilbeträgen wiedergeben. Unbedeutende Investitionen können zusammengefasst werden. Die Angaben nach Satz 2 können in die Muster der Anlagen 1 und 2, die Angaben nach Satz 3 in das Muster der Anlage 7 integriert werden; ansonsten sind die Muster in den Anlagen 8 oder 9 zu verwenden.
§ 5 Sonderregelung Sofern vorrangige Rechtsvorschriften eine abweichende Gliederung von Bilanz, Erfolgs- oder Liquiditätsrechnung bedingen, ist diese Gliederung für die Planung und den Jahresabschluss zugrunde zu legen	**§ 5 Sonderregelung** Sofern vorrangige Rechtsvorschriften eine abweichende Gliederung von Bilanz, Erfolgs- oder Liquiditätsrechnung bedingen, ist diese Gliederung für die Planung und den Jahresabschluss zugrunde zu legen.

Kapitel 15

Anlagen

EigBVO-HGB	EigBVO-Doppik
§ 6 Buchführung und Kostenrechnung (1) Die Vorschriften des Dritten Buchs des Handelsgesetzbuchs über Buchführung, Inventar und Aufbewahrung finden Anwendung, soweit in Satz 2 keine abweichende Regelung getroffen wird. Die § 35 Absätze 5 und 6, § 36 Absatz 4 und § 39 Absatz 2 Satz 1, Absätze 3 und 4 der Gemeindehaushaltsverordnung (GemHVO) gelten entsprechend. (2) Einheitskontenrahmen sind anzuwenden, soweit sie für Zwecke der Finanzstatistik und der Vergleichbarkeit für verbindlich erklärt sind. (3) Als Grundlage für die Verwaltungssteuerung sowie für die Beurteilung der Wirtschaftlichkeit und Leistungsfähigkeit des Eigenbetriebs sollen für alle Betriebszweige nach den örtlichen Bedürfnissen Kosten- und Leistungsrechnungen geführt werden. Die Kosten und Erlöse sind aus der Buchführung nachprüfbar herzuleiten.	**§ 6 Buchführung und Kostenrechnung** (1) Die Vorschriften des Siebten Abschnitts der Gemeindehaushaltsverordnung über Buchführung und Inventar finden Anwendung. Von § 35 Absatz 4 GemHVO kann abgewichen werden. (2) Einheitskontenrahmen sind anzuwenden, soweit sie für Zwecke der Finanzstatistik und der Vergleichbarkeit für verbindlich erklärt sind. (3) Als Grundlage für die Verwaltungssteuerung sowie für die Beurteilung der Wirtschaftlichkeit und Leistungsfähigkeit des Eigenbetriebs sollen für alle Betriebszweige nach den örtlichen Bedürfnissen Kosten- und Leistungsrechnungen geführt werden. Die Kosten und Erlöse sind aus der Buchführung nachprüfbar herzuleiten.
§ 7 Eröffnungsbilanz und Jahresabschluss (1) Für die Eröffnungsbilanz und den Jahresabschluss finden die allgemeinen Vorschriften, die Ansatzvorschriften, die Vorschriften über die Bilanz und die Gewinn- und Verlustrechnung, die Bewertungsvorschriften und die Vorschriften über den Anhang für den Jahresabschluss der großen Kapitalgesellschaften im Dritten Buch des Handelsgesetzbuchs entsprechend Anwendung, soweit sich aus dieser Verordnung nichts anderes ergibt. Bei den Rückstellungen kann auf eine Abzinsung des Erfüllungsbetrages verzichtet werden. (2) Sofern keine vorrangigen Rechtsvorschriften entgegenstehen, darf der Eigenbetrieb keine Rückstellungen für Pensions- und Beihilfeverpflichtungen bilden, für die Kommunale Versorgungsverband nach § 27 Absatz 5 des Gesetzes über den Kommunalen Versorgungsverband Baden-Württemberg Rückstellungen bildet. Bestehende Rückstellungen nach Satz 1 müssen längstens innerhalb von 15 Jahren einmalig oder in gleichen Jahresraten aufgelöst werden.	**§ 7 Eröffnungsbilanz und Jahresabschluss** (1) Zu Beginn des ersten Wirtschaftsjahres ist eine Eröffnungsbilanz aufzustellen. Auf die Eröffnungsbilanz sind die für den Jahresabschluss geltenden Vorschriften entsprechend anzuwenden, soweit sie sich auf die Bilanz beziehen. Die Werte in der Eröffnungsbilanz sind mit den Restbuchwerten anzusetzen, die im bisherigen Rechnungswesen nachgewiesen sind. (2) Für den Jahresabschluss finden aus der Gemeindehaushaltsverordnung die Vorschriften des Achten und Neunten Abschnitts sowie § 63, Absatz 2 mit der Maßgabe, dass der Gewinn oder Verlust aus Berichtigungen der Eröffnungsbilanz entweder mit dem Eigenkapital oder mit einem Trägerdarlehen, sofern dieses in der Eröffnungsbilanz residual gebildet wurde, zu verrechnen ist, entsprechend Anwendung, soweit sich aus dieser Verordnung nichts anderes ergibt. (3) Sofern keine vorrangigen Rechtsvorschriften entgegenstehen, darf der Eigenbetrieb keine Rückstellungen für Pensions- und Beihilfeverpflichtungen bilden, für die Kommunale Versorgungsverband nach § 27 Absatz 5 des Gesetzes über den Kommunalen Versorgungsverband Baden-Württemberg Rückstellungen bildet. Bestehende Rückstellungen nach Satz 1 müssen längstens innerhalb von 15 Jahren einmalig oder in gleichen Jahresraten aufgelöst werden.

Synopse der beiden Eigenbetriebsverordnungen — Kapitel 15

EigBVO-HGB	EigBVO-Doppik
§ 8 Bilanz (1) Die Bilanz ist unbeschadet einer weiteren Untergliederung entsprechend dem Muster in der Anlage 6 aufzustellen. Das Stammkapital ist als gezeichnetes Kapital auszuweisen. § 268 Absatz 1, §§ 270, 272 und 274 des Handelsgesetzbuchs finden keine Anwendung. Forderungen und Verbindlichkeiten gegenüber der Gemeinde und anderen Eigenbetrieben sind gesondert auszuweisen. (2) Das Stammkapital ist mit seinem in der Betriebssatzung festgelegten Betrag anzusetzen. (3) Von dem Eigenbetrieb geleistete Investitionszuschüsse können als Sonderposten in der Bilanz im Rahmen der aktiven Rechnungsabgrenzung separat ausgewiesen und entsprechend dem Zuwendungsverhältnis aufgelöst werden. Empfangene Investitionszuweisungen und Investitionsbeiträge sollen als Sonderposten in der Bilanz ausgewiesen und entsprechend der voraussichtlichen Nutzungsdauer aufgelöst oder von den Anschaffungs- oder Herstellungskosten des bezuschussten Vermögensgegenstandes abgesetzt werden. Satz 2 gilt auch für Investitionszuweisungen der Gemeinde. Zu den Investitionsbeiträgen gehören auch vom Eigenbetrieb erhobene Baukostenzuschüsse auf Grund allgemeiner Lieferbedingungen oder Beiträge auf Grund einer Satzung. Kapitalzuschüsse der öffentlichen Hand, die die Gemeinde für den Eigenbetrieb erhalten hat, sind dem Eigenkapital zuzuführen.	**§ 8 Bilanz** (1) Die Bilanz ist unbeschadet einer weiteren Untergliederung entsprechend dem Muster in der Anlage 10 aufzustellen. Das Stammkapital ist als gezeichnetes Kapital auszuweisen. Forderungen und Verbindlichkeiten gegenüber der Gemeinde und anderen Eigenbetrieben sind gesondert auszuweisen. (2) Das Stammkapital ist mit seinem in der Betriebssatzung festgelegten Betrag anzusetzen. (3) Von dem Eigenbetrieb geleistete Investitionszuschüsse sollen als Sonderposten in der Bilanz ausgewiesen und entsprechend dem Zuwendungsverhältnis aufgelöst werden. Empfangene Investitionszuweisungen und Investitionsbeiträge sollen als Sonderposten in der Bilanz ausgewiesen und entsprechend der voraussichtlichen Nutzungsdauer aufgelöst oder von den Anschaffungs- oder Herstellungskosten des bezuschussten Vermögensgegenstandes abgesetzt werden. Satz 2 gilt auch für Investitionszuweisungen der Gemeinde. Zu den Investitionsbeiträgen gehören auch vom Eigenbetrieb erhobene Baukostenzuschüsse auf Grund allgemeiner Lieferbedingungen oder Beiträge auf Grund einer Satzung. Kapitalzuschüsse der öffentlichen Hand, die die Gemeinde für den Eigenbetrieb erhalten hat, sind dem Eigenkapital zuzuführen.
§ 9 Erfolgsrechnung Die Erfolgsrechnung ist als Gewinn- und Verlustrechnung unbeschadet einer weiteren Untergliederung mindestens wie der Erfolgsplan (§ 1 Absatz 1) zu gliedern.	**§ 9 Erfolgsrechnung** Die Erfolgsrechnung ist als Ergebnisrechnung unbeschadet einer weiteren Untergliederung entsprechend dem Muster in der Anlage 11 aufzustellen.
§ 10 Liquiditätsrechnung Die Liquiditätsrechnung ist als Kapitalflussrechnung unbeschadet einer weiteren Untergliederung entsprechend dem Muster in der Anlage 7 aufzustellen.	**§ 10 Liquiditätsrechnung** Die Liquiditätsrechnung ist als Finanzrechnung unbeschadet einer weiteren Untergliederung entsprechend dem Muster in der Anlage 12 aufzustellen.
§ 11 Anhang Für die Darstellung im Anhang gilt § 285 Nummern 9 und 10 des Handelsgesetzbuchs mit der Maßgabe, dass die Angaben 1. nach Nummer 9 über die vom Eigenbetrieb gewährten Leistungen für die Mitglieder der Betriebsleitung und des Betriebsausschusses sowie für sonstige für den Eigenbetrieb in leitender Funktion tätige Personen und 2. nach Nummer 10 für die Mitglieder der Betriebsleitung und des Betriebsausschusses zu machen sind; § 286 Absätze 2 und 3 des Handelsgesetzbuchs finden keine Anwendung.	**§ 11 Anhang** Für die Darstellung im Anhang gilt § 53 GemHVO mit der Maßgabe, dass 1. die Angabe nach Absatz 2 Nummer 4 entfallen kann, 2. die Angaben nach Absatz 2 Nummer 8 für die Mitglieder der Betriebsleitung und des Betriebsausschusses und 3. zusätzlich nach § 285 Nummer 9 des Handelsgesetzbuchs Angaben über die vom Eigenbetrieb gewährten Leistungen für die Mitglieder der Betriebsleitung und des Betriebsausschusses sowie für sonstige für

Kapitel 15 — Anlagen

EigBVO-HGB	EigBVO-Doppik
Die Entwicklung der Liquidität ist entsprechend dem Muster in der Anlage 8 darzustellen.	den Eigenbetrieb in leitender Funktion tätige Personen zu machen sind; § 286 Absatz 4 des Handelsgesetzbuchs gilt entsprechend. Die Entwicklung der Liquidität ist entsprechend dem Muster in der Anlage 13 darzustellen. Dem Anhang sind als Anlagen beizufügen 1. die Vermögensübersicht entsprechend dem Muster in der Anlage 14 und 2. die Schuldenübersicht entsprechend dem Muster in der Anlage 15.
§ 12 Lagebericht Für den Lagebericht gilt § 289 des Handelsgesetzbuchs entsprechend. Kennzahlen sind nach den individuellen Steuerungsbedürfnissen zu ermitteln, darzustellen und fortzuschreiben.	**§ 12 Lagebericht** Als Lagebericht ist ein Rechenschaftsbericht entsprechend § 54 GemHVO zu erstellen. Abweichend von § 54 Absatz 2 Nummer 6 GemHVO sind Kennzahlen nach den individuellen Steuerungsbedürfnissen zu ermitteln, darzustellen und fortzuschreiben.
§ 13 Feststellung des Jahresabschlusses und Behandlung des Jahresergebnisses Die Beschlüsse über die Feststellung des Jahresabschlusses und über die Verwendung des Jahresüberschusses oder die Behandlung des Jahresfehlbetrags müssen die Angaben nach dem Muster in der Anlage 9 enthalten.	**§ 13 Feststellung des Jahresabschlusses und Behandlung des Jahresergebnisses** Die Beschlüsse über die Feststellung des Jahresabschlusses und über die Verwendung des Jahresüberschusses oder die Behandlung des Jahresfehlbetrags müssen die Angaben nach dem Muster in der Anlage 16 enthalten.
§ 14 Besondere Vorschriften über die Erhaltung des Sondervermögens Sämtliche Lieferungen, Leistungen und Kredite auch im Verhältnis zwischen dem Eigenbetrieb und der Gemeinde, einem anderen Eigenbetrieb der Gemeinde oder einer Gesellschaft, an der die Gemeinde beteiligt ist, sind angemessen zu vergüten. Der Eigenbetrieb kann jedoch abweichend von Satz 1 1. Wasser für den Brandschutz, für die Reinigung von Straßen und Abwasseranlagen sowie für öffentliche Zier- und Straßenbrunnen unentgeltlich oder verbilligt liefern, 2. Anlagen für die Löschwasserversorgung unentgeltlich oder verbilligt zur Verfügung stellen, 3. auf die Tarifpreise für Leistungen von Elektrizität, Gas, Wasser und Wärme einen Preisnachlass gewähren, soweit dieser steuerrechtlich anerkannt ist.	**§ 14 Besondere Vorschriften über die Erhaltung des Sondervermögens** Sämtliche Lieferungen, Leistungen und Kredite auch im Verhältnis zwischen dem Eigenbetrieb und der Gemeinde, einem anderen Eigenbetrieb der Gemeinde oder einer Gesellschaft, an der die Gemeinde beteiligt ist, sind angemessen zu vergüten. Der Eigenbetrieb kann jedoch abweichend von Satz 1 1. Wasser für den Brandschutz, für die Reinigung von Straßen und Abwasseranlagen sowie für öffentliche Zier- und Straßenbrunnen unentgeltlich oder verbilligt liefern, 2. Anlagen für die Löschwasserversorgung unentgeltlich oder verbilligt zur Verfügung stellen, 3. auf die Tarifpreise für Leistungen von Elektrizität, Gas, Wasser und Wärme einen Preisnachlass gewähren, soweit dieser steuerrechtlich anerkannt ist.
§ 15 Kassenwirtschaft Die Bürgermeisterin oder der Bürgermeister bestimmt nach Anhörung der Betriebsleitung, inwieweit der Eigenbetrieb seine vorübergehend nicht benötigten Kassenmittel selbst bewirtschaftet oder inwieweit sie durch die Gemeindekasse zusammen mit ihren Kassenmitteln bewirtschaftet werden. Dabei ist auf die Zahlungsbereitschaft des Eigenbetriebs Rücksicht zu nehmen.	**§ 15 Kassenwirtschaft** Die Bürgermeisterin oder der Bürgermeister bestimmt nach Anhörung der Betriebsleitung, inwieweit der Eigenbetrieb seine vorübergehend nicht benötigten Kassenmittel selbst bewirtschaftet oder inwieweit sie durch die Gemeindekasse zusammen mit ihren Kassenmitteln bewirtschaftet werden. Dabei ist auf die Zahlungsbereitschaft des Eigenbetriebs Rücksicht zu nehmen.

Synopse der beiden Eigenbetriebsverordnungen **Kapitel 15**

EigBVO-HGB	EigBVO-Doppik
§ 16 Weitere anzuwendende Vorschriften der Gemeindehaushaltsverordnung Die § 10 Absätze 1 und 2, §§ 12 und 26, § 27 Absätze 1, 2, 3 Satz 1 und Absatz 4, §§ 31 bis 33 GemHVO gelten entsprechend.	**§ 16 Weitere anzuwendende Vorschriften der Gemeindehaushaltsverordnung** Die § 10 Absätze 1 und 2, § 12, § 16 Absätze 1 bis 3 und 4 Satz 1, § 26, § 27 Absätze 1, 2, 3 Satz 1 und Absatz 4, §§ 31 bis 33 GemHVO gelten entsprechend.
§ 17 Muster Die anzuwendenden Muster können bei Bedarf ergänzt und gestalterisch angepasst werden, müssen jedoch mindestens die in den Mustern vorgeschriebenen Angaben enthalten. In den Mustern sind diejenigen Werte auszuweisen, die zum Zeitpunkt der Planung oder Buchung gültig sind beziehungsweise in Vorjahren gültig waren. Nullwerte müssen nicht dargestellt werden; Tabellenzeilen und -spalten ohne Wertangaben können entfallen. Wenn die Finanzplanung nicht in den Erfolgsplan, den Liquiditätsplan und in die Einzeldarstellung der Investitionsmaßnahmen integriert wird, können in den Mustern in den Anlagen 1, 2 und 5 die Spalten der dem Wirtschaftsjahr, für das der Wirtschaftsplan aufgestellt wird, folgenden drei Finanzplanungsjahre entfallen.	**§ 17 Muster** Die anzuwendenden Muster können bei Bedarf ergänzt und gestalterisch angepasst werden, müssen jedoch mindestens die in den Mustern vorgeschriebenen Angaben enthalten. In den Mustern sind diejenigen Werte auszuweisen, die zum Zeitpunkt der Planung oder Buchung gültig sind beziehungsweise in Vorjahren gültig waren. Nullwerte müssen nicht dargestellt werden; Tabellenzeilen und -spalten ohne Wertangaben können entfallen. Wenn die Finanzplanung nicht in den Erfolgsplan, den Liquiditätsplan und in die Einzeldarstellung der Investitionsmaßnahmen integriert wird, können in den Mustern in den Anlagen 1, 2 und 7 die Spalten der dem Wirtschaftsjahr, für das der Wirtschaftsplan aufgestellt wird, folgenden drei Finanzplanungsjahre entfallen.
§ 18 Umstellung der Wirtschaftsführung und des Rechnungswesens Bei einer Umstellung der Wirtschaftsführung und des Rechnungswesens von der entsprechenden Anwendung der für die Haushaltswirtschaft der Gemeinden geltenden Vorschriften (Kommunale Doppik) gemäß § 12 Absatz 1 Satz 3 des Eigenbetriebsgesetzes (EigBG) in der bis zum 25. Juni 2020 geltenden Fassung in Verbindung mit § 77 Absatz 3 der Gemeindeordnung (GemO) oder von der Eigenbetriebsverordnung-Doppik auf die Vorschriften dieser Verordnung ist eine Eröffnungsbilanz entsprechend § 7 Absatz 1 aufzustellen. In den Spalten der anzuwendenden Muster für den Wirtschaftsplan, die Eröffnungsbilanz und den Jahresabschluss müssen Werte für Vorjahre nicht angegeben werden; vom Abdruck dieser Spalten kann abgesehen werden.	**§ 18 Umstellung der Wirtschaftsführung und des Rechnungswesens** Bei einer Umstellung der Wirtschaftsführung und des Rechnungswesens von den Vorschriften der Eigenbetriebsverordnung vom 7. Dezember 1992 (GBl. S. 776) oder der Eigenbetriebsverordnung-HGB auf die Vorschriften dieser Verordnung ist eine Eröffnungsbilanz entsprechend § 7 Absatz 1 aufzustellen. In den Spalten der anzuwendenden Muster für den Wirtschaftsplan, die Eröffnungsbilanz und den Jahresabschluss müssen Werte für Vorjahre nicht angegeben werden; vom Abdruck dieser Spalten kann abgesehen werden.
§ 19 Übergangsregelungen (4) Aus der erstmaligen Anwendung dieser Vorschriften sich ergebende Abweichungen bei der Gliederung des Jahresabschlusses sind im Anhang anzugeben und entsprechend zu erläutern.	**§ 19 Übergangsregelungen** (3) Die im bisherigen Rechnungswesen in entsprechender Anwendung der für die Haushaltswirtschaft der Gemeinden geltenden Vorschriften (Kommunale Doppik) gemäß § 12 Absatz 1 Satz 3 des Eigenbetriebsgesetzes (EigBG) in der bis zum 25. Juni 2020 geltenden Fassung in Verbindung mit § 77 Absatz 3 der Gemeindeordnung (GemO) nachgewiesenen Restbuchwerte sind unter Berücksichtigung der Ansatzvorschriften dieser Verord-

EigBVO-HGB	EigBVO-Doppik
	nung zu übernehmen. Die bisherigen Posten des Eigenkapitals nach § 52 Absatz 4 Nummer 1 GemHVO sind auf die Posten des Eigenkapitals nach Anlage 10 überzuleiten. Die Ergebnisrücklagen gehen hierbei in den Gewinnrücklagen und Fehlbeträge im Posten Verlustvortrag auf. Ein unter Berücksichtigung des gezeichneten Kapitals nach § 8 Absatz 1 Satz 2 verbleibender positiver Differenzbetrag ist in der Kapitalrücklage auszuweisen; ein negativer Differenzbetrag im Posten Verlustvortrag. Abweichungen bei der Gliederung des Jahresabschlusses, die sich aus der erstmaligen Anwendung dieser Vorschriften ergebend, sind im Anhang anzugeben und entsprechend zu erläutern. (4) In den Spalten der anzuwendenden Muster müssen Werte für Vorjahre, für die die Wirtschaftsführung und das Rechnungswesen nicht nach dieser Verordnung erfolgte, nicht angegeben werden; vom Abdruck dieser Spalten kann abgesehen werden.
(5) In den Spalten der anzuwendenden Muster müssen Werte für Vorjahre, für die die Wirtschaftsführung und das Rechnungswesen nicht nach dieser Verordnung erfolgte, nicht angegeben werden; vom Abdruck dieser Spalten kann abgesehen werden. (6) Wird die Übergangsregelung des § 19 Absatz 1 des Eigenbetriebsgesetzes angewandt, gilt die Eigenbetriebsverordnung vom 7. Dezember 1992 (GBl. S. 776) für die Übergangszeit weiter.	

15.7 Beispiel einer Betriebssatzung

Betriebssatzung für die Stadtentwässerung Ludwigsburg

vom 26. November 2003
Aufgrund von § 4 der Gemeindeordnung für Baden-Württemberg (GemO) in der Fassung vom 24. Juli 2000 (GBl. S. 582, berichtigt S. 698), geändert durch Gesetz vom 19. Dezember 2000 (GBl. S. 745), vom 28. Mai 2003 (GBl. S. 271) und § 3 Abs. 2 des Eigenbetriebsgesetzes (EigBG) in der Fassung vom 08. Januar 1992 (GBl. S. 22), mehrfach geändert durch Artikel 1 des Gesetzes vom 17. Juni 2020 (GBl. S. 403), hat der Gemeinderat der Stadt Ludwigsburg am 26. November 2003 mit Änderung vom xx.yy.zzzz beschlossen:

§ 1 Gegenstand des Eigenbetriebs

(1) Die Stadt Ludwigsburg erfüllt nach Maßgabe des Bundes- und Landesrechts sowie orts- rechtlicher Regelungen die Abwasserbeseitigung in der Form des Eigenbetriebs.

(2) Durch diese Satzung werden weder Rechte noch Pflichten in Bezug auf die in Absatz 1 genannten Aufgaben begründet, aufgehoben oder verändert.

(3) Der Betrieb wird als Eigenbetrieb nach den Vorschriften des Eigenbetriebsgesetzes geführt.

(4) Der Eigenbetrieb kann alle seinen Gegenstand fördernden oder ihn wirtschaftlich berührenden Geschäfte betreiben. Er kann sich an privatrechtlichen und öffentlich-rechtlichen Betrieben beteiligen. Er kann Betriebsführungen übernehmen, wenn der zu führende Betrieb/die zu führende Einrichtung Berührungspunkte mit dem Unternehmensgegenstand des Eigenbetriebs aufweist. Zur Erfüllung dieser Aufgaben kann er sich anderer Einrichtungen oder Unternehmen bedienen.

(5) Der Betrieb kann sich aufgrund von Vereinbarungen dazu verpflichten, das Abwasser von außerhalb des Stadtgebiets gelegenen Grundstücken oder Bereichen benachbarter Gemeinden zu behandeln.

§ 2 Name

(1) Der Eigenbetrieb führt den Namen Städtentwässerung Ludwigsburg.
(2) Der Betrieb hat seinen Sitz in Ludwigsburg.

§ 3 Stammkapital

Von der Festsetzung eines Stammkapitals nach § 12 Abs. 2 des Eigenbetriebsgesetzes wird abgesehen.

§ 3a Wirtschaftsführung und Rechnungswesen

Der Eigenbetrieb wendet für die Wirtschaftsführung und das Rechnungswesen bis zum Wirtschaftsjahr 2017 die Vorschriften des Handelsgesetzbuchs, ab dem Wirtschaftsjahr 2018 die für die Haushaltswirtschaft der Gemeinde geltenden Vorschriften (Kommunale Doppik) und ab dem Jahr 2023 die Eigenbetriebsverordnung-Doppik entsprechend an.

§ 4 Organe

Organe des Eigenbetriebs sind
1. der Gemeinderat,
2. der Betriebsausschuss,
3. der Oberbürgermeister und
4. die Betriebsleitung.

§ 5 Gemeinderat

(1) Der Gemeinderat beschließt über alle Angelegenheiten, die ihm durch die Gemeindeordnung, das Eigenbetriebsgesetz und diese Betriebssatzung vorbehalten sind, insbesondere über
1. die Bestellung, Festsetzung der Vergütung und Entlassung der Betriebsleitung,
2. den Erlass und die Änderung der Betriebssatzung,

Kapitel 15 Anlagen

3. die wesentliche Erweiterung, Einschränkung oder Auflösung des Eigenbetriebs, die Beteiligung an anderen Unternehmen, Verbänden und Einrichtungen sowie den Austritt aus diesen als auch die Übernahme weiterer Aufgaben.
4. die Umwandlung der Rechtsform des Eigenbetriebs,
5. die Aufstellung des Wirtschafts- und Finanzplans sowie deren Änderungen,
6. die Gewährung von Darlehen des Eigenbetriebs an die Gemeinde,
7. die Feststellung des geprüften Jahresabschlusses, die Entscheidung über die Verwendung des Jahresgewinns oder Behandlung des Jahresverlusts,
8. die Festsetzung des Stammkapitals des Eigenbetriebs,
9. die Entlastung der Betriebsleitung.

Darüber hinaus entscheidet der Gemeinderat in den Angelegenheiten, ab deren Wertgrenze er nach § 9 zuständig ist.

(2) Der Gemeinderat kann allgemein oder im Einzelfall dem Betriebsausschuss Weisungen erteilen, jede Angelegenheit an sich ziehen und Beschlüsse des Betriebsausschusses ändern oder aufheben, solange sie noch nicht vollzogen sind.

§ 6 Betriebsausschuss

(1) Für die Angelegenheiten des Eigenbetriebs wird ein beschließender Betriebsausschuss gebildet. Er führt die Bezeichnung Betriebsausschuss Städtentwässerung Ludwigsburg. Der Betriebsausschuss besteht aus Mitgliedern, die dem nach der Hauptsatzung gebildeten Ausschuss für Bauen, Technik und Umwelt angehören. Für den Vorsitz und den Geschäftsgang im Betriebsausschuss gelten die Vorschriften der Gemeindeordnung, der Hauptsatzung und der Geschäftsordnung im Gemeinderat.

(2) Der Betriebsausschuss berät alle Angelegenheiten des Eigenbetriebs vor, die der Entscheidung des Gemeinderats vorbehalten sind.

(3) Der Betriebsausschuss entscheidet in allen Angelegenheiten des Eigenbetriebs, soweit nicht der Gemeinderat oder die Betriebsleitung zuständig sind, insbesondere über die in § 9 für ihn ausgewiesenen Aufgaben.

§ 7 Oberbürgermeister

(1) Dem Oberbürgermeister kommen die nach dem Eigenbetriebsgesetz vorgesehenen Aufgaben zu, insbesondere die Weisungs- und Anordnungsrechte nach § 10 EigBG sowie die Aufgaben als Dienstvorgesetzter und oberste Dienstbehörde der beim Eigenbetrieb beschäftigten Bediensteten nach § 11 Abs. 5 EigBG.

(2) Der Oberbürgermeister muss anordnen, dass Maßnahmen der Betriebsleitung, die er für gesetzwidrig hält, unterbleiben oder rückgängig gemacht werden. Er kann dies anordnen, wenn er der Auffassung ist, dass Maßnahmen für die Stadt nachteilig sind.

(3) In dringenden Angelegenheiten des Eigenbetriebs, deren Erledigung nicht bis zu einer Sitzung des Gemeinderats oder des Betriebsausschusses aufgeschoben werden kann, entscheidet der Oberbürgermeister anstelle des Gemeinderats oder des Betriebsausschusses. Die Entscheidung und die Gründe hierfür sind diesem unverzüglich mitzuteilen.

§ 8 Betriebsleitung

(1) Zur Leitung des Eigenbetriebs wird eine Betriebsleitung mit der Bezeichnung Betriebsleitung bestellt.

Beispiel einer Betriebssatzung **Kapitel 15**

(2) Die Betriebsleitung besteht aus einem Betriebsleiter oder einer Betriebsleiterin. Die Betriebsleitung hat die jeweilige Leitung des Fachbereichs Tiefbau- und Grünflächenamts inne.

(3) Der Betriebsleitung obliegen insbesondere die laufende Betriebsführung und die Entscheidung in allen ihr übertragenen Angelegenheiten des Betriebs (§ 9).

(4) Der Betriebsleiter vertritt den Betrieb (§ 6 Abs. 1 EigBG).

(5) Die Betriebsleitung hat den Oberbürgermeister und den Betriebsausschuss halbjährlich zum Quartalsende über die Entwicklung der Erträge und Aufwendungen sowie über die Abwicklung des Investitionsprogramms schriftlich zu unterrichten. Über wichtige Angelegenheiten hat sie ihn unverzüglich zu unterrichten.

(6) Die Betriebsleitung hat dem Fachbeamten/der Fachbeamtin für das Finanzwesen der Stadt alle Maßnahmen mitzuteilen, welche die Finanzwirtschaft der Stadt berühren. Sie hat ihm insbesondere den Entwurf des Wirtschaftsplans mit Finanzplanung, des Jahresabschlusses und des Lageberichts sowie die Berichte nach Absatz 5 rechtzeitig zuzuleiten.

§ 9 Abgrenzung der Zuständigkeiten der Organe

(1) Die in der nachstehenden Tabelle in den Spalten 3 bis 6 genannten Organe entscheiden in den in Spalte 2 genannten Angelegenheiten im Rahmen der dort genannten Werte, Leistungen, Gegenleistungen, Beträge, Entgelte, Kosten (Wertgrenzen) oder im Rahmen der verbalen Beschreibung in den Spalten 3–6. Die Abkürzung TEUR bedeutet 1.000 Euro. Soweit die Zuständigkeit nicht kraft Gesetzes besteht, gilt sie als auf das genannte Organ übertragen.

Nr.	Angelegenheit	Betriebsleitung	Betriebsausschuss		Gemeinderat
		bis zu TEUR	mehr als TEUR	bis zu TEUR	mehr als TEUR
1	2	3	4	5	6
1.	a) Ausführung eines Bauvorhabens (Baubeschluss) und Genehmigung der Bauunterlagen bei voraussichtlichen bzw. tatsächlichen Gesamtkosten im Einzelfall	250	250	1.500	1.500
	b) Vergabe von Aufträgen im Rahmen genehmigter Kostenanschläge und im Rahmen des Investitionsprogramms bei voraussichtlichen bzw. tatsächlichen Gesamtkosten im Einzelfall	unbegrenzt			
	c) Vergabe von Aufträgen für Planungen oder Gutachten im Einzelfall	100	100	1.000	1.000
2.	Erwerb und Veräußerung anderer von Gegenständen des Anlagevermögens sowie Bewirtschaftung sonstiger Mittel des Liquiditätsplans, bei einer Gegenleistung für den Erwerb, die Veräußerung oder die sonstige Bewirtschaftung im Einzelfall	200	200	1.500	1.500

Kapitel 15 — Anlagen

Nr.	Angelegenheit	Betriebsleitung	Betriebsausschuss		Gemeinderat
		bis zu TEUR	mehr als TEUR	bis zu TEUR	mehr als TEUR
1	2	3	4	5	6
3.	Dingliche Belastung von Grundstücken und grundstücksgleichen Rechten, die Bestellung anderer Sicherheiten, die Übernahme von Bürgschaften und Verpflichtungen in Gewährverträgen sowie den Abschluss der ihnen wirtschaftlich gleichkommenden Rechtsgeschäfte im Rahmen der gesetzlichen Vorschriften, bei einem Betrag oder Wert im Einzelfall	500	500	1.000	1.000
4.	Verträge über die Nutzung von Grundstücken oder beweglichen Vermögensgegenständen bei einem jährlichen Nutzungsentgelt im Einzelfall	50	50	unbegrenzt	
5.	a) Aufnahme von Krediten im Rahmen der Gesamtkreditermächtigung und von Umschuldungen	unbegrenzt			
	b) Abschluss kreditähnlicher Rechtsgeschäfte im Betrag oder Wert im Einzelfall	100	100	1.000	1.000
	c) Aufnahme von Kassenkrediten im Rahmen des Höchstbetrags des Wirtschaftsplans	unbegrenzt			
6.	Führung von Rechtsstreitigkeiten mit einem Streitwert	150	150	unbegrenzt	
7.	a) Verzicht auf Ansprüche einschließlich des Abschlusses von Vergleichen, bei einem Verzicht im Einzelfall	200	200	unbegrenzt	
	b) Stundung von Ansprüchen im Einzelfall	150 und bis 6 Monate 75 zeitlich unbeschränkt	übrige Fälle	unbegrenzt	
	c) Niederschlagung von Ansprüchen im Einzelfall	200	200	unbegrenzt	
8.	Gewährung von Gehaltsvorschüssen und Darlehen an die Betriebsleiter		nach allgemeinen Grundsätzen		
9.	Gewährung von Freiwilligkeitsleistungen im Einzelfall	10	10	unbegrenzt	
10.	Annahme von Spenden, Vermächtnissen und sonstigen Zuwendungen, soweit dadurch keine erheblichen Verpflichtungen für den Eigenbetrieb entstehen	0	0	unbegrenzt	

Beispiel einer Betriebssatzung **Kapitel 15**

Nr.	Angelegenheit	Betriebsleitung	Betriebsausschuss		Gemeinderat
		bis zu TEUR	mehr als TEUR	bis zu TEUR	mehr als TEUR
1	2	3	4	5	6
11.	Zustimmung zu a) erfolggefährdenden Mehraufwendungen des Erfolgsplans (soweit sie nicht unabweisbar sind), wenn diese den im Erfolgsplan ausgewiesenen Gewinn oder Verlust verschlechtern um	200	200	unbegrenzt	
	b) Mehrauszahlungen bei Vorhaben des Investitionsprogramms (soweit sie nicht unabweisbar sind) einschließlich Zustimmung zu einer dadurch entstandenen Erhöhung der Kostenanschlagssumme für das einzelne Vorhaben im Betrag	250	250	unbegrenzt	
	c) über- und außerplanmäßigen Verpflichtungsermächtigungen im Rahmen des Gesamtbetrags der Verpflichtungsermächtigungen	250	250	1.000	1.000
12.	Erhebliche Verschlechterung des Jahresergebnisses gegenüber dem Erfolgsplan, die eine Änderung des Wirtschaftsplans erfordert				500

(2) Die in der nachstehenden Tabelle in den Spalten 3 bis 5 genannten Organe entscheiden ferner in den in Spalte 2 genannten Angelegenheiten, soweit in den Spalten 3 bis 5 deren Zuständigkeit mit einem x gekennzeichnet oder die Zuständigkeit verbal oder durch Ziffern beschrieben ist. Soweit die Zuständigkeit nicht kraft Gesetzes besteht, gilt sie als auf das genannte Organ übertragen.

Nr.	Angelegenheit	Betriebsleitung	Betriebsausschuss	Gemeinderat
1	2	3	4	5
1.	Einstellung, Eingruppierung, Entlassung der Beschäftigten, die nicht nur vorübergehende Übertragung einer anders bewerteten Tätigkeit und Festsetzung der Vergütung sowie sonstige personalrechtliche Entscheidungen	bis Entgeltgruppe 13 TVöD	bis Entgeltgruppe 14 TVöD	Betriebsleitung
2.	Festsetzung der allgemeinen Benutzungsbedingungen einschl. Festsetzung von allgemeinen Entgeltregelungen		x grundsätzlich	x bei Satzungen
3.	Entsendung von Vertretern in die Organe von wirtschaftlichen Unternehmen und öffentlich-rechtlichen Körperschaften, an denen die Stadt beteiligt oder bei denen sie Mitglied ist.			x
4.	Erteilung von Weisungen an entsandte Vertreter der Stadt			x

Kapitel 15 — Anlagen

§ 10 Wertgrenzen

Soweit in dieser Satzung Wertgrenzen genannt sind, gelten diese ohne Mehrwertsteuer.

§ 11 Inkrafttreten

Diese Satzung tritt am xx.xx.20xx in Kraft.

15.8 Verordnung zur Wahrung der Einheitlichkeit in der Verwaltung

Zur Wahrung der Einheitlichkeit der Stadtverwaltung und zur Sicherung der Aufgabenerfüllung der Eigenbetriebe wird aufgrund von § 10 des Eigenbetriebsgesetzes vom 8. Januar 1992, zuletzt mehrfach geändert durch Artikel 1 des Gesetzes vom 17. Juni 2020 (GBl. S. 403), folgende Regelung getroffen:

Allgemeine Hinweise
- Eigenbetriebe sind rechtlich nichtselbständige Organisationseinheiten der Stadt. Für sie gelten deshalb Gesetze, Rechtsverordnungen und Verwaltungsvorschriften ebenso weiter wie tarifvertragliche Regelungen.
- Soweit Eigenbetriebsgesetz, Eigenbetriebsverordnung und Betriebssatzung nichts anderes bestimmen, finden auch die sonstigen allgemeinen Regelungen der Stadtverwaltung, insbesondere die Dienstvorschriften (z. B.: Zuständigkeitsordnung, ADO, Dienstanweisung für Spenden und Sponsoring, Inventarrichtlinie) der Stadt – in ihrer jeweiligen Fassung – Anwendung.
- Des Weiteren gelten alle von der Stadt mit Dritten abgeschlossenen (Rahmen-)Verträge (z. B. Fernmeldewesen, Büromaterial, Büromöbel) auch für die Eigenbetriebe.
- Bei Einführung neuer oder Überarbeitung bestehender allgemeiner Regelungen sind auch Aussagen zum Geltungsbereich für die Eigenbetriebe zu treffen.
- Die Rahmenrichtlinien zu den internen Verrechnungen gelten nicht zwischen Stadtverwaltung und Eigenbetrieben. Den Eigenbetrieben sind gesetzlich festgelegte Abgaben zu berechnen (z. B. Abwassergebühr, Grundsteuer, Verwaltungsgebühren).

Organisatorische Zuordnung
Die dem Oberbürgermeister nach dem Eigenbetriebsrecht und den jeweiligen Betriebssatzungen zustehenden Befugnisse nehmen grundsätzlich die fachlich zuständigen Beigeordneten als ständige Sondervertreter gemäß § 49 Abs. 3 GemO wahr.

Inanspruchnahme innerstädtischer Serviceleistungen
Die innerstädtischen Serviceleistungen incl. der zentralen Dienste sind von den Eigenbetrieben in Anspruch zu nehmen. Eigenleistungen gehen den Fremdleistungen grundsätzlich vor. Die Leistungsabnehmer sind jedoch berechtigt, Preis- und Qualitätsvergleiche mit externen Anbietern anzustellen.
In Einzelfällen kann zwischen der Serviceeinrichtung und dem Eigenbetrieb als Abnehmer die Aufhebung des Anschluss- und Benutzungszwangs vereinbart werden. Dies ist immer dann sinnvoll, wenn beispielsweise die Serviceeinrichtung aus Kapazitätsgründen die Aufträge zeitlich nicht fristgerecht abwickeln kann oder fachlich dazu nicht in der Lage ist oder das Vergleichsergebnis von Preis (und Qualität) mit externen Anbietern um mehr als 10 % differiert.

Verordnung zur Wahrung der Einheitlichkeit in der Verwaltung   **Kapitel 15**

Vor einer freihändigen Vergabe, beschränkter oder öffentlicher Ausschreibung der Leistung, die auch eine städtische Serviceeinrichtung erbringen kann, ist seitens der Eigenbetriebe immer abzufragen, ob die Serviceeinrichtung die geforderte Leistung nicht wirtschaftlicher oder zweckmäßiger leisten kann als der abgefragte Preis- und Qualitätsvergleich. Die Serviceeinrichtung ist verpflichtet innerhalb einer angemessenen Frist, die in der Regel 10 Arbeitstage nicht überschreiten sollte, eine entsprechende Auskunft zu erteilen.

Preisbildung
Die mit den Eigenbetrieben für die Leistungen der Fachbereiche zu verrechnenden Preise sind grundsätzlich vorkalkulierte Vollkostenpreise. Ist eine exakte Kostenerfassung für die Service- und Hilfsbetriebe derzeit noch nicht möglich, sind die Kosten über Pauschalen z. B. durchschnittliche jährliche Kosten eines (anteiligen) Arbeitsplatzes zu verrechnen. Sofern vorhanden, können auch Marktpreise für die Preisbildung herangezogen werden. Bei Preisdifferenzen zwischen der Serviceeinrichtung und externen Angeboten kann der günstigere Preis auch mit der städtischen Serviceeinrichtung vereinbart werden. Soweit die städtische Serviceeinrichtung ausreichende Kapazitäten zur Verfügung hat, muss sie die Leistung zum günstigeren Preis erbringen. Welche Preisbildungsmöglichkeiten dem leistungserbringenden Fachbereich zur Verfügung stehen, ist unter Berücksichtigung des Haushaltsrechts, der Zielsetzung der jeweiligen Leistungsverrechnung und der Notwendigkeit für eine Kapazitätssteuerung jeweils in Abstimmung mit dem Fachbereich Finanzen zu regeln. Die Verrechnungspreise und die Kalkulationsgrundlagen sind jeweils vor Beginn des Haushaltsjahres in Abstimmung mit dem Fachbereich Finanzen festzulegen. Die Verrechnungspreise sind den Eigenbetrieben anschließend mitzuteilen.

Kündigungsregeln
Beabsichtigt ein Eigenbetrieb, Leistungen eines Servicebereiches nicht mehr in Anspruch zu nehmen, ist dies frühzeitig dem Fachbereich Finanzen mit einer Begründung mitzuteilen. Der Fachbereich Finanzen kann einer Fremdvergabe oder Eigenerstellung widersprechen, wenn dies in der Gesamtbetrachtung der Wirtschaftlichkeit für die Stadt nachteilig ist. Sofern eine Einigung zwischen den Beteiligten auch auf Dezernatsebene nicht erzielt werden kann, entscheidet der Oberbürgermeister.

Inanspruchnahme von Leistungen der Eigenbetriebe durch die Stadt
Soweit keine speziellen Regelungen (z. B. Entgeltordnungen u. Ä.) oder besonderen Vereinbarungen bestehen, gelten für die Inanspruchnahme von Leistungen der Eigenbetriebe durch die Stadt die obigen Regelungen entsprechend.

Zusammenarbeit mit dem Fachbereich Organisation und Personal
- Der Eigenbetrieb entscheidet grundsätzlich selbständig über Ernennung, Anstellung, Beförderung und Entlassung seiner Mitarbeiterinnen und Mitarbeiter. Der Fachbereich Organisation und Personal ist bei allen Maßnahmen zu beteiligen und übernimmt die Einhaltung der tarif- und beamtenrechtlichen Vorgaben.
- Die besonderen Zuständigkeiten nach der Betriebssatzung sind zu beachten. Bei allen personalwirtschaftlichen Maßnahmen kann die Betriebsleitung des Eigenbetriebs den Fachbereich Organisation und Personal als Dienstleister einbeziehen.

Stellenplan/Stellenübersicht
Grundsatz: Für Stellenneubewertungen oder Fortschreibungsbewertungen gelten die allgemeinen städtischen Regelungen. Zuständig ist hierfür der Fachbereich Organisation und Personal.

Kapitel 15

Anlagen

In der Stellenübersicht ist die Zahl der tatsächlich besetzten Stellen anzugeben (Stichtag ist der 30.6. eines Jahres).

Änderungen bei Beamtenstellen

Nach § 3 Abs. 1 EigBVO sind Beamte, die beim Eigenbetrieb beschäftigt werden, im Stellenplan der Gemeinde zu fuhren und in der Stellenübersicht des Wirtschaftsplans nachrichtlich anzugeben. Aus diesem Grund muss bei einer Veränderung bei Beamtenstellen zuerst eine entsprechende Änderung des Stellenplans der Stadtverwaltung im Rahmen der jährlichen Beschlussfassung über die Haushaltssatzung und den Haushaltsplan vorgenommen werden. Dabei sind die entsprechenden Fristen im jährlichen Stellenplanrundschreiben zu beachten. Der Fachbereich Organisation und Personal bearbeitet federführend alle Änderungen der Beamtenstellen bei den Eigenbetrieben (Bestandsveränderungen, Änderungen in der Bewertung, Umwandlungen und dergleichen) und bereitet die dazu notwendigen Entscheidungen durch Gemeinderat, Betriebsausschuss oder Verwaltung vor.

Änderungen bei Beschäftigtenstellen

- Bewertungsveränderungen erfolgen durch den Fachbereich Organisation und Personal – die besonderen Regelungen für leitende Mitarbeiter/-innen bleiben unberührt. Der Eigenbetrieb veranlasst im Rahmen des jährlichen Wirtschaftsplans, dass der jeweilige Betriebsausschuss über diese Änderungen informiert wird.
- Bei Stellenschaffungen ist hinsichtlich der Festsetzung der Bewertung entsprechend der o. g. Ausführungen zu verfahren. Auch hierbei sollte eine möglichst detaillierte Aufgabenbeschreibung beigelegt werden. Gleiches gilt insbesondere, wenn Beamtenstellen „überwertig" mit Beschäftigten besetzt werden und in diesem Zusammenhang eine tarifrechtliche Bewertung festzustellen ist (z. B. A 9-Stelle wird mit einem Beschäftigten in Entgeltgruppe 9 TVöD besetzt). Die ggf. erforderliche Umwandlung der Beamtenstelle in eine Beschäftigtenstelle veranlasst der Fachbereich Organisation und Personal im Rahmen des jährlichen Stellenplanverfahrens.
- Die Stellenübersicht gemäß § 3 EigBVO ist vor der Übersendung an den jeweiligen Betriebsausschuss mit dem Fachbereich Organisation und Personal abzustimmen.
- Die besonderen Regelungen für leitende Mitarbeiter/-innen bleiben unberührt. Bei allen personalwirtschaftlichen Maßnahmen kann die Betriebsleitung des Eigenbetriebs den Fachbereich Organisation und Personal als Dienstleister einbeziehen.

Zusammenarbeit mit dem Fachbereich Finanzen

- *Wirtschaftsplan, Jahresabschluss und Berichtswesen*
  Vor Einbringung in den Betriebsausschuss und/oder Gemeinderat sind mit dem Fachbereich Finanzen vorzusprechen:
  - Wirtschaftspläne,
  - Jahresabschlüsse und
  - die Ausübung von Wahlrechten beim Ansatz, der Bewertung und Ausweis von Jahresabschlusspositionen.
- Die Eigenbetriebe haben jährlich zusammen mit den Wirtschaftsplänen ihre aus der Betriebsaufgabe hergeleitete jährliche und mittelfristige Unternehmensplanung fortzuschreiben und mit dem Fachbereich Finanzen abzustimmen. Sie sollte die geplanten Leistungszahlen, Projektaktivitäten, Konsolidierungs- und Organisationsmaßnahmen umfassen und als Grundlage für die Finanzplanung dienen. Für die einzelnen Betriebsbereiche sind die besonderen Chancen und Risiken der künftigen Entwicklung darzustellen.

Verordnung zur Wahrung der Einheitlichkeit in der Verwaltung **Kapitel 15**

- Dem Beteiligungsmanagement der Stadt Ludwigsburg ist auf Anforderung mindestens halbjährlich über die Entwicklung des Eigenbetriebs Bericht zu erstatten. Insbesondere die für die Erstellung der Beteiligungsberichte und der Gesamtabschlüsse der Stadt Ludwigsburg notwendigen Informationen sind dem Beteiligungsmanagement frühzeitig zu übersenden.

Steuern
Der Fachbereich Finanzen nimmt die körperschaftsteuerlichen, umsatzsteuerlichen und kapitalertragsteuerlichen Verpflichtungen der Stadt als Steuerschuldnerin wahr. Der Fachbereich Finanzen ist insbesondere zuständig für:
- die Abgabe von Körperschaftsteuer-, Umsatzsteuer- und Kapitalertragsteuererklärungen
- die Prüfung von Steuerbescheiden
- die Einholung verbindlicher Auskünfte beim Finanzamt.
- Anmeldung und Abführung der Abzugsteuer nach § 50a Einkommensteuergesetz.

Über steuerrechtlich relevante Sachverhalte und Absichten ist der Fachbereich Finanzen frühzeitig zu informieren und bei Bedarf in die Entscheidungsfindung miteinzubeziehen.

Künstlersozialkasse
Der Fachbereich Finanzen nimmt die Abwicklung der Künstlersozialabgabe mit der Künstlersozialkasse wahr.

Liquiditätsmanagement und Zahlungsverkehr
- Für das Finanz- bzw. Cashmanagement nehmen die Eigenbetriebe die Serviceleistungen des Fachbereichs Finanzen, insbesondere Kreditaufnahmen und Abwicklung des Schuldendienstes, in Anspruch.
- Den Zahlungsverkehr für die Eigenbetriebe nimmt der Fachbereich Finanzen wahr. Es sind die Vorschriften der jeweils gültigen Dienstanweisung für das Kassenwesen zu beachten. Ausgenommen hiervon sind jene Eigenbetriebe, deren Betriebsführung per Vertrag an Dritte übertragen wurde. Hier sind die Ausführungen des jeweiligen Betriebsführungsvertrages bindend.

Rechnungsprüfung
Für die Rechnungsprüfung ist der Fachbereich Revision entsprechend der §§ 111 ff. der Gemeindeordnung und § 16 des Eigenbetriebsgesetzes zuständig. Der Fachbereich Revision kann sich im Einvernehmen mit dem jeweiligen Dezernenten der Unterstützung eines Wirtschaftsprüfungsunternehmens bedienen.

Die Prüfungskosten sind von den Eigenbetrieben zu tragen.

Diese Regelung tritt mit Wirkung vom xx.xx.20xx in Kraft.